정조와
홍대용,
생각을
겨루다

정조와 홍대용, 생각을 겨루다

서연문답 書筵問答

김도환 지음

책세상

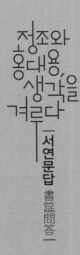

차례

일러두기

1. 이 책은 홍대용의 《계방일기桂坊日記》를 번역하고 해설한 것으로, '서연문답' 장에 실린 대화문이 《계방일기》의 번역이다.
2. 인용문에서 〔 〕 안의 내용은 독자의 이해를 돕기 위해 저자가 추가한 것이다.
3. 주 표시는 두 가지 형태로 되어 있다. 부호로 표시한 것은 각주를 가리키며 번호로 표시한 것은 각 절 끝에 놓인 후주를 가리킨다.
4. 주요 인명과 책명은 처음 한 번에 한해 한자를 병기했다.
5. 도판의 출처는 '참고문헌'에 밝혀두었다. 그림의 게재를 허락해주고 자료를 제공해준 기관들에 감사드린다. 출처를 밝히지 않은 도판들은 직접 촬영하거나 웹에서 수집한 것이다. 일부 자료의 경우 저작권자를 확인하기 어려웠는데, 저작권자와 연락이 닿는 대로 게재 허가 요청 및 사용료 지불 등 필요한 절차를 밟을 계획이다.

과학의 시대라 불러도 지나치지 않은 20세기 초, 1920년대까지만 하더라도 천문학자들은 밤하늘을 수놓은 은하수가 우주의 전체라고 믿었다. 그보다 150년 전인 1770년대에 조선의 한 선비는 그 은하수와 같은 것이 몇천, 몇만, 몇억은 더 있을 것이라고 단언했다. 지구가 공 모양이며 자전하고 있다고 말하기도 했다. 그는 바로 영·정조기를 살았던 담헌湛軒 홍대용洪大容, 1731~1783이다.

그는 또한 수학자였다. 조선의 전통 수학과 청나라를 통해 수입된 서양 수학, 기하학 지식을 독자적으로 이해하고 결합해 《주해수용籌解需用》이라는 저서를 남겼다. 이 저서는 서양의 수학이나 기하학을 단순히 소개하는 데 그치지 않고 실생활에 적용 가능한 '실용'이라는 관점에서 재편한 것이었다.

그뿐만이 아니었다. 그는 음악에도 조예가 깊어 당대의 손꼽히는 거문고 연주자였으며 북경北京 천주당에서 파이프 오르간을 처음 접하고는 건반 몇 번 눌러보고 이내 조선의 음악을 연주하던 사람이었다. 나라에서 지원만 해 준다면 오르간을 만들 수도 있다고 했다. 서양 악기인 양금을 개조하고 연주법을 개발한 이도 바로 그였다.

천문학, 수학, 음악과 같은 분야에서 두각을 나타냈다고 해서 그가 기존의 성리학에서 멀리 떨어져 있던 사람이라고 생각하면 크나큰 오산이다. 그의 스승이자 5촌 고모부인 미호漢湖 김원행金元行, 1702~1772은 당대 최고의 성리학자였으며 그의 가문은 노론 중에서도 손꼽히는 가문이었다. 그는 주자를 맹신하지는 않았지만 그렇다고 주자의 비판자도 아니었다. 오히려 주자를 '후대의 공자孔子'라 일컬었다. 그런 그가 저처럼 많은 재주와 식견을 갖추고도 어찌해서 높은 관직에 진출하여 자신의 뜻을 펼치지 못했던 것일까?

사실 홍대용만큼 '실학자'라는 명칭이 잘 어울리는 인물도 없다. 오늘날 역사학자들이 '실학'이라는 단어에 특별한 의미를 부여하고 그를 '실학자'라 부르기 이전에, 그는 이미 같은 시대 사람들에게 '실학자'로 인식되고 있었다. 그에 대한 평가가 다음과 같았다. '실용·실행實用實行을 중시했다', '평실平實을 숭상했다', '실질적인 것을 오로지 하고 내면 공부에 주력했다(전실향리專實向裏)', '실학을 실천했다' 등등.

오늘날 '실학자'라 불리는 사람들 가운데는 서얼 출신이어서 크게 출세할 수 없는 부류도 있었고 남인이어서 정치적으로 억압된 경우도 있었다. 이덕무, 박제가 같은 이들이 앞의 경우이고 이익이나 정약용 같은 이들은 뒤의 경우였다. 반면에 홍대용이나 박지원처럼 명문가의 후예이며 당대인들에게 주목받은 이들도 있었다. 특히 홍대용은 정조가 아직 세손이던 시절에 가까운 거리에서 함께 학문을 논하기도 했고 정조가 임금이 된 이후에도 계속 관직에 몸담았던 사람이다. 박지원도 그보다 늦기는 했지만 현감, 군수를 거쳐 양양부사까지 지냈다.

홍대용은 관직에 몸담은 이후 선공감繕工監 감역*, 돈령부敦寧府 참봉** 등의

---

* 선공감繕工監은 조정에서 간여하는 건물의 건축이나 수리를 맡은 정3품 관청이다. 《경국대전》에 따르면 정3품인 선공감정을 장관으로 하여 종3품 부정 1명, 종4품 첨정 1명, 종5품 판관 1명, 종6품 주부 1명, 종7품 직장 1명, 종8품 봉사 1명, 정9품 부봉사 1명, 종9품 참봉 1명 등 모두 9명의 관원을 두게 되어 있었다. 소속 관원은 여러 차례 개정되어, 영조 때 만들어진 《속대전》에 따르면 정, 부정, 첨정, 판관,

직책에 임명되었으나 실제로 근무하지는 않은 듯하고 계방桂坊이라고도 불리는 세자익위사世子翊衛司의 종8품직인 시직侍直이라는 직책으로 사실상 첫 관직 생활을 시작했다. 세자익위사는 본래 세자를 호위하기 위해 설치된 관청이었으나 차츰 세자가 학문을 연마하는 서연書筵에 드나드는 관직으로 변하게 되었다. 이 시기에 홍대용은 훗날 정조가 되는 세손의 서연에 드나들며 정조와 그 자신을 비롯한 여러 사람이 나눈 대화를 기록했는데 그것이 바로 《계방일기桂坊日記》이다.

《계방일기》는 1774년(영조 50) 12월 1일부터 1775년(영조 51) 8월 26일까지 9개월이라는 매우 짧은 기간의 기록이다. 이 책은 홍대용의 《계방일기》를 중심으로 하여 그 전후 시기의 역사와 더불어 서연에서의 대화를 해설한 것이다. 소설처럼 쉽게 읽을 수 있도록 구성했으나 내용에서는 《계방일기》 원본과 여타 사료에 충실하였다. 《계방일기》는 오자까지 수정해가면서 번역했고 기록에 빠진 부분이나 설명이 필요한 부분은 《영조실록》, 《정조실록》, 《승정원일기》, 《일성록》 등 편년 기록과 관련 인물들의 문집을 통하여 채워 넣어 매우 촘촘하게 서술했다. 그 사료적 근거는 주를 달아 밝혔다.

홍대용의 글은 명문장이라고 치켜세울 수는 없을지 몰라도 무엇보다 재미가 있다. 당시로서는 드물게 대화 형식으로 쓰인 것이 많기 때문이다. 북경에서의 한족 선비들과의 필담을 정리한 《건정동필담》이 그러하고 그 유명한 《의산문답》이 그러하며 《계방일기》 또한 그러하다. 《건정동필담》은 본래 주거니 받거니 필담한 것을 순서대로 정리한 것이니 그렇다 하더라도 《의산문답》처럼 그의 사상이 결정적으로 드러나 있는 작품까지도 대화 형

직장, 참봉을 없애고 종8품 봉사 2명, 종9품 감역관 3명, 가감역관을 3명 두었다.
** 조선시대에는 왕자들과 그 자손이 소속된 종친부, 공주 · 옹주들의 부마들이 소속된 의빈부 외에 일정 촌수 범위 내의 왕의 친척과 왕비, 세자빈의 친척들이 소속된 돈령부가 있었다. 돈령부 참봉은 종9품직이다.

식을 취하고 있는 것이다.

대화는 무엇인가를 뚜렷하게 주장하기에는 적합하지 않은 형식이다. 실제로 그의 글은 무엇인가를 주장하거나 독자에게 강요하지 않는다. 그저 이런저런 대화가 있었음을 보여줄 뿐이다. 그런데도 독자들은 어느 틈엔가 그들의 대화 현장에 참여하게 되고 대화에 빠져들게 된다. 다 읽고 나서야 대화체로 구성한 그 글의 의도를 어렴풋이나마 짐작하게 되고 그의 정신세계에 깊이 공조하게 된다.

홍대용과 일면식도 없던 박제가는 박지원에게 홍대용을 소개받고 그의 《건정동필담》과 편지 글을 얻어 읽게 되었다. 박제가는 그 글을 읽느라 '밥 먹으면서 숟가락질을 잊었고 세수하면서 씻기를 잊었다'고 말한다. 그만큼 재미있었고 홍대용이 보여준 세계에 깊이 빠져들게 되었다는 놀라운 고백이다. 박제가가 평소 북경의 풍경이나 한족 선비들과 사귀는 것을 동경한 탓도 있었겠지만 홍대용의 글이 갖는 독특한 재미도 이런 고백이 나오게 하는 데 한몫했을 것임에 틀림없다. 홍대용이 글을 통하여 보여준 세계는 곧 그에게 동경하지 않을 수 없는 세계가 되었다.

《계방일기》는 여느 경연 일기나 서연 일기들과는 달리 정조의 표정이나 잡담한 내용, 서연이 행해지는 방 안의 풍경과 같은 소소한 것까지 모두 세밀하게 묘사한다. 서연 중 사탕 한 알이 굴러떨어지자 홍국영이 그 사탕을 주워 맛 보고 나서 나눈 대화도 낱낱이 기록했다. 마치 한 편의 잘 찍은 다큐멘터리 필름을 보는 듯하다. 독자들은 어느 틈엔가 세손과 그의 대화에 빠져들고 마치 현장에 있는 것 같은 느낌을 받게 된다.

《계방일기》의 진정한 목적은 대화체의 글 속에 숨어 있다. 그 시대의 정치 상황이나 사회 분위기를 알지 못하면 읽어내기 쉽지 않지만 그래도 힌트는 있다. 이 기록에는 많은 인물이 등장하지만 대화의 중심에는 정조와 홍대용이 있다. 다른 사람들의 말이나 경전 내용에 대한 토론은 과감히 생략된다. 두 사람은 대화 중에 서로를 가늠한다. 홍대용은 세손의 말뿐 아니라 태도나 행동거지도 놓치지 않는다. 머지않은 장래에 즉위하여 임금이 될 세손의 자질을 관찰한다. 세손도 홍대용의 여러 면모를 재어본다.

이 두 사람은 서로를 어떻게 판단하고 있었을까? 훗날 정조는 스스로를 만천명월주인옹萬川明月主人翁이라 불렀다. 자기 자신을 세상의 모든 강물을 비추는 밝은 달에 비겼다. 그것이 그가 되고자 하는 임금의 모습이었다. 홍대용은 비유하자면 늘 그와 함께했던 선비의 악기, 거문고였다. 거문고 소리를 듣고 알아주는 사람을 지음知音이라 한다. 서로 마음이 통하는 벗을 그렇게 일컬었다. 알아주는 사람이 있을 때 더욱 빛을 발하는 악기가 바로 거문고다. 그러나 달빛은 홀로 밝게 빛났고 거문고는 함께 울지 않았다.

정조와 홍대용, 당대의 손꼽히는 지식인들이 나눈 대화 속에는 많은 것이 감추어져 있다. 독자들과 함께 그 대화 속으로 들어가 감춰진 것을 찾아보려 한다. 감춰진 것 가운데 독자들의 몫으로 남겨진 것들도 있다. 그들에 대한 평가와 판단도, 홍대용의 글쓰기를 본받아 독자들의 몫으로 남겨두고자 한다. 역사는 역사가만의 것이 아니기 때문이다.

書畵問答

만천명월주인옹 · 건곤일초정의 주인

프롤로그

이경윤(1545~1611), 〈월하탄금도〉

녹기금 소리는 백아의 마음일세.
종자기가 음을 알아주니,
한 곡조 타면 노래로 화답하네.
— 홍대용, 〈봉래금사적〉중 양사언의 시

만천명월주인옹
달이 되고자 한 임금

임금은 달을 좋아했다. 세상이 어두워지면 가장 밝은 빛을 뿌리는 천체.

달이 뜨면 세상의 모든 강물과 냇물에 달이 하나씩 비치지만 실체는 오직 하나. 천공에 걸린 밝은 달뿐이었다. 임금은 그런 임금이 되고자 했다. 신하와 백성들은 강물이고 냇물, 자신은 밝은 달이고자 했다. 만천명월주인옹萬川明月主人翁. 좀 더 나이가 들면 스스로를 그렇게 부르려고 했다.

임금은 이날도 달이 중천에 뜬 시각까지 불을 밝히고 있었다. 임금의 자리에 오른 지 7년째 되는 해 10월 23일. 한 달 전쯤 생일(9월 22일)을 지냈으니 이제 막 33세가 되었다. 훗날 역사가 정조라 부르게 되는 바로 그 임금이었다.

이날은 3년에 한 번씩 보는 문과의 급제자를 뽑는 날이었다. 임금은 합격자 명단을 훑어보았다. 그저 그만그만한 사람들이었다. 과거 합격자 명단을 내려놓은 임금은 이날 죽은 신하들의 이름이 적힌 보고서를 집어 들었다. 그 명단에서 임금은 뜻밖의 이름을 발견했다.

홍대용.

임금은 그 이름을 기억했다. 세손 시절, 함께 토론하고 공부하던 바로 그 사람이었다. 어머니의 병을 핑계로 관직을 버리고 떠난 지 일 년도 채 지나지 않은 때였다.

임금은 석 달 전쯤에도 그를 떠올린 일이 있었다. 홍양호洪良浩라는 신하가 이용후생利用厚生* 운운하며 청나라 북경을 본받아 수레며 벽돌 등을 사용하자고 상소를 올렸을 때였다. 상소를 읽으며 임금은 북경에서의 일이나 이용후 생에 관해 홍대용과 함께 한참이나 문답했던 기억이 났다.

임금은 2년 전부터 똑똑하고 젊은 관료들을 선발하여 초계문신抄啓文臣이라 부르고 규장각奎章閣에서 학문 연구에 몰두하게 했다. 한 달에 세 번 시험을 보게 했으며, 임금이 직접 강론에 참여하기도 하고 시험을 치러 보이기도 했다. 이들이 성장하면 임금의 친위 세력이 되어줄 것이라고 임금은 기대했다. 임금은 자신이 직접 기른 관료들을 이끌며 정치를 주도하게 되면 이는 곧 자신이 명실상부한 군사君師, 즉 임금이자 스승이 되는 것이라 여겼다. 그렇게 되는 것이야말로 모든 백성과 관료들이 우러르는 저 하늘에 뜬

정조 어진

단 하나의 달, 바로 그것처럼 되는 것이라 생각했다.

즉위한 지 7년. 정국은 안정돼가고 있었고 임금의 친위 세력이 되어줄 초계문신들의 자리는 차곡차곡 채워지고 있었다. 앞으로 해마다 몇 명씩 더 선발하여 그들의 성장을 기다리기만 하면 되리라고 임금은 생각했다.

하지만 마음 한구석에는 알 수 없는 불안감이 없지 않았다. 눈여겨보고 있는 젊

---

* 이용후생은 《서경書經》의 《우서虞書》, 〈대우모大禹謨〉에 나오는 말이다. 이용利用은 이민지용利民之用으로, 백성의 일을 편리하게 한다는 뜻이고, 후생厚 生은 후민지생厚民之生으로, 백성의 삶을 부유하게 한다는 뜻이다.

은 선비들 가운데 일부가 북경을 통해 들어온 새로운 문물에 기울고 있다는 소문이 있었다. 남인에 속한 이들 가운데는 천주교를 연구하는 자들이 있고 노론에 속한 이들 사이에서는 가벼운 글 쓰기가 유행하고 있다고 하였다. 어느 쪽이든 왕권에 대한 위협이야 되지 않겠지만 임금이 추구하는 학문적 지도자라는 지위에는 흠집을 낼지도 모른다.

노론 쪽 젊은이들의 배후에는 박지원朴趾源이라는 인물과 그가 지은《열하일기》라는 책이 있다고 했다. 그리고 그들의 북경 인맥은 바로 홍대용에게서 비롯되었다고 했다. 임금은 홍대용과의 만남을 떠올렸다. 그는 대체 어떤 사람이었는가.

---

1 《정조실록》 권 16, 7년(1783) 7월 18일.

홍대용의 지우인 중국 선비 엄성이 그린
홍대용 초상

철교(엄성)의 무덤에 풀이 이미 두 달을 묵었구려.

매양 깊었던 우정을 생각하면 벽을 돌며 기가 꺾이고 마음이 슬퍼집니다.

그 초상을 꼭 한 번 보고 싶지만 부쳐주기가 쉽지 않겠지요.

— 홍대용, 〈항전척독〉

건곤일초정의 주인
거문고를 닮은 선비

한양 남산 자락 한쪽 언덕바지에 있는 집을 부근 사람들은 언제부터인가 봄이 머무는 언덕, 곧 유춘오留春塢라는 이름으로 부르기 시작했다.* 그곳에는 크지않은 집 한 채와 풀로 지붕을 인 정자 하나가 자리 잡고 있었다. 아담한 규모의 정자에는 '건곤일초정乾坤一草亭'**이라는 현판이 붙어 있었다. 그 정자 안쪽 벽에는 이런 글이 걸려 있었다.

추호秋毫를 크다 하고 태산을 작다 함은 장자莊子의 파격한 말이다. 이제 내가 하늘과 땅을 글로 덮은 한 채 정자로 여기거니 내 장차 장자의 학문을 배우려 함인가? 30일 동안 성인聖人의 글을 읽었으니 여기, 가啊에서 도망쳐 묵가墨家에 들어갈 것인가? 외롭한 속에 갇혀 위엄이 무너지는 것을 보거니 눈이 아프고 마음이 산란이 곧에 달하였도다. 아아, 살피건대 내가 이루어지고 이지러짐이 있는지 알지 못하겠으니 어찌 귀천과 영욕을 논하리. 홀연히 태어났다가 홀연히 죽는 것이 하루살이만 못할 뿐 아니로다. 아서라. 이 정자에 드러누워 소요逍遙하며 장차 이 몸을 조물주에게 돌리려 하나니.

---

* 홍대용의 집을 유춘오라 하였던 것 같고 건곤일초정은 그 집에 딸린 정자였다. 홍대용의 서울 집은 남산 기슭 영희전 북쪽에 있다 하였으니 오늘날로 치면 서울 중구 저동 중부경찰서 북쪽 백병원 인근이었다. 여기에서 경희궁까지는 직선거리로 2킬로미터쯤 된다. 박지원의 집이 있던 전의감동과는 매우 가까운 거리이다. 이 일은 《연암집》 권 3, 공작관문고孔雀館文稿, 〈하야연기夏夜讌記〉와 성대중成大中,

《청성집 靑城集》 권 6, 기, 〈기유춘오악회記留春塢樂會〉에 기록되어 있다.
** 훗날 박지원도 면천군수로 있으면서 향교 부근에 초가 정자를 짓고 그 이름을 '건곤일초정'이라 하였다. 박지원이 얼마나 홍대용에게 영향을 받았고 그를 그리워하였는지 알 수 있다. 박종채, 《역주 과정록》, 김윤조 역주(태학사, 1997), 166쪽.

어지간히 세상사에 시달렸는지 탈속하다 못해 허무의 느낌마저 짙게 밴 글이었다. 그 글 아래는 여러 편의 시詩가 주렁주렁 연달아 붙어 있었다. 지은이가 각기 달랐는데 그 면면이 놀랍다. 이덕무李德懋, 박제가朴齊家, 유득공柳得恭, 손유의孫有義, 이송李淞, 김재행金在行 등의 이름이 거기에 있었다.

이들은 당대의 손꼽히는 시인이요 글깨나 한다는 사람들이었다. 신분도 각색이어서 누대 양반가의 자손도 있었고 서자뿐 아니라 청나라 사람까지도 끼어 있었다. 이 정자의 주인이 대체 누구이기에 저처럼 다양하고 이름난 사람들이 시를 지어 정자의 주인을 기렸던 것일까. 바로 담헌 홍대용이었다.

그 집이 누구의 집인지 알 만한 사람들은 다 알고 있었다. 그의 집을 유별나게 만드는 것은 때때로 들려오는 음악이었다. 그 집에서는 때때로 범상치 않은 거문고*소리가 흘러나왔다. 거문고의 대가로 손꼽히던 홍대용의 연주였다.

그의 거문고 연주에는 내력이 있었다. 그의 집안에는 봉래금蓬萊琴**이라는 거문고가 전해 내려왔다. 봉래금은 명종明宗과 선조宣祖 때 명필로 이름을 떨치고 신선 소리까지 들었던 양사언楊士彦**의 거문고이다. 봉래금은 양사언과 홍대용 선조와의 인연으로 홍대용 집안에 전해졌다. 봉래금에는 양사언의 시가 새겨져 있었다. 그 시는 이러했다. "녹기금綠綺琴** 소리는 백아伯牙의 마음일세.

* 한국의 거문고는 중국의 고금古琴과 조금 다르다. 한국의 거문고는 6줄이고 현금玄琴이라 한다. 중국 고금은 7줄이어서 7현금이라 하고 고금은 오늘날 양금洋琴 등 다른 금琴 종류와 구별하여 부르는 명칭이다. 《삼국사기》에는 고구려의 왕산악이 7현금을 개량하여 연주하였고 이때 검은 학이 날아와 춤을 추었다고 해서 거문고가 되었다는 설이 실려 있다. 가야금伽倻琴은 12줄로 《삼국사기》에 따르면 가야의 가실왕이 만들었다고 전해진다. 이 글에서는 구분 없이 모두 거문고라 번역했다.
** 이하 봉래금에 대한 서술은 홍대용, 《담헌서》 내집 권 4, 보유, 〈봉래금사적〉에 의거한 것이다.

** 양사언楊士彦(1517~1584)은 안평대군安平大君, 김구金絿, 한호韓濩와 함께 조선 전기의 4대 명필로 꼽힌다. 서예뿐만 아니라 시와 음률에도 능하였다. "태산이 높다 하되 하늘 아래 뫼이로다 / 오르고 또 오르면 못 오를 리 없건마는 / 사람이 제 아니 오르고 뫼만 높다 하더라"라는 유명한 시조도 양사언의 작품이다. 성호星湖 이익李瀷(1681~1763)은 《성호사설》 권 28, 〈봉래시〉라는 글에서 그를 신선이라 했다.
** 중국 한나라 때 사마상여司馬相如가 가지고 있었다는 거문고로 훌륭한 거문고의 대명사다.
** 백아는 중국 춘추시대 초나라의 이름난 거문고 명인이었고 종자기는 나무꾼이었다. 백아가 연주하는

종자기種子期가 음을 알아주니(지음知音), 한 곡조 타면 노래로 화답하네."

거문고는 선비의 악기이다. 공자도 거문고를 즐겨 연주했고 그 후 많은 군자와 선비가 거문고를 애호했다. 선비의 악기였던 만큼 거문고를 연주하거나 즐기는 선비들이 적지 않았다. 그러나 거문고는 백아와 종자기의 경우처럼 알아주는 사람이 없으면 진가를 발휘할 수 없는 악기이기도 하다. 이 점에서 임금이 알아주지 않으면 물러나 한가롭게 지내는 선비와도 같은 것이다.

홍대용은 어떤 이유로 건곤일초정에서 거문고를 즐기며 한가롭게 지내고 있었던 것일까. 그는 가문으로 보면 노론의 당당한 명문가 출신이었고 그의 사문師門은 노론 산림의 중추 역할을 하고 있던 석실서원石室書院이었다. 가문으로 보나 사문으로 보나 홍대용은 무엇 하나 빠질 데 없는 사람이었다.

그의 가문은 남양 홍씨 토홍계로 홍담洪曇을 중시조로 하는 정효공파貞孝公派였다. 인조반정仁祖反正 때 정사공신靖社功臣으로 책봉된 홍진도洪振道, 1584~1649가 그의 6대조였다. 송시열宋時烈의 효묘孝廟 배향配享을 주창한 상소로 유명해진 그의 할아버지 홍용조洪龍祚도 승지, 대사간, 충청도관찰사 등을 역임했고 아버지 홍력洪櫟, 1708~1767 역시 나주목사를 지내는 등 대대로 벼슬이 끊이지 않던 노론의 명문가였다.

그의 사문 역시 더없이 훌륭했다. 스승은 사적으로는 5촌 고모부가 되는 김원행이었다. 김원행은 당대 노론 산림의 으뜸으로 그가 원장으로 있던 석실서원에서는 쟁쟁한 인물들이 많이 배출되었다. 그중에서도 홍대용은 손꼽히는 제자였다.*

훨씬 전부터 노론 학맥의 중심 역할을 하던 석실서원은 실심實心, 실사實事를

거문고 소리의 의미를 종자기만이 알아주었다. 훗날 종자기가 죽자 백아는 자기의 소리를 알아줄 사람이 없음을 슬퍼하며 거문고 줄을 끊어버리고 다시는 연주하지 않았다고 한다. 이를 백아절현伯牙絶絃이라 한다.

* 윤영선尹榮善, 《조선유현연원도朝鮮儒賢淵源圖》(동문당, 1941)에는 홍대용이 김원행 문하 제자 가운데 일곱 번째로 기재되어 있다.

겸재 정선, 〈석실서원도〉

강조하는 학풍[2]이 자리 잡아 수학이나 천문학 분야에 대한 연구를 장려하는 분위기를 띠고 있었다. 홍대용의 지전설 같은 것은 두어 세대 앞선 대선배 김석문의 영향을 받은 것이었고 당대에도 몇몇 사람은 이러한 분야에 상당한 관심을 기울이고 있었다. 석실서원의 학풍이 그렇다 보니 홍대용은 과거 급제를 위한 공부에는 뜻을 두지 않았다. '실학에 방해가 된다'[3]는 이유에서였다.

과거는 물론이요 벼슬살이도 달갑게 여기지 않은 그였지만 언제까지나 그것들을 피하기만 할 수는 없었다. 집안의 적장자로서 자녀들과 아버지의 서자인 두 동생까지 건사할 책임이 그에게 있었다. 그뿐만 아니라 본래 '유학자의 본분은 어릴 때 배우고 장성해서는 실천하려는 것'[4]이었다. 권력을 다투고 명예를 탐하는 것이야 그의 관심 밖의 일이었지만 그간 쌓아온 학문과 북경 여행을 통해 얻은 경험이나 깨달음을 펼쳐 보이고 싶은 마음은 없지 않았다.[5]

그의 학문적 지향은 석실서원에서 배운 실심, 실사의 학문을 바탕으로 한 고학古學이었다.[6] 고학이란 유교의 이상향인 하夏, 은殷, 주周 삼대三代의 교육이며 학문이다. 어려서는 물 뿌려 마당 쓸고 예절禮, 음악樂, 활쏘기射, 말타기御, 글쓰기書, 수학數이라는 육예六藝를 익히며 커서는 자기 자신을 다스리고 사람을 다스리는 방법을 배우는 것이다. 홍대용이 말한 대로 '율력律曆'이나 산수, 돈이나 곡식, 군사에 관한 일들을 세상에 적용하여 도움이 되게 하는 것'이다.

경전에 대한 이해뿐 아니라 수학, 천문학, 음악 등 여러 분야에 대한 재능, 이것만으로도 홍대용은 당대 첫손가락에 꼽히는 인재라 할 수 있었다. 하지만 그를 '오직 이 한 사람'으로 꼽게 할 만한 것은 따로 있었다. 한 시대를 풍미한 '북학北學'의 문, 그것을 활짝 열어젖힌 장본인이 바로 그였던 것이다.

그의 북경 여행과 그로부터 비롯된 '북학'은 일대 사건이었다. 명나라가 멸망한 이후 조선을 세상에 남은 유일한 중화中華로 여기고 청나라와 청나라 치하의 한족漢族까지도 오랑캐라 여기던 조선중화사상[8]의 대변혁이었다. 그는 북경에 다녀오는 길에 본 많은 편리한 도구들과 제도에 주목했다. 그것이 비록 오랑캐의 것이라 할지라도 그는 그것을 통해 백성들의 일을 편리하게 하고(이민지용利民之用) 백성들의 삶을 부유하게 할(후민지생厚民之生) 뜻을 가졌다. 다름 아닌 이용후생의 일이었다.

그가 관직에 뜻을 보이자 여러 사람들이 그를 관직에 추천했다. 처음에는 선공감이라는 관청의 종9품 감역이라는 직책을 맡으라는 왕명이 내려왔다. 그가 나아가지 않자 이번에는 돈령부 참봉에 임명되었다.[9] 이번에도 그는 나아가지 않았다.[10] 그러다가 세자익위사의 종8품 시직에 제수한다는 명을 받게 되었다.[11]

계방이라고도 부르는 세자익위사는 세자시강원世子侍講院과 함께 세자의 서연을 담당하는 기관이었다. 세자시강원은 종3품아문*으로 주로 문과에 급제한 사람들이 겸직으로 임명되는 문관직이었고 세자익위사는 정5품아문으로 무관직이었다. 본래 세자를 호위한다는 명목으로 설치된 관청이어서 무관이 임명되어야 했던 것이지만, 세자의 서연에 참여하게 되면서부터 주로 공신이나 재상의 자제 중에서 임명되는 음직蔭職이 된 지 오래였다. 숙종肅宗 때부터는 산림山林** 중에서도 임명되기 시작하여 나름대로 영예로운 자리가 되어 있었다.

그런 자리라면 해볼 만하다고 홍대용은 생각하면서 세손***에 대한 소문을 떠올렸다. 매우 총명하여 훌륭한 임금이 될 것이라고들 이야기하고 있

---

* 정조正祖 때 세자시강원은 정3품 아문으로 승격되었다. 이에 대해서는 지두환, 〈조선후기 서연관 제도의 변천〉, 《한국학논총》 29(국민대 한국학연구소, 2007) 참조.
** 산림이란 과거를 보거나 관직에 나아가지 않고 물러나 은거하며 학문을 연마하고 덕을 쌓은 유학자를 가리키는 말이다. 대체로 번잡한 도시가 아니라 한적한 산림에 은거하며 독서하고 덕을 기르므로 산림이라 불리게 되었다. 산림처사山林處士나 산림숙덕지사 山林宿德之士와 같은 말이 줄어서 그리된 것이다. 좁게는 덕이 높고 조정에까지 이름이 알려져 임금의 부름을 받은 사람을 가리키기도 했다. 선조 때의 우계牛溪 성혼成渾(1535~1598)이나 효종孝宗 때의 우암尤庵 송시열宋時烈(1607~1689) 같은 인물이 대표적이었다. 이들의 주된 임무는 성균관成均館이나 세자시 강원의 벼슬을 받아 임금의 경연經筵이나 세자의 서연書筵에 들어가 임금의 학문을 돕는 것이었다. 이들은 정치적으로는 권력을 쥔 세력의 이념적·이론적 기반을 제공하는 역할을 했는데 인조반

정仁祖反正 이후 중요성이 더욱 커졌다.
*** 훗날 즉위하여 정조가 되는 세손의 공식적인 지위는 세자였다. 《계방일기》 원문에는 '동궁東宮'과 '저하邸下'라는 단어가 사용되었다. '동궁'은 세자의 별칭으로 본래는 세자가 사는 궁궐을 가리키는 말이다. 신하들이 세자 면전에서 세자를 직접 부를 때는 '저하'라 하였고 제삼자에게 세자를 지칭할 때는 '세자', '동궁', '이극貳極', '저궁儲宮', '춘궁春宮', '정윤正胤', '국본國本' 등 다양한 용어가 사용되었다. 세손이란 단어는 본래 세자의 적장자를 가리키는 말로 당연히 세자보다 격을 낮추어 대우하는 것이다. 하지만 영조는 사도세자 사후 세손이 세자로 책봉된 이후에도 조손간임을 표현하기 위해 늘 '세손'이나 '충자沖子(어린아이라는 뜻)'라는 말을 썼다. 《영조실록》, 《승정원일기》 등에는 '왕세손'이라는 용어가 사용되었다. 이 책에서는, 서술상 여러 가지 혼동의 우려가 있으므로, 《영조실록》 등과 영조가 '세손'으로 부른 혈통관계상의 의미를 중시하여 번역 부분과 해설 부분에서 모두 '세손'으로 통일했다.

었다. 공식적으로는 세자였지만 임금의 손자인지라 다들 세손이라 부르며 기대를 걸고 있었다. 홍대용은 비로소 거문고를 치우고 자리를 털고 일어섰다. 거문고를 통해서가 아니라 스스로 거문고가 되어 세상을 바꾸어보려 하고 있었다.

1 홍대용洪大容, 《담헌서湛軒書》 내집 권 3, 〈건곤일초정주인乾坤一草亭主人〉.
2 이경구, 〈김원행의 實心 강조와 石室書院에서의 교육활동〉, 《진단학보》 88(진단학회, 1999).
3 《담헌서》 내집 권 3, 〈자경설自警說〉.
4 《담헌서》 내집 권 3, 서, 〈여인서 이수與人書 二首〉.
5 《담헌서》 부록, 〈담헌 홍대용 묘표〉.
6 성대중成大中, 《청성잡기靑城雜記》 권 4, 〈성언醒言〉.
7 《담헌서》 내집 권 3, 서, 〈여인서 이수〉.
8 정옥자, 《조선후기 조선중화사상연구》(일지사, 1998).
9 《승정원일기》, 영조 50년(1774) 2월 23일.
10 《승정원일기》, 영조 50년(1774) 3월 16일.
11 《승정원일기》, 영조 50년(1774) 11월 28일.

서연문답

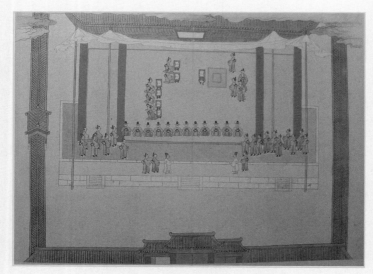

〈회강반차도〉

서연의 모습.
세자는 한 달에 두 차례씩 사부와 빈객, 궁료들과 함께
회강을 열어 그간의 공부 성과를 보여야 했다.

첫 서연
정조와 홍대용의 만남

　조선의 지배층은 누구나 할 것 없이 유교적 교양인이어야 했다. 권력의 정점에 앉아 있는 임금이라 해서 예외는 아니었다. 임금의 후예는 어려서부터 유교 교육을 받아야 했고 임금이 된 후에도 마찬가지였다. 임금이 되어서 신하들과 함께 공부하는 것을 경연經筵이라 했고 세자 시절에 공부하는 것은 서연書筵이라 했다. 공부의 내용은 당시의 일반적 교육 과정에 따른 것이었다.

　세손은 원손元孫 시절인 네 살 때《효경孝經》,《소학초략小學抄略》으로 배움을 시작하였고 다음으로는《동몽선습童蒙先習》을 읽었다. 왕세손에 봉해진 뒤에는《소학小學》,《대학大學》,《논어論語》,《맹자孟子》,《중용中庸》의 순서로 읽어나갔다. 이후《서전書傳》,《시전詩傳》을 읽고 사서四書를 다시 읽은 다음《대학연의大學衍義》,《심경心經》,《근사록近思錄》,《예기禮記》를 순서대로 강론하였다.¹ 이처럼 경서 위주로 읽어나가는 서연을 법강法講이라 하였다.

　열 살 무렵부터 세손은 법강 이외에 따로 소대召對를 행하여《사략史略》,《강목綱目》같은 역사책을 병행해 읽었다. 소대는 절차와 참여 인원을 간략히 하여 행하였다. 열일곱 살이 되면서부터는 별소대別召對라 하여 따로《주문초선朱文抄選》,《성학집요聖學輯要》,《주자봉사朱子封事》등도 함께 읽었으니 하루 세 번의 서연에서 세 종류의 책을 함께 읽는 셈이었다. 양적으로나 질적으로나 결코 처진다고 할 수 없는 공부였다.

정조의 서연 기록

연도(간지)	나이	서 연	소 대	별 소 대
1752(임신)	1	9월 22일 출생		
1755(을해)	4	효경, 소학초략(1755.1.21~1756.10.14)		
1756(병자)	5	동몽선습(1756.10.14~1758.4.4)		
1757(정축)	6			
1758(무인)	7	소학(1758.4.7~1760.6.23)		
1759(기묘)	8			
1760(경진)	9	대학(1760.6.25~8.29), 논어(1760.8.30~1761.11.4)		
1761(신사)	10	맹자(1761.11.8~1763.11.1)	사략(1761.6.27~1764.12.2)	
1762(임오)	11			
1763(계미)	12	중용(1763.11.7~1764.3.14)		
1764(갑신)	13	서전(1764.4.14~1765.8.10)	강목(1764.12.4~1771.4.1)	
1765(을유)	14			
1766(병술)	15	시전(1765.8.20~1768.7.27)		
1767(정해)	16			
1768(무자)	17	맹자(1768.8.7~1769.2.3)		주문초선(1768.12.20~25)
1769(기축)	18	대학(1769.2.12~3.6), 논어(1769.3.12~12.14)		성학집요(1769.1.2~8.25), 주자봉사(1769.8.25~9.6), 주자절요(1769.9.6~2권미필)
1770(경인)	19	중용(1770.1.6~2.21), 서전(1770.2.26~윤5.16), 시전(1770.윤5.22~1771.2.28)		
1771(신묘)	20	대학연의(1771.3.6~1772.4.24)	당감(1771.4.2~7.27)	송감(1771.7.27~1772.6.25)
1772(임진)	21	심경(1772.5.6~10.1), 근사록(1772.10.9~1773.4.16)		
1773(계사)	22	예기(1773.4.17~12.11), 어제조훈(1773.12)	속강목(1773.8.27~1774.9.11)	
1774(갑오)	23	성학집요(1774.1.4~7권미필)	주서절요(1774.9.11~6권미필)	
1775(을미)	24	어제자성편(1775.11.20~24), 어제경세문답(1775.11.24~28)		황명통기(1775.10~11권미필)

물론 세간에 이보다 더 공부를 많이 하는 사람이 없는 것은 아니었다. 수재니 천재니 하니 하는 소리를 듣는 사람도 적지 않았고 아예 문 닫고 들어앉아 책만 읽어대는 사람도 있었다. 공부의 깊이도 문제가 될 터였다. 그래도 이 정도면 어디에 내놓아도 빠지지 않을 만한 공부였다. 적어도 인조仁祖 이후 세자 자리에 있었던 역대 임금들 가운데는 최고였다. 바로 이 때문에 임금은 손자를 자랑스러워했고 세간에서도 세손에게 거는 기대가 컸다.

홍대용이 시직으로서 처음 서연에 참여할 때에는 율곡栗谷 이이李珥, 1536~1584의 《성학집요》와 퇴계退溪 이황李滉, 1501~1570이 주자의 편지를 추려 모아 편찬한 《주서절요朱書節要》를 강론하고 있었다.

홍대용과 세손의 첫 대면은 갑오년(1774) 12월 1일의 야대夜對에서 이루어졌다. 장소는 늘 그렇듯 경희궁慶熙宮 존현각尊賢閣*이었다. 춘방春坊의 종3품 보덕輔德 한정유韓鼎裕, 정6품 사서司書 신재선申在善과 함께였다. 한정유는 영의정을 지낸 한익모韓翼謩, 1703~1781의 셋째 아들로 홍대용의 사촌 동생인 홍대응洪大應**의 처남이었는데 홍대용보다 일곱 살 아래였지만 벼슬이 워낙 홍대용보다 높은데다 권세가의 자제여서 홍대용과는 조금 거리가 있었다. 신재선은 영조의 딸 화협옹주和協翁主와 영성위永城尉 신광수申光綏 사이의 아들이니 임금의 외손자였다. 홍대용, 박지원과 절친했던 신광온申光蘊**의 9촌 조카였으니 안면을 트기 쉬울 만도 하였지만 역시 워낙 권세가인데다 한정유와는 경우가 또 다른지라 좀 더 거리를 두어야 했다.

---

* 경희궁은, 인조仁祖의 생부이며 훗날 원종元宗으로 추숭된 정원군定遠君의 사저였다. 그곳에 왕기王氣가 있다 하여 정원군의 이복형인 광해군光海君이 빼앗아 궁궐을 지었다. 순조 29년(1829) 화재로 대부분 소실되었고 존현각 역시 남아 있지 않다.
** 홍대용의 작은아버지 홍억洪檍의 큰아들로 《담헌서》에 실려 있는 〈종형홍담헌선생유사〉를 쓴 바로

그 사람이다. 처음 이름은 대섭大燮이었는데 정조 초년에 역모를 꾀하다 죽은 자와 이름이 똑같아 개명하였다. 김종후와도 교유하였다.
** 신광온申光蘊(1735~1785)은 훗날 홍대용의 외아들 홍원洪遠의 장인이 되어 홍대용과 사돈 관계를 맺었다. 신광온의 아우 신광직申光直도 홍대용, 박지원과 친밀한 사이였다.

존현각에 들어서자 세손의 모습이 눈에 들어왔다. 세손은 동쪽 벽을 등지고 서쪽을 향해 앉아 있었다. 서안書案 위에는 책이 놓여 있었고 좌우에는 각한 명씩의 내관이 시립하고 있었다. 홍대용 등은 방 안에 들어서면서 두 번 절하고 앞으로 나아가 세손의 왼편에 줄지어 놓인 털방석 위에 앉았다. 엄동인지라 털방석 위에 앉아도 추우련만 긴장한 탓인지 오히려 땀이 나고 있었다. 세손에게 가까운 쪽, 즉 동쪽부터 벼슬 높은 순서대로 북쪽을 바라보고 앉았으니 맨 오른쪽이 한정유, 가운데가 신재선이었고 홍대용은 왼쪽 끝이었다.

서연의 순서는 이러하였다. 먼저 세손이 어제 읽은 부분을 다시 읽어 복습을 한다. 오늘 새로 공부할 부분은 신하 중 한 사람이 먼저 현토를 붙여 읽는다. 이를 신수음新受音이라 하였다. 한문은 띄어쓰기가 되어 있지 않아 끊어 읽어야 했고 중간에 '~하고, ~하니, ~니라'와 같이 우리말로 구결을 붙여 읽어야 했다. 세손은 이를 다시 반복해서 읽는다. 이리하면 대개 해석은 된 셈이었다. 어릴 때는 신하가 먼저 해석을 한 차례 해주고 세손이 따라서 해석하는 순서가 이어졌지만 세손의 문리文理가 트인 후에는 생략해도 좋았다. 다음에는 신하들이 다시 그 글의 상세한 해석이나 의미, 해설, 생각해볼 점 등을 아뢰었다. 소대는 법강에 비하면 이러한 절차에도 조금 자유가 있었다.

12월 1일 어제 강론한 것이 《주서절요》 제6권 중 〈진승상陳丞相에게 보낸 편지〉였으므로 세손이 먼저 그 부분을 읽었다.[*] 어진 선비를 구하고자 한다면 과거科擧에만 매달려서는 안 된다는 점을 지적한 편지였다. 이어 한정유가

---

[*] 《계방일기》에는 '제3권 육승상에게 보낸 편지'라 되어 있는데 잘못이다. '제6권 진승상에게 보낸 편지'가 맞다. 육륙陸子와 진陳자는 초서가 닮아 있어 탈초 과정이나 출판 과정에서 오류가 있었던 것으로 생각된다. 《주서절요》는 모두 20권으로 된 책인데 2권씩 하나의 책으로 묶여 있었다.

정호(좌)와 정이(우)의 초상

오늘 강론할 〈유공보劉公父에게 준 편지〉를 읽었고 세손이 다시 반복해 읽었다.

세손 글의 뜻을 아뢰라.

한정유 이 편지는 북송北宋 정호程顥,* 정이程頤** 두 정자程子의 문집에 대한
일을 논한 것입니다. 이에 대해서는 별로 아뢸 만한 것이 없습니다. 다만
잘못 고치기를 꺼리지 않는다고 한 말에서 주자의 학문하는 자세를 볼 수
있습니다. 우禹 임금이 스스로 만족하거나 크게 여기지 않은 일도 그렇고
탕湯 임금이 신하들의 간언을 물 흐르듯 받아들인 일도 그렇고 성인들의
마음은 이와 같은 것입니다.

세손 이번에는 계방이 말해보라.

---

* 정호程顥(1032~1085)는 북송北宋 때의 학자로 그
의 학문은 남송南宋의 주자朱子에 이르러 주자학으
로 집대성되었다. 자는 백순伯淳이고 호號는 명도明
道이다.

** 정이程頤(1033~1107)는 정호의 아우로 자는 정
숙正叔이고 호號는 이천伊川이다. 형과 더불어 이정
二程으로 불리었으나 주자에게 끼친 영향은 정이 쪽
이 더 크다고 본다.

홍대용 춘방의 말이 매우 좋습니다. 학문하는 방법은 별것이 아니라 착하지 못한 것을 빨리 고쳐 착하게 하는 것일 따름입니다.

세손 그대가 지난달에 제수된 홍시직인가? 학업이 매우 독실하다 들었다.

한정유 다른 점은 알 수 없으나 경전에 해박하며 또 과거에만 매달리는 선비는 아닌 듯합니다.

마치 전혀 모르는 사이인 것 같은 대답이었다. 세손은 잠시 뜸을 들이더니 문득 생각났다는 듯이 한정유에게 물었다.

세손 어제 강론한 형기지사形氣之私에 관한 글의 뜻을 다시 생각해보니 어떠하던가?

한정유 신이 물러가 다시 보았는데, 예교睿敎* 가 매우 옳았습니다.

세손 계방은 경학經學하는 사람이니 반드시 소견이 있을 것이다. 상번上番** 이 시험 삼아 어제 이야기한 것을 물어보라.

새로 온 시직이 나이깨나 먹은데다 과거에 매달리지 않는 경학하는 선비라 하니 세손은 슬그머니 그를 시험해볼 생각이 든 모양이었다. 한정유가 고개를 돌려 홍대용에게 물었다.

한정유 《중용》 서문序文에 형기지사形氣之私라는 말과 인욕지사人慾之私라는 말이 나오는데 두 사私 자의 뜻이 같습니까, 다릅니까?

---

* 임금의 명령이나 말을 전교傳敎라 하고 세자의 것은 그보다 한 등급 낮추어 예교睿敎라 한다.
** 춘방이나 계방의 소속 관원들은 순서를 정해 서연에 들어갔다. 서연에 들어가는 사람을 상번上番, 들어가지 않는 사람을 하번下番이라 했다. 춘방에서는 일정 기간 동안은 하루 세 번이라도 같은 사람이 서연에 들어갔지만 계방에서는 같은 날에는 다른 사람이 번갈아 서연에 입시했다.

《중용》이라면 사서 중 하나임은 물론이요 성리학에서 특히 중시하는 경전이었다. 그것의 서문 역시 주자 성리설의 핵심을 담고 있는 글이었다. 홍대용도 북경에 다녀온 뒤 수촌壽村 고향집으로 돌아가 머물면서 늘 이 《중용》을 외우며 지냈다. 아무리 그래도 경문이나 외우지 누가 서문이며 주자주朱子註까지 외울 것인가? 더욱이 홍대용은 한 글자 한 글자 따지며 공부하는 사람이 아니었다. 글을 보면 큰 줄기를 보고 그것의 실천을 중시했다.

홍대용 이 글을 읽은 지가 오래되어 갑자기 기억할 수는 없지만 다만 두 '사'자는 한 꿰미로 된 것이라 달리 볼 필요가 없는 것 아닌지요?

세손 책이 여기 없으니 어찌 다 기억할 수 있겠는가. 내 견해가 틀림없다고 말하는 것이 아니라 문득 그런가 싶어 우연히 이런 이야기를 하게 되었다. 대개 형기지사라고 할 때의 '사'는, 배고프면 먹고 싶고 추우면 입고 싶은 것과 같이, 남은 그렇지 않으나 나 혼자 그렇다는 의미이고 인욕지사라고 할때의 '사'는 욕망이 사사로운 데로 흐른 것이다. 형기지사라고 할 때의 '사'처럼 모든 사람의 마음에 없을 수 없는 것을 이르는 것이 아니다. 또한 그 아래 '두 가지二者가 마음속에 섞여 있다'고 할 때의 '두 가지'와 다시그 아래 '정밀하게 이 두 가지를 살핀다'라고 할 때의 '두 가지' 역시 서로 뜻이 같지 않은 것 같은데 어떠한가?

앞부분을 다 기억하지 못하고 있는데 뒷부분인들 기억할 리 없건만 세손은 질문을 하나 더 얹었다. 난감해하는 홍대용을 위해 한정유가 나섰다. 물러가 경전을 살펴 생각해본 연후에 연석에서 아뢰게 하는 것이 좋겠다고 했다. 홍대용 역시 그러겠노라고 했다. 그러나 세손은 집요했다. 다시 질문 하나를 더 추가했다.

세손 《중용》에서 '솔성지위도率性之謂道'라 할 때 이 '솔率' 자는 무슨 뜻인가?

꽤나 호된 신고식이었다. 이번에는 답하지 않을 도리가 없었다. 세손은 누구나 외우는 《중용》 본문 첫 문장 첫 글자의 뜻을 묻고 있었다.

홍대용 이 '솔' 자는 말하기 매우 어렵습니다. 예사롭게 보면 공부에 들어가는 길인 것 같으나 이전 사람들은 모두 그렇지 않다고 했습니다.
세손 이 '솔' 자는 사실 공부라고 말할 수 없다. '큰 길을 따른다'고 할 때처럼 '성性에 따라 행하는 것을 곧 도道라 한다'고 한 것이다.
홍대용 신이 선배에게 들은 바도 또한 예교와 같이 '성에 따라 행한다'는 것이었습니다.

세손은 오늘의 강론 주제로 말을 돌렸다. 오늘 읽은 편지는 주자가 흔히 이정二程이라 불리는 정호와 정이 형제의 문집이 잘못 개정되었음을 지적하는 것으로 《이정전서二程全書》의 맨 마지막에도 실려 있는 것이었다.

세손 문정공文定公 호안국胡安國* 이 두 선생의 문집을 개정한 것에 대해 어

---

* 호안국胡安國(1074~1138)은 북송~남송 때의 유학자로 자는 강후康侯이고 시호는 문정文定이다.

떻게 생각하는가?

홍대용 신은 견문이 넓지 못하여 호안국이 개정했다는 책을 본 적 없으나 이미 주자가 논한 바 있으므로 그 득실은 더 말할 것이 없다고 생각합니다.

세손 남헌南軒 장식張栻 같은 어진 이가 이처럼 이리저리 둘러대어 의리에 해가 되는 거조를 취했다니 또한 이상하지 않은가?*

홍대용 가령 문집 가운데 이치를 해친 말이 있더라도 의심스러운 것까지도 그대로 전한다는 '전의지법傳疑之法'을 써야 할 것인데 하물며 반드시 그렇다고는 할 수 없는 경우이겠습니까? 이것은 '천려일실千慮一失**'과 같은 것입니다. 옛사람들은 덕이 차츰 높아질수록 마음을 더욱 작게 하였습니다. 이는 객기와 사심私心에 의한 잘못을 두려워했기 때문입니다.

호된 신고식으로 움츠러들 만도 했건만 홍대용의 대답은 그저 처음처럼 담담하고 물 흐르는 듯했다. 세손도 이번의 대답은 그럴듯하게 여겼다.

세손 매우 좋은 말이다. 덕이 높아질수록 마음을 작게 한다는 것은 참으로 학문하는 데 절실한 말이다.

이어서 명도 정호와 이천 정이 형제의 학문 태도에 대해 강론하였다. 명도

* 장식張栻(1133~1180)은 호를 남헌南軒, 자를 흠부欽夫 또는 경부敬夫라 하였다. 주자보다 3세 연하로 서로 많은 영향을 주고받았다. 정이, 정호 두 형제의 문집은 그 후예인 남송 때의 성리학자들에게 매우 중요한 책이었다. 이 책은 두 형제의 편지글과 제자들이 적어둔 두 형제의 말이나 강의를 모은 것이다. 여러 사람으로부터 글을 모으다 보니 두 형제의 것이 아니라고 의심되는 글이나 오류가 상당히 많았던 것으로 보인다. 여러 종류의 문집이 돌아다녔고 그 중에는 호안국이 개정한 것도 있었다. 그 때문에 정본을 확정할 필요가 있었는데 그 과정에서 장식이 함부로 개정하려 하자 주자는 잘못된 글자처럼 분명한 오류는 바로잡되 의심스러운 부분은 그대로 수록하여 후세의 판단을 기다리려 하였다.

** 천려일실은 사마천의 《사기》에 나오는 말로 이좌거李左車가 한신韓信에게 사로잡혔을 때 항복하여 그의 참모가 되면서 한 말이다. 아무리 지혜로운 사람이라도 천 가지 생각 중에 하나쯤 실책이 있을 수 있다는 의미이다.

는 학자들과 토론하다가 이견이 노출되면 '다시 생각해보자' 하고 이천은 바로 '옳지 않다'고 하였다는 주자의 기록에 대한 것이었다. 세손이 말하였다.

세손 두 선생이 이처럼 다르니 지위로 논하면 명도가 비록 높으나 이천의 엄격함은 실로 초학자가 마땅히 본받아야 할 것이다.

홍대용 신이 듣기에도 역시 그러합니다. 대개 명도는 온화하고 이천은 근엄했다 합니다. 근엄함을 앞세우면 마침내 온화하게 될 수 있으나, 온화함을 앞세운다면 반드시 유행에 빠지게 될 것입니다.

세손 그러하다.

홍대용 대체로 그러하나 만약 이와 같이 서로 말이 일치하지 않는다면 신의 생각으로는, 이천과 같은 견해가 없을 경우에는 '무슨 일이든 결론을 서둘러서는 안 된다'는 명도를 배우는 것이 마땅합니다. 대개 배우는 자의 병통 중에 지나치게 자신하는 것보다 심한 것이 없습니다.

묘한 말이었다. 이야기가 서로 어긋나고 있었다. 세손은 정이천의 엄격함을 본받고자 하였는데 홍대용은 그렇다고 해놓고서는 뒤에서 말을 뒤집었다. 학문의 수준이 정이천 정도 된다면 몰라도 그렇지 않다면 서둘러서는 안 된다는 정명도를 배워야 한다는 말이었다. 듣기에 따라서는 조금 전 세손의 《중용》에 대한 주장이 지나치게 자신하는 것 아니냐는 뜻으로도 들렸다.

세손 비록 그렇다 해도 처음 배우는 초학初學 역시 명백하게 자신하는 것이 있다면 바로 옳지 않다고 말한들 그 또한 무슨 해가 있겠는가?

홍대용 신의 뜻은 《예기》에서 '의사무질疑事毋質 직이물유直而勿有', 즉 '의심스러운 일을 결정짓지 말고 자기 의견을 고집하지 말라'라고 한 것과 같은 의미입니다. 하나같이 모릉模稜(일을 모호하게 하여 시비, 가부 따위를 결정하지 못하는 것)하지 말라는 것은 아닙니다.

홍대용의 학문하는 태도가 본래 그러했다. 그는 옳고 그름은 분명히 가리지만 그것을 고집하거나 남에게 강요하지 않으며 또 그렇게 하는 것이 옳다고 믿는 사람이었다. 세손은 홍대용의 의견에 동의할 수 없었지만 반박하기도 쉽지 않았다. 세손은 의심스러운 곳이 더 있음을 지적해 말하였다.

세손 이정 같은 대현大賢의 집안에서도 두 번 시집간 딸이 있었으니 어찌 의심스러운 일이 아니겠는가? 이천은 이미 '굶주려 죽는 일은 작고 절개를 잃는 일은 크다'하였는데 어찌 그 지친至親도 감화시키지 못하고 절개를 잃는데 이르게 하였는가?

이정의 말과 행동이 모순되었으니 이런 일에도 옳고 그름을 말할 수 없느냐는 뜻이었다. 홍대용은 흔들림이 없었다.

홍대용 '절개를 잃는 일은 크다'고 한 것은 올바른 교훈입니다. 다만 개가改嫁는 중국에서는 통상적으로 행해지는 일이고 스스로 특별한 절개를 지닌 사람이 아니라면 오래전부터 부끄럽게 여겨지지 않았습니다. 그 사람이 이미 풍속에 물들어 능히 그 정절을 보전하지 못한다면 그저 맡겨둘 뿐이었습니다. 이른바 '다른 사람에게 보통 사람 대하는 만큼만 기대하면 그로 하여금 따르게 하기 쉽다(以衆人望人則易從)' 한 것이 그것입니다. 꼭 강제로 만류하여 개가시키지 않고자 했다면 그보다 더 심한 일이 일어났을지 어찌 알겠습니까?

홍대용의 대답에 감탄했는지 세손은 한정유를 돌아보며 말했다.

세손 이 일은 그렇게 보는 것이 매우 좋구나.

세손이 한 차례 더 질문을 던졌다.

세손 이상한 일이 또 있다. 이천같이 삼가 예절을 지키는 사람이 명도가 죽은 후 종통宗統을 빼앗은 것은 무슨 까닭인가?

명도는 형이고 이천은 아우였는데 명도가 먼저 죽고 5년 후 그 아버지 태중太中 정향程珦이 죽었다. 이때 아버지의 종통을 이천이 가져간 것을 두고 말한 것이다. 예법을 따른다면 명도의 큰아들이 종통을 잇는 것이 순리였다.

홍대용 선현들의 언행을 논하자면 이런 일이 한두 가지가 아닙니다. 대개

이 천도 종법宗法을 말하지 않은 것은 아니지만 주자에 이르러서야 종법이 더욱 엄해졌습니다. 이미 주자의 정론正論이 있으니 이천의 이 일은 현자를 위해 피하여두고 논하지 않는 것이 옳습니다.

한정유 '현자를 위해 피하자'는 계방의 말이 매우 좋습니다.

세손 그렇긴 하나 끝내 그 까닭을 모르겠다.

홍대용 신이 그에 관한 글을 본 적 없으니 감히 확실히 말씀드리지는 못하오나 선배들에게 들건대 태중의 유언이 있었다고 합니다.

세손 유언한 일은 어느 책에서 보았는지 기억하지 못하지만 나 역시 들은 적이 있다.

홍대용 비록 그런 유언이 있었다 할지라도…….

홍대용이 다시 부연하려 하자 세손은 그의 말을 끊었다. 자신의 말실수를 깨달았기 때문이다. 지금까지의 대화는 초학자라면 의견이 다를 때 결론을 서두르지 않는 정호의 태도를 본받아야 한다는 홍대용과 초학자라 하더라도 자신이 있어 바로 결단할 수 있다면 정이의 태도를 본받아도 좋다는 세손 간의 의견 불일치에서 비롯되었다. 세손은 자신의 말을 논증하기 위해 정씨 가문의 두 형제 사이에 있었던 옳지 않은 일들을 끌어들였다.

정이가 종통을 빼앗은 일에 말이 미치자 세손은 '끝내 그 까닭을 모르겠다'며 잘못은 잘못이라고 주장하려 하였다. 이에 홍대용이 태중의 유언을 들먹이자 부지불식간에 자신도 들은 적이 있다고 말하고 말았다. 태중의 유언에 대해 들은 적이 있다면 그 까닭을 알고 있었던 것이니 결국 공연한

트집에 공연한 질문이었거나 말로 이겨보려는 마음을 드러낸 것이었다.

세손 역시 태중이 죽음을 앞두고 정신이 혼미할 때 내린 난명亂命이었던 것이다.

홍대용 참으로 그러할 것입니다.

* * *

그 말을 끝으로 세손은 자리를 파하고 일어섰다. 홍대용 등도 물러났다. 그 즉시 홍대용은 서가에서 《중용》을 찾아보았다. 맨 앞부분이었으므로 책장을 몇 장 넘기지 않아도 되었다. 세손이 형기지사, 인욕지사 운운한 부분은 세손의 말이 옳았다. 형기지사의 사私는 인간 누구나 형기를 받아 육신을 가지고 태어나기 때문에 피할 수 없는 춥고 배고픈 감각의 사사로움, 즉 어쩔 수 없이 개인적인 것을 지칭하는 것이었다. 인욕지사의 사私는 이미 인욕에 빠져 천리를 배반한 나쁜 마음이니 사邪의 의미를 내포하고 있었다. 그러나 그다음의 '두 가지'에 대해서는 몇 번을 반복해 읽어보아도 지칭하는 바가 서로 다르지 않은 것 같았다.

서연을 마치고 《중용》을 찾아 펼친 것은 홍대용만이 아니었다. 세손 역시 이날의 야대에서 나온 《중용》의 내용이 찜찜했다. 세손은 《중용》 서문이 아니라 13장을 펼쳤다. 13장 주자주에 홍대용이 말했던 '다른 사람에게 보통 사람 대하는 만큼만 기대하면 그로 하여금 따르게 하기 쉽다'라는 구절이 나와 있었다. 횡거横渠 장재張載의 말이었다. 세손은 어쩐지 이 말이 마음에 들지 않았다. 말을 바꾸면 남에게 보통 사람 이상의 것을 하도록 기대하지 말라는 것이니 그렇다면 임금이 신하와 백성을 가르치고 이끌면서 할 수 있는 일이 무엇이 있을까 싶었다.² 거기에다가 옳다고 믿는 것을 강제할 수 없다면 보통 사람이 임금 노릇 하는 것과 똑똑한 사람이 임금 노릇 하는 것 사이에 무슨 차이가 있을까 싶기도 하였다.

사람은 누구나 자기로부터 미루어 생각하는 법이다. 자신이 할 수 있는 일이라면 남도 당연히 할 수 있으리라 기대한다. 이것은 물론 착각이다. 똑똑한 사람이나 독한 성격으로 자수성가한 사람들이 높은 자리에 앉으면 아랫사람에게 자기와 같은 똑똑함이나 독함을 요구한다. 그 덕분에 아랫사람들은 피곤해진다. 그 결과 작게는 윗사람에 대한 원망이 커지고 크게는 민심이 이반한다. 아무리 용맹한 장수라도 보초병에게 자신과 같은 용맹함을 요구해서는 안 되는 것이다. 보초병은 그저 졸지 않고 보초를 잘 서면 최고의 보초병이다. 장횡거 이래의 수많은 현인이나 유학자들 중에 머리 좋고 독한 사람이 없는 것은 아니었겠지만, 장횡거는 이러한 이치를 알았기 때문에 그와 같이 말한 것이다.

홍대용과 세손의 첫 만남은 이렇게 마무리되었다. 서로에게 호감을 가질 수 있는 만남은 아니었다. 세손은 홍대용을 시험했고 그 가운데 '솔率'이라는 글자의 의미를 물은 것은 지나친 면이 없지 않았다. 홍대용으로서도 전혀 유쾌한 상황은 아니었으나 유명무실한 선비들도 많으니 세손이 그런 식으로 자신을 시험할 수도 있다고 생각했다.

---

1 《진강책자차제進講册子次第》(奎 5717).
2 정조正祖,《홍재전서弘齋全書》권 83, 경사강의經史講義 20, 중용中庸 4.

사마광(좌)과 왕안석(우)의 초상

임금 된 사람이 다만 마땅히 소인의 거짓 붕당을 물리치고
군자의 참된 붕당을 기용하면 천하가 다스려집니다.
— 구양수, 〈붕당론〉

붕당의 화가 진실로 심하였지만 탕평의 화는 붕당보다 백배는 더하여
반드시 나라를 망하게 하고야 말 것입니다.
— 홍대용, 〈여채생서〉

붕당과 탕평
무엇을 위한 탕평인가

12월 4일 진시辰時에 소대하겠다는 명이 있었다. 아침나절이고 한림소시翰林 召試*가 있는 날이어서 그런지 춘방의 관원 가운데 한정유만 나와 있었다. 계방에서는 홍대용의 차례였다. 소대라 하나 춘방과 계방에서 각각 한 명씩, 달랑 두 명만 들어가는 것은 드문 일이었다. 진시가 되자 금루관禁漏官**이 시각을 알렸다. 존현각 앞에 도착하니 사약司鑰**이 문을 열어주어 방 안까지 곧바로 들어갔다. 《주서절요》제6권 중 〈한무구韓無咎**에게 답한 편지〉, 〈예국기芮國器에게 준 편지〉, 〈정경망鄭景望에게 답한 편지〉를 읽었다. 모두 짤막한 편지글이기 때문에 세 편을 읽은 것이었다. 특히 맨 앞의 편지는 워낙 짧아 별로 논할 만한 내용도 없었다.

한정유가 두 번째 편지 가운데, '정이천이 학제學制를 고치려 하자 당시 사람이 우활迂闊('오활'로도 읽으며 너무 이론적이거나 공상적이어서 세상 물정에 어두운 것을 뜻함)하다 하여 시행하지 않았다'라는 대목을 가지고 말하였다.

---

* 예문관의 옛 이름이 한림원이고, 예문관에 소속된 검열檢閱이라는 정9품직을 뽑기 위한 일종의 과거 시험을 한림소시翰林召試라 한다. 본래 과거 합격자 중에서 추천을 통해 임명되는 자리였는데 영조 17년(1741)에 시험을 보아 뽑게 하였다.
** 금루관禁漏官은 관상감觀象監에 소속된 관원으로 30명이 있었다. 시간을 알리는 역할을 했으며, 품계가 있는 정식 관원은 아니었다.

** 사약司鑰약은 액정서掖庭署 소속의 정6품 관직으로 사류士類로 구성되는 정직正職과 구별되는 잡직雜織이며 대궐 여러 문의 열쇠를 보관했다.
** 남송 때 이부상서를 지낸 한원길韓元吉이다. 호는 남간南澗, 자는 무구無咎이다. 《담헌서》에 무귀無晷로 되어 있으나 《주자서절요》와 《주자대전》을 참조하면 무구가 옳다.

한정유 예로부터 속된 사람들은 유자儒者의 말이 우활하다고 하였습니다. 유자와 속된 사람은 본래 서로를 용납할 수 없습니다. 장래 저하께서 설령 유자를 쓰고자 하여 불러 조정에 둔다 하더라도 끝끝내 속론俗論에 흔들리지 않으리라고 어찌 장담하겠습니까?

세손 내 자신이 먼저 정밀하고 적절한 권도權度(저울과 자라는 뜻이며, 의미를 확장하면 지켜야 할 법도를 가리킴)를 갖춘 연후에야 속론에 의해 그르치게 되지 않을 터인데 생각건대 이것이 가장 어려울 것이다. 계방의 생각은 어떠한가?

홍대용 그렇습니다. 정이천의 학제는 《소학》에 대략 실려 있는데 끝내 시행될 수 없었으니 이는 천고의 한입니다.

세손 《소학》에 있었던가? 어릴 때 대충 읽어서 전혀 기억할 수 없다.

홍대용 학제를 자세히 보면 대개 선비 기르는 방법을 말한 것입니다.

세손은 책장을 넘겨 세 번째 편지, 〈정경망에게 답한 편지〉*에서 눈길을 멈추었다. 북송 때의 재상 충선공忠宣公 범순인范純仁**의 정치적 행위에 대한 주자의 비판이 담긴 편지였다. 당시 왕안석王安石**의 신법당과 사마광司馬光‡‡의 구법당 간의 다툼에서 범순인이 취한 지나치게 관대한 태도에 대한 비판이었다.

범순인은 관대함이 지나쳐 신법당의 간신이라 일컬어지는 채확蔡確, 1037~1093까지도 감싼 바 있었다. 주자는 작은 일을 크게 만들어 채확을 궁지에 몰아넣은 당시 구법당 사람들의 행위도 지나쳤지만, 채확을 감싸 신주新州

---

* 정조가 편찬한 《주서백선朱書百選》에도 포함된 편지이다.
** 범순인范純仁은 북송 철종哲宗 때의 재상으로, 문정공文正公 범중엄范仲淹의 둘째 아들이다.
‡ 왕안석王安石(1021~1086)은 북송 신종神宗 때의 재상으로, 청묘법靑苗法, 보갑법保甲法, 보마법保馬法 등 신법新法을 추진하여 사마광 등의 구법당과 대립하였다.

‡‡ 사마광司馬光(1019~1086)은 북송 철종 때의 재상으로, 왕안석의 신법당과 대립한 구법당의 중심인물이었다. 편년체編年體 역사서인 《자치통감資治通鑑》을 저술하였다.

로 유배 보내는 것으로 마무리 지은 범순인의 행위 역시 자기 한 몸을 위한 사사로운 행위였다고 비판하였다. 또 범순인의 이러한 행위는 '죄가 있으면 하늘이 징벌한다는 뜻을 저버린 것'이고, '후세 사람들로 하여금 임금과 어버이에게 무례한 짓을 하는 자를 보고도 팔짱 끼고 앉아 구경만 할 뿐 감히 쫓아내지 못하게 하는 것'이라고 평가하였다. 북송 때의 신법당과 구법당의 다툼은 조선의 붕당을 연상케 하기에 충분했다.

세손이 말을 꺼내고 홍대용이 답했다.

세손 채확 같은 간신을 그냥 채확이라 하지 무엇 때문에 채신주라 일컬었는가?

홍대용 옛사람의 말투에 이런 것이 매우 많습니다. 진晉나라에서는 왕돈王敦을 일컬을 때 대장군大將軍이라 했고 주자도 진회秦檜를 일컬을 때 동창東窓이라 했습니다.

세손 이것이 옛사람의 충후忠厚(충직하고 인정이 두터움)한 말투로구나. 범순인은 간신 장돈章惇, 1035~1105도 너무 지나치게 용서하였다. 그가 배를 타고 가다 풍파를 만나자 주변 여러 사람에게 "그대들이 만사 장돈 탓을 하더니 이 풍파 또한 장돈이 하는 짓인가?"라고 말하였다 하니 이 역시 너무 심하게 감싼 것이 아닌가?

홍대용 군자는 소인을 그의 악이 아직 나타나기 전에는 포용하여 그로 하여금 나쁜 마음을 고치게 합니다. 그러나 그 악이 이미 나타났으면 매우 미워하여 물리침을 조금도 늦추어서는 안 됩니다. 하물며 범충선처럼 겉으로는 충후한 뜻을 보이고 속으로는 사사로운 마음을 품어 스스로를 보전하려는 자이겠습니까?

홍대용은 그저 세손의 말을 받아서 범순인의 지나친 관대함을 주자의 정론에 따라 비판하고 원칙론을 제시했을 뿐이나 이는 듣기에 따라서는 노론 준론峻論의 주장으로 들릴 수도 있었다. 세손의 말투에 갑자기 날이 섰다.

세손 원우元祐* 때 여러 현인이 왕안석의 신법新法을 모두 고친 것은 과도하게 치우친 것이다. 왕안석이 집요하여 나라를 그르쳤으니 진실로 미워할 만 하고 신법도 진실로 폐단이 많았다. 그러나 백성의 부역을 면해주는 법이나 보갑제保甲制 같은 것은 주나라의 제도요, 왕안석이 사사로이 창안한 것이 아니었다.** 그런데도 왕안석이 만들었다 해서 모두 폐지한 것은 지나친 일이었다. 대저 사마광은 비록 재상 노릇을 잘했다 하나 학술이 부족한 까닭에 일을 처리하는 데 착오가 많았고 그의 저서 또한 의리를 잃은 대목이 많았다. 채경蔡京*에 대해 잘 알지도 못하면서 오직 닷새 만에 신법을 다 고친 것만 쾌하게 여겨 마침내 왕안석을 왕안석으로 바꾼 꼴이 되었으니 어찌 잘못이 아니겠는가? 또한 그가 밤이면 '중中'자를 생각했다는 것

* 북송 철종의 연호로 재위 1년(1086)부터 8년(1093)까지 사용하였다. 이 시기는 철종의 조모 선인황후宣仁皇后가 섭정하던 때로 구법당이 득세하였다. 철종은 친정 체제를 회복한 후 소성紹聖, 원부元符로 두 번 연호를 바꾸었다.
** 보갑제는 북송 때 왕안석이 시행한 신법의 하나로 향촌에서의 자치적인 치안 조직에 관한 제도이다. 10호戶를 보보, 50호를 대보大保, 10대보를 도보都保로 조직하여 보장保長·대보장大保長·도보정都保正·도보부都保副를 두고 치안을 유지하며 유사 시에는 군대로 동원하는 일종의 강병책이었다. 왕안석의 신법은 이 밖에도 균수법均輸法, 청묘법青苗法,

모역법募役法, 방전균세법方田均稅法, 시역법市易法, 보마법保馬法 등 다양한 분야에 걸쳐 한꺼번에 너무 많은 변화를 시도한 것이어서 백성과 구법당의 반발을 불렀다. 이 가운데 청묘법과 보갑법 같은 것은 왕안석이 창안한 것이 아니라 《서경》의 〈주서〉 주관편에 나오는 것을 정비한 것이었다. 세손은 바로 이 점을 지적한 것이다.
** 채경蔡京(1047~1126)은 북송 휘종徽宗 때의 재상으로 여진족이 세운 신흥 금金나라와 연합하여 숙적이던 거란족의 요遼나라를 멸망시켰으나 아첨과 사치가 심하여 간신으로 지목되었다.

을 보건대 역시 매우 도량이 좁다. 함양涵養과 치지致知를 구하지 않고 오로지 '중'만 생각했을 뿐이니 저 전국시대의 자막子莫*처럼 아주 융통성 없는 '중'이 되지 않을지 어찌 알겠는가?

세손은 신법당의 채확을 지나치게 감싼 범순인의 잘못을 논하다 말고 갑작스레 왕안석과 사마광의 이야기를 꺼내 길게 이어갔다. 왕안석이 신법당의 우두머리라면 사마광은 구법당의 우두머리였다. 세손의 말은 신법당도 잘못했지만 구법당도 잘한 것 없다는 양비론이었다. 사실 정권이 바뀌었을 때 이전 정권의 정책을 남김없이 뒤집어버리는 것은 역사에서 흔한 일이었다. 그 와중에 좋은 정책까지 뒤집히는 경우도 비일비재하였다. 결코 옳은 행위는 아니지만 형세가 그렇게 흘러가는 것이었다.

세손의 양비론은 지금의 임금이 즉위 초에 한, "소론이든 노론이든 피차 역적이 나오지 않은 붕당이 있는가?"라는 말을 연상시켰다. 다름 아닌 탕평론이었다. 홍대용은 세손이 자신의 말을 반탕평론으로 오해할까 염려했던지 말을 덧붙였다.

홍대용 온공溫公(사마광)은 밤에 잠을 못 이루면 '중' 자에 마음이 머무르도록 하는 것을 불가佛家에서 염주 헤아리는 것처럼 하였다고 합니다. 이로 미루어 그의 마음의 경계가 번거롭고 흔들려 함양의 공부가 없었던 것을 알 수 있습니다. 함양의 공부가 없으면 반드시 치지에도 정밀치 못합니다. 치지에 이미 정밀치 못하다면 일을 처리하는 데 어찌 능히 다 착하게 할

* 자막子莫은 중국 전국시대 노魯나라 사람으로 오로지 중中만을 고집하였다.《맹자孟子》, 진심盡心 상上.

수 있겠습니까? 대저 학문과 사업에서는 반드시 함양을 근본으로 삼아야 합니다.

홍대용의 말에 세손은 붕당이 일으키는 폐단에 대하여 다시 이야기를 이어 나갔다.

세손 원우 때의 구법당 여러 현인들이 채확이 별 뜻 없이 한 이야기를 가지고 잘못이라 책하여 마침내 그가 죄에 빠지게 만들었으니 광명한 군자의 처사가 마땅히 이럴 수 없는 것이다. 그 후 동파東坡 소철蘇轍이 시詩 때문에 죄를 입은 것도 반드시 이러한 행동에 연유했을 것이다. 소자문邵子文이 어떤 사람인지 자세히는 모르겠지만* 정명도의 소견이 범충선의 소견과 합치된다 말하였으니 이런 이야기는 매우 미워할 만하다. 정명도의 화기和氣와 범충선의 자기를 보전하려는 사사로움이 어떻게 같다고 말할 수 있는가? 이 말은 참으로 미워할 만하다.

구법당의 사람들은 채확을 싫어해, 채확이 별 뜻 없이 지은 시의 한 구절을 가지고 나라를 원망한 시라고 억지로 말을 만들어 그를 유배 보낸 바 있었다. 주자는 이 편지에서 이런 행위가 올바르지 못했다고 비판했다. 나중에 신법당도 비슷한 방법으로 구법당의 소동파를 모함하여 유배되게 만들었다.

주자는 또 소자문이 자신이 지은 저서에서 범충선과 정명도를 싸잡아 비난한 것에 대해서도 비판하였다. 즉 신법당을 감싼 범충선과 양측의 화합

---

* 소자문邵子文은 강절康節 소옹邵雍(1011~1077) 의 아들로 자문은 자이고, 백온伯溫이 이름이다. 세손의 이 말은 소자문이 소옹의 아들인 줄 모른다는 뜻이 아니라 그가 어떤 성품의 인물인지 자세히 모른다는 뜻이다.

을 바란 정명도의 말은 비슷한 것 같지만 실은 전혀 다르다는 것이었다. 범충선은 훗날의 자신의 보신책으로서 그리한 것이고 정명도는 진정으로 화합하기를 바란 것이니 차이가 있다는 주장이었다.

세손은 주자의 주장을 그대로 받아들여 구법당도 신법당도 잘못되었고 화합을 주장한 정명도만이 찬사를 받을 자격이 있다고 주장했다. 요컨대 구법당이든 신법당이든, 조선의 경우라면 노론이든 소론이든 준론은 잘못이요 보합하고 화합하는 탕평蕩平만이 옳은 것이라는 뜻이었다.

홍대용 소자문의 그 말은 정명도가 처음에 희풍대신熙豐大臣(왕안석)과 함께 일하려고 했던 것을 두고 한 말입니다.

세손 그러하다. 정명도의 그 일은 성인聖人의 역량을 보여주는 것이었다. 범충선이 감히 본받을 수 있으랴. 어떤 사람이 공자의 역량도 없으면서 남자南子를 만났다면 옳겠는가?

홍대용의 말과 관계없이 세손의 정명도에 대한 찬사가 이어졌다. 드디어 정명도는 세손에 의해 공자에 비견되는 성인의 반열에까지 오르게 되었다. 어쩌면 공자보다 윗길이었는지도 모른다. 공자가 위衛나라에 가서 영공靈公을 만나려 하자 위영공의 아내인 남자南子가 자신을 먼저 만나야 한다고 하였다. 남자는 근친상간도 마다하지 않는 음란한 여자였다. 공자는 몇 번 거절하다가 부득이하여 남자를 만나고 돌아왔다. 그러자 공자의 용맹한 제자 자로子路의 눈길이 곱지 않았다. 공자는 어쩔 수 없어 제자인 자로에게 "맹세코 잘못된 일은 하지 않았다. 했다면 하늘이 나를 버리시리라. 하늘이 나를 버리시리라" 하고 맹세까지 해야 했다.* 반면에 정명도는 자신의 행위에 대해서 변명도 긍정도 하지 않았으니 공자보다 형편이 낫다면 나았다. 홍대용은 조금 다른 말을 하였다.

> **홍대용** 정명도가 범충선과 의견을 같이하였다는 소자문의 이야기는 근거가 확실하지 않습니다. 동생인 정이천도 과연 그런 일이 있었는지 의심스러워 사후 정명도의 행장行狀에서 그 내용을 빼기에 이르렀습니다. 반면 범충선의 일은 모두가 본 것이요 명백하게 자기 보전의 계책이었던 것이니 어떻게 두 일을 비교나 해볼 수 있겠습니까?
> **세손** 왕안석이 실패한 후에 정명도가 "우리 무리도 더불어 책임이 있었던 것이다"라고 하였다니 이것은 성인의 말씀이었다.

세손은 여전히 홍대용의 답변과 관계없이 정명도에 대한 찬사를 이어갔다. 정명도를 성인의 역량을 가진 사람일 뿐 아니라 성인의 말을 하는 사람으로 결정지어 버렸다. 사실 왕안석이 실패한 후 정명도가 그처럼 말했다면 정명도는 그 이전부터 자신들의 잘못을 느끼고 있었던 것이다. 그런데도 그때는 가만히 있다가 왕안석이 실패한 후에야 그와 같이 말하는 것도 무책임하다면 무책임한 행동이었다. 그것을 세손은 구법당의 자기반성으로 보아 성인의 말씀이라 치켜세웠다. 홍대용은 세손이 듣고자 하는 말이 무엇인지 알 수 있었다. 결국 그 말을 입 밖에 내지 않을 수 없었다.

---

*이 일은 《논어論語》, 옹야편雍也篇에 나타나 있다.

홍대용 예교가 매우 타당합니다. 사람이 다른 사람을 가르침에 정명도의 마음으로 임한다면 반드시 붕당의 화가 없을 것입니다.

 붕당의 화가 없다는 것이 곧 탕평에 동조하는 말은 아니었으나 홍대용은 세손이 그렇게 이해해주기를 바랐고 실제로도 그렇게 적당히 넘어갈 수 있었다. 이날의 소대는 이렇게 마쳤다.

* * *

 하루 이틀 지내는 사이 홍대용의 관직 생활도 차츰 틀이 잡혀가고 있었다. 12월 7일에는 평안감사 홍인한洪麟漢이 우의정에 임명되었다는 소식이 들려왔다. 홍인한은 세손의 외종조부였다. 무엇 때문인지 자세히는 알 수 없으나 세손은 그의 사람됨이 탐욕스럽고 무식하다 하여 좋은 얼굴로 대하는 법이 없었다. 홍인한이 화완옹주和緩翁主의 계후자繼後子인 정후겸鄭厚謙과 연결하여 세손을 흔들려 한다는 소문도 심심찮게 들려왔다. 그런 그가 우의정에 임명된 것이 세손에게 화가 될지 복이 될지 알 수 없는 상황이었다.
 효종孝宗의 유일한 혈손인 지금의 임금은 아들 둘을 낳았다. 하나는 열 살 무렵에 죽은 효장세자孝章世子이고 또 하나는 뒤주에 갇혀 굶어 죽은 사도세자 思悼世子이다. 사도세자에게는 네 아들이 있었는데 첫째가 혜빈惠嬪 홍씨洪氏가 낳은 세손으로 사도세자가 죽은 후 효장세자에게 입후하였고 둘째와 셋째는 숙빈肅嬪 임씨林氏가 낳은 은언군恩彦君 인䄄*, 은신군恩信君 진禛**이었으며 넷째

---

* 은언군(1755~1801)은 훗날 역모에 관련되어 강화도로 유배되었다. 철종의 할아버지이다.
** 은신군(1756~1771)은 자식 없이 죽었다. 훗날 인조의 셋째 아들인 인평대군麟坪大君 이요李㴭의 6대

손 이채중李宷重으로 하여금 이름을 이구李球로 고치고 남연군南延君 칭호를 주어 은신군의 후사를 잇게 하였다. 남연군의 아들이 흥선대원군이고 그 아들이 고종 이다.《순조실록》권 18, 15년(1815) 12월 19일.

가 경빈景嬪 박씨朴氏가 낳은 은전군恩全君 찬禶* 이었다. 이때 은언군과 은신군
은 3년 전에 일어난 왕손 추대 사건이니 뭐니 하는 말도 잘 안 되는 사건에 휘
말려 제주도에 귀양 가 있었다. 이 가운데 은신군은 제주에서 자식 없이 죽었
다. 이 사건은 그저 왕손들이 사치스러운 생활을 하다가 시전 상인들에게 빚
을 진 것에 불과했는데 추대니 뭐니 해서 피를 부르고야 말았다. 은신군은 홍
대용의 당숙인 홍자洪梓의 손녀사위였으니 홍대용으로서도 안쓰러운 일이 아
닐 수 없었다.** 또 막내인 은전군은 이제 겨우 열대여섯 살에 불과하였다. 이
에 비해 세손은 유일한 정궁正宮 소생일 뿐 아니라 세손 자리에 오래 있었기 때
문에 살아남은 두 왕손과는 아예 경쟁 상대도 되지 않았다. 적어도 임금의 혈
손 가운데서는 세손 이외에 다른 선택이 있을 수 없었다. 그런데도 자신의 권
력이 세손의 외종조부라는 사실에서 나온다는 것을 모를 리 없는 홍인한이
세손의 지위를 흔들려 한다는 소문은 도무지 믿기 어려운 것이었다.

사실이야 어쨌건 소문은 홍인한이 화완옹주의 양자 정후겸과 결탁하여
권세를 부리고 세손을 위태롭게 한다는 것이었다. 화완옹주는 언니 화평옹
주和平翁主가 일찍 죽자 임금의 사랑을 독차지할 수 있었지만 결혼한 지 8년
만에 남편 정치달鄭致達이 자식 없이 죽어버려 궁에 들어와 살고 있었다. 사
대부 가문에서라면 남편이 죽었다 해서 친정으로 돌아가 사는 것은 어림도
없는 일이었건만 늙은 임금의 부탁이니 시가에서도 못 이기는 체 받아들였
다. 남편 잃은 옹주 며느리를 집안에 두어봐야 상전 하나 모시는 셈밖에 되
지 않기 때문이었다. 화완옹주는 남편의 제사가 끊기게 할 수는 없는 노릇
이라 인천에서 물고기 팔던 정후겸이라는 자를 양자로 들였다. 남편의 일

---

* 은전군(1759~1778) 역시 자식 없이 죽었다. 철종
때에 가서야 풍계군豊溪君을 은전군에게 입후立後하
고 다시 이세보李世輔를 풍계군에게 입후하여 제사
를 이어가게 하였다. 《철종실록》 권 3, 2년(1851) 7

월 12일.
** 흥선대원군의 아버지 남연군이 은신군의 양자로
입후하였으니 흥선대원군의 입장에서는 홍대용이
계보상 할머니의 7촌 아저씨가 된다.

가붙이라고는 하나 피 한 방울 섞이지 않은 자가 뭐 그리 미더웠을까 싶긴 하지만 세상의 소문은 그렇다고 했다. 과연 소문대로라면 정후겸의 가문은 소론이요 홍인한은 노론이었으니 탕평은 된 셈이었다. 이미 외척의 권세와 이익 앞에서는 붕당이고 뭐고 없어지고 있었다. 탕평의 효과였다.

세간에서 떠드는 말 가운데 그들이 권세를 누린다는 말이라면 이해가 될 만도 했지만 그들이 세손의 자리를 위태롭게 한다는 말은 도무지 이해하기 어려운 것이었다. 그들이 이제 곧 해가 바뀌면 여든두 살이 되는 늙은 임금의 총애를 믿고 있었다는 것일까? 아무리 빠진 이가 새로 났느니 어쩌니 호들갑을 떨어도 사람인 이상 여든둘이면 내일을 기약하기 어려운 일인데, 늙은 임금이 죽을 때 따라 죽을 작정이 아니고서야 어찌 그럴까 싶었다. '제 감히 고모를 어쩔 것이며 외종조부를 어쩌랴?' 하는 마음이었을까? 아니라면 또 다른 사정이 있었던 것일까?

홍인한이 평양에서 한양으로 들어오려면 아직 열흘은 더 있어야 했지만, 소문의 중심에 있던 그가 중앙 정계에 우의정으로 등장하게 된다고 하자 춘방과 계방의 분위기가 일순 싸늘해졌다. 홍대용도 긴장하지 않을 수 없었다.

---

1 《승정원일기》 영조 4년(1728) 9월 24일.

맹자 초상

내가 가르치고 싶지 않아서 거절하는 것도 역시 가르치는 방법의 하나이다.

—《맹자》, 고자 하

불설지고
가르침을 거절하는 것도 가르침의 방법이다

12월 12일 대한大寒이 놀러 갔다가 얼어 죽었다는 소한小寒이 며칠 지나지 않아 추위가 대단했다. 소대하라는 세손의 명이 있었다. 12월 12일이었고 군이 금루관이 시간을 알리지 않았더라도 좌경坐更(밤에 궁중의 보루각에서 징과 북을 쳐서 시각을 알리던 일)이 처음 울렸으니 초경初更 삼점三點(저녁 8시 20분 무렵)이었다. 홍대용은 춘방의 필선弼善(세자시강원의 정4품 벼슬) 서유신徐有臣, 겸사서兼司書(세자시강원의 정6품 벼슬) 신재선과 함께 입시하였다. 신재선은《주서절요》제7권 맨 앞의 〈원기중袁機仲에게 답한 편지〉두 건을 강론하였다. 양이 많아 서유신과 신재선이 나누어 읽었다. 읽기는 읽었으나 별 내용이 없었다. 원기중이라는 사람이 음양陰陽을 논하였는데 음양을 동서남북으로 나누어 배치하고 여기에 다시 인의仁義를 끼워 넣어 도무지 말이 되지 않는 주장이 되고 말았다. 이에 주자가 그렇지 않음을 말한 편지였다. 서유신이 글의 뜻을 대략 아뢰고 신재선과 홍대용은 별로 아뢸 만한 것이 없다고 말하였다.

세손 오늘 편지는 꽤나 길구나. 계방은 아뢸 만한 것이 없는가?
홍대용 별로 아뢸 만한 것이 없습니다.

아뢸 만한 것이 없다고 이미 말했건만 세손도 물을 만한 것이 없었던지 재차 물었다. 기껏 소대하였는데 글만 읽고 파할 수도 없는 노릇이었다. 두 편지를 이리저리 다시 읽어보았지만 역시 별무신통이었다. 한참이나 어색한 정적이 흘렀다. 세손이 어렵게 말을 꺼냈다.

세손 원기중은 고집통이었던 것 같은데 주자는 왜 다시 자세히 설명하여 의견을 일치시키지 않고 이내 말하기를, "입을 닫고 이야기하지 맙시다. 각자 자기 뜻을 지킵시다" 했는가?

나서기 좋아하는 서유신이 답했다.

서유신 그가 고집을 부리면 당연히 그럴 수밖에 없습니다.

매우 불성실한 대답이었다. '왜?'라는 질문에 대답이 '당연하다'라면 얘기는 끝이었다. 어쩔 수 없어 홍대용이 답하였다.

홍대용 원기중에게 받아들일 뜻이 있었다면 주자도 반드시 그렇게는 하지 않았을 것입니다. 이미 원기중이 자신하는 것을 보았으므로 번거롭게 다툼의 단서만 만들게 되는 것을 옳지 않게 여긴 것입니다. 춘방(서유신)의 말이 옳습니다. 또 이것은 〈상산象山 육구연陸九淵에게 준 편지〉에 나오는 '당신도 나도 각자 매일같이 연구하고 공부하자'라는 말과 같으니, 이른

바 '불설지교회不屑之教誨'라는 것입니다.

단박에 답변이 답변다워졌다. 홍대용이 말한 '불설지교不屑之教'란 맹자孟子
의 말이었다. 맹자는 좋지 않게 생각되는 사람에게는 가르침을 거절하였으
며 이것 역시 가르치는 한 방법이라 하였다.¹ 그리하여 상대가 자신의 잘못
을 깨닫고 고치면 다행이고 그렇지 않다면 그냥 그대로 둘 뿐이었다. 서유신
은 사실 아무 답도 안 한 것이나 마찬가지였는데 홍대용이 옳다 하니 기분이
좋아졌고 세손은 막힘없는 대답에 흥이 돋았다. 별 내용 없는 편지 탓에 애
꿎은 책장만 이리저리 넘기다 이야깃거리를 만났으니 그럴 만도 하였다.

> 세손 나도 바로 그것을 인용하여 논증하려 하였다. 이른바 불설지교라는
> 것이 옳다.

다른 사람과 대화하는 가운데 서로 생각이 같은 것을 알게 될 때의 마음은
기쁜 법이다. 세손은 마침 생각났다는 듯이 십여 일 전의 일을 다시 물었다.

> 세손 계방은 전번에 읽은《중용》서문의 문의를 다시 생각해보았는가? 어
> 떻던가?
> 홍대용 신은 물러간 즉시 살펴보았습니다만 그 후 다시 하문하지 않으시
> 기에 지금까지 감히 말씀드리지 못했습니다. 두 '사私' 자의 뜻이 같지 않음
> 은 저하의 말씀이 지극히 옳아 다시 의심할 여지가 없습니다. 다만 위의

'두 가지'와 아래의 '두 가지'가 다르다는 것은 저하의 뜻이 어디에 있는지 알 수 없으나 신은 다르다고 생각되지 않습니다.

세손 위에서 '두 가지'라 한 것은 인심人心과 도심道心을, 아래에서 '두 가지'라 한 것은 천리天理와 인욕人慾을 말한 것 같다.

홍대용 저하께서 이미 신에게 하문하시는데 신이 어찌 감히 바로 대답하지 않겠습니까? 신의 생각으로는 둘 다 인심과 도심을 가리킨 것입니다.

홍대용이 동의하지 않고 고집을 부리자 세손은 크게 웃었다. 좀 전의 말이 떠올랐기 때문이다.

세손 참으로 '입을 닫고 이야기하지 말 것이요, 각자 자기 뜻을 지킨다'는 말 그대로군.

세손은 너무 크게 웃어 미안했던지 조금 물러섰다.

세손 내가 감히 내 주장이 정론이라 하는 것은 아니다.

실은 둘 중 어느 견해로 보더라도 크게 문제 될 것은 없었다. 천리에 따른 것이 도심이요 인심은 인욕으로 흐르기 쉬운 것이니 어떻게 보더라도 큰 뜻은 변하지 않았다. 복잡한 이야기지만 굳이 따지자면 홍대용이 옳았다.

세손은 훗날 임금이 된 뒤에 행해진 경연에서도 이 문제를 또 제기하였다. 이때 소론인 서형수徐瀅修가 홍대용과 똑같이 대답하자 "이는 나의 독창적 견해가 아니고, 우리나라 선유先儒 중 누군가가 이를 정밀하게 분석한 것을 보았는데 이와 같이 말하였다" 하였다.

세손은 당장은 더 말하지 않고 슬그머니 주제를 바꾸었다. 역시 《중용》이었다.

《중용》 서문은 세상을 다스리는 자의 마음가짐에 대해 말하였다. 전설적 제왕인 요堯, 순舜, 우禹로부터 전해 내려온다는 세 마디의 말이다. 첫째는 사람의 마음은 욕망에 빠져 나쁜 데로 흐르기 쉬우니 위태로운 것이고 도덕적인 마음은 은미隱微하여 잘 드러나지 않는다(인심유위人心惟危 도심유미道心惟微)는 것, 둘째는 그러므로 자신의 마음을 자세히 살펴 한결같아야 한다(유정유일惟精惟一)는 것, 셋째는 그리하여 치우치지 않는 적절함을 얻어야 한다(윤집궐중允執厥中)는 것이다.

세손 요, 순, 우가 서로에게 전한 것은 실로 천 년이 가도 변치 않을 마음공부의 방법이지만 마음이 움직이기 이전의 공부를 빠트린 것인즉 본바탕이 없는 것 같다. 그러므로 나는 '한결같게 하라'는 말에 주목하여, 《중용》에서 말하는 것과 같이 신중하고 두려워함을 움직일 때나 고요할 때나 늘 한결같게 하려 한다. 어떻게 생각하는가?

홍대용 예로부터 학문을 논할 때 지적하여 말하고자 하는 바에 중점을 두고 이야기하였습니다. 그러므로 '본바탕이 없는 공부'라고 하는 것은 옳지 않습니다. 순 임금의 세 마디 말은 본래 마음이 움직이기 이전에 대하여 말한 것이 아닙니다. 억지로 해석해서는 안 됩니다. 다만 마음이 움직이기 이전의 공부와 마음 기르는 공부는 실로 학문의 핵심이 되는 것입니다. 지금 저하께서 말씀하시는 것이 비록 요, 순의 본의는 아니지만 마음이 본원에 머무르도록 하여 먼저 그 큰 것부터 세우겠다는 뜻이니 참 좋은 말씀입니다. 찬송하는 마음 이루 다 말할 수 없습니다.

오랜만에 수준 높은 경전 이해에 대한 문답이 오갔는데 무엇보다 홍대용의 말하는 방식이 매우 특이했다. 《중용》의 본의에 대한 세손의 이해가 잘못되었음을 지적하여 바로잡고는 그것이 순식간에 세손에 대한 찬송으로 마무리되었다. 세손은 잠시 혼란스러웠으나 말의 끝이 찬송이므로 어쩔 수 없이 겸양의 말을 했다.

세손 앵무새가 말을 해보았자 날아다니는 새에 불과하듯 단지 말만으로 무얼 그리 귀하다 하겠는가. 아까 이야기는 우연히 그런 소견이 있었던 것이나 감히 자신할 수 없다. 남에게 물어보고 싶어도 마땅하지 않으니 그대들이 자기 의견인 것처럼 하여 경전에 능통한 높은 선비에게 널리 물어보는 것이 좋겠다.

홍대용의 세손 찬송에 자극을 받았던지 서유신이 나섰다.

서유신 한결같다는 것은 정성을 한결같게 하라(성일誠一)는 것이니 고집을 말하는 것입니다. 움직일 때와 고요히 있을 때 양쪽에 모두 통한다는 예교가 아주 지당합니다.

홍대용 한결같다는 것은 그런 뜻이 아니라 한결같게 인심이 도심의 명령을 따르게 해야 한다는 것입니다.

서유신이 아뢴 말이 잘못되었기에 홍대용이 정정하였더니 서유신이 바로 발끈한다.

서유신 신의 의견으로는 분명히 정성을 한결같게 하는 것입니다.

해석의 문제가 아니라 단순한 독해의 문제였건만 서유신의 주장이 그러했다. 서유신도 말해놓고는 아닌가 싶었던지 그새 또 말을 바꾸었다.

서유신 공경함을 한결같게 하라(경일敬一)는 것입니다. 공경함은 참으로 움직일 때와 고요할 때 다 통하는 것이니 저하의 뜻이 아주 지당합니다.

하고 싶은 말이 무엇인지 도무지 알 수 없었다. '한결같다'는 것이 '정성(성誠)'이라는 것인지 '공경(경敬)'이라는 것인지, 이도 저도 아니면 그저 '저하의 뜻이 지당합니다'라는 말을 하고 싶은 것인지 모를 지경이었다. 홍대용은 차라리 공경함(경敬)이 본뜻에 가깝기로 더 추궁하지 않았다.

홍대용 춘방이 말한 '공경함이 동정에 통한다'는 것은 비록 '정일精一'의 본 뜻은 아니지만 뜻은 좋습니다.

뜻이 좋다는 홍대용의 말에 서유신은 으쓱했다. 그리하여 희희낙락하며 떠들었다.

서유신 옛날 경전에 이런 말이 없으면 어떻습니까? 나쁜 말 아니지 않습니까?

2년 전 정시庭試에서 장원급제한 사람의 말이라고는 믿기 어려울 정도였다. 과거제의 폐해를 보여주는 대표적인 경우가 아닐까.

서유신은 명문가인 대구 서씨 가문의 기린아였다. 대구 서씨는 선조의 부마였던 서경주徐景霌가 왕실과 인척 관계를 맺기 시작한 이래 후손이 번성하였고 과거 급제자도 수십 명이나 배출했다. 지금 임금의 첫 왕비 정성왕후貞聖王后 역시 그 집안 출신이었으니 이때에 와서는 외척 가문이기도 하였다. 그중에서도 서유신의 가문은 증조부 서종태徐宗泰가 영의정, 조부 서명균徐命均이 좌의정, 아버지 서지수徐志修가 영의정을 지낸 대단한 명문가였다. 서유신 자신도 문음으로 먼저 관료가 된 후 과거에서 장원급제하여 출세 가도를 달리기 시작하였다.

소위 정시라는 것은 과거 중에서도 폐해가 가장 극심하여 한양에 사는 거대 문벌들의 전용 관직 통로였다. 대구 서씨 가문도 예외가 아니어서 숙종 이후 과거에 급제한 사람 중 다수가 정시 아니면 별시別試 출신이었다. 물론

개중에는 서명응徐命膺과 그의 아들인 서형수徐瀅修·서호수徐浩修 형제, 그의 손자인 서유구徐有榘같이 학문적으로 뛰어난 면모를 보인 사람도 있었다.

당색으로 보면 대구 서씨는 대부분 소론이었지만 노론과 교류하는 사람도 적지 않았고 아예 노론이 되어버린 부류도 있었다. 홍대용과 석실서원 동문인 서직수*, 서형수徐迥修** 등은 아예 노론이 된 경우였다. 서유신도 바로 그런 축이었다. 소론 명색은 유지하더라도 서명응처럼 노론과도 잘 지내는 사람도 있었다. 서명응은 노론인 홍계희洪啓禧, 1703~1771와 상당한 친분이 있었고 그의 손자인 서유구도 노론인 박지원 문하에 드나들고 있었다.

서유신의 말에 세손도 질책의 말을 했다.

세손 새로운 주장을 내놓는 일에 힘쓰는 것은 경전을 공부하는 데 가장 큰 병폐이고 마침내 자신할 수도 없는 것이다.

홍대용 예교가 지당합니다. 또한 경전을 공부하는 자가 다만 훈고訓詁에만 마음을 쏟아서는 끝내 깊은 깨달음을 얻을 수 없습니다. 전체적으로 절실하게 체득하여 알게 되어야만 바야흐로 실효가 있고 또 깨달음도 가깝고 절실해집니다.

홍대용은 진심으로 세손의 학문을 걱정하였다. 《중용》이 말하는 본뜻보다 한 글자 한 글자의 뜻에 너무 집착하거나 지나치게 분류하는 폐단에 빠져들까 봐 걱정스러웠던 것이다. 거기서 더 나아가면 곧 사단칠정논쟁이요, 인심도심논쟁이며 호락논쟁이었다. 이러한 논쟁들은 물론 의미 없는

---

* 홍대용의 큰손자 홍명후洪明厚는 훗날 서직수의 손녀사위가 되었다.
** 서형수徐迥修(1725~1779)는 서명훈徐命勳의 아들로 김원행의 제자이자 큰사위였다. 홍대용에게는 고종 6촌 매형이 된다. 대사간, 승지 등의 관직을 지냈고 이즈음에는 강원도 관찰사가 되어 외직으로 나가 있었다. 당색은 당연히 노론인데 소론인 서명응의 아들 서형수徐瀅修와는 10촌 간이다.

것은 아니나 나라와 백성의 살림살이에 당장 필요한 것을 마련해주지는 못하므로 나라를 다스릴 자가 마음을 기울여야 할 대상은 아니었다. 홍대용의 말은 아까 이야기한 '두 가지'가 '도심, 인심이냐', '천리, 인욕이냐'와 같은 문제에 집착하지 말라는 뜻이었다.

세손 그 말이 매우 좋구나. 옛사람이 말하기를 '한 가지를 알면 그 한 가지를 행해야 한다'고 하였으니 다만 말만 하고 행하지 않는다면 말이 어찌 이치에 맞겠는가?

세손은 홍대용을 기이한 눈빛으로 바라보았다. 묻는 바에 물 흐르듯 막힘 없이 답하는 것을 보니 아는 것도 많고 어떤 경우에도 태도에 변화가 없으니 수양도 잘 쌓은 것 같았다. 세손이 말한 것이 잘못되었거나 자신의 생각과 다르면 분명히 '잘못이다', '다르다' 말을 하니 자신에게 아첨하는 주변의 흔한 사람들과도 다른 듯했다. 그런데도 끝은 꼭 좋은 말로 끝나니 참으로 기이했다. 처음에는 자신이 세손이어서 자기에게만 그러는 줄 알았으나 서유신에게도 잘못은 잘못이라 지적하고 곧 뜻은 나쁘지 않다고 말하니 자신에게 하는 것이나 마찬가지였다. 이른바 '불설지교'라는 것인가 싶었다.

홍대용은 본래 그러했다. 자신의 견해를 밝히되 다른 이와 의견이 일치하지 않을 때는 그냥 그대로 내버려두었다. 다른 이가 스스로 부끄러워서 견해를 고친다면 그것이 곧 '불설지교'가 되는 것이고 견해를 고집한다면 그것은 그것대로 '각자 제 소견을 지키는 것'이 되었다.

석실서원 시절에 홍대용은 스승과 함
께 《예기》 단궁편에 나오는 어버이와 임
금, 스승 섬기는 도리에 대해 논한 적이
있었다. '부모를 섬김에는 허물을 감추
는 일은 있어도 되나 면전에서 지적하는
일은 없어야 한다. 임금을 섬김에는 면
전에서 허물을 지적하는 일은 있어도 되
나 감추는 일은 없어야 한다. 스승을 섬
김에는 면전에서 허물을 지적하는 일도

미호 김원행 초상

없어야 하고 감추는 일도 없어야 한다'라는 내용과 관련해서였다.

홍대용이 임금 섬기는 도리에 대해 스승에게 물었다.

"부드럽게 말하면 따르기 쉽고 곧이곧대로 말하면 받아들이기 어려운 것
입니다. 신하 된 사람으로서 임금에게 간할 때 따르도록 하면 그만이지 무
엇때문에 고생스럽게 곧이곧대로 말하여 받아들이기 어렵게 합니까?"

그러자 스승은 "곧이곧대로 말하여 따르게 하는 것이 원칙이고 부드럽게
말하는 것은 어쩔 수 없어서 하는 일이다. 군자라면 마땅히 원칙을 따라야
한다. 그러나 자네가 너무 원칙에 충실하면 위태로울 것이야'라고 답하면
서 크게 웃었다. 그러고는 "오늘날에는 부드럽게나마 옳은 말 하는 신하를
볼 수 없다'라고 탄식하였다.

홍대용의 논리는 명료했다. 신하는 임금에게 바른 길을 권해야 하니 옳은
길을 권하되 따르기 쉽게 하자는 것이었다. 부드럽게 말해도 듣지 않는 사람

이 허물을 들추어가며 곧이곧대로 말한다고 들을 리 없었다. 듣지 않는다면 그다음에는 '불설지교'로서, '각자 제 소견을 지키는 것'으로 그만이었다.

세손이 말을 이어갔다.

세손 옛사람은 행하는 것을 귀하게 여겼으니 공자나 안자顔子(안회)의 즐거움(낙樂) 같은 것도 인仁을 몸소 행하여 쉬지 않았기 때문에 그 가운데 즐거움이 스스로 있었던 것이다. 도道를 즐겁게 여기기만 하는 것이라 말한다면 이는 도와 몸이 따로 노는 것이니 공자와 안자의 즐거움을 모르는 것이다. 나 같은 사람은 족히 말할 나위 없으나 한 가지 일이라도 이치에 맞으면 마음이 기쁘고 흐뭇하니 이것으로 성현聖賢이 무엇을 즐거워했는지 알수 있겠구나.

홍대용 예교가 지극히 옳습니다. 그러한 마음을 누구나 가지고 있으니 오직 확충해갈 뿐입니다.

이날의 소대는 여기에서 그쳤다. 홍대용은 오늘의 소대가 마음에 흡족했다. 세손의 학문은 역대 어느 임금이 저러했을까 싶을 정도로 훌륭했다. 신중하고 두려워하는 마음을 움직일 때나 가만히 있을 때나 한결같게 하겠다는 의지를 보인 것도 그렇거니와 그것이 말에서 그치지 않고 실천으로 옮겨질 때에야 비로소 귀하다는 뜻을 내보인 것도 그러했다. 세상을 다스리는 자의 마음가짐이 이러하다면 볼만한 세상이 될 것 같았다. 성군聖君의 자질이었다. 다만 세손이 지나치게 소소한 글자의 의미를 따지거나 지나치게 나누고 분석하는 것은 아닐까 걱정이 되었다. 그런 일은 학자에게 맡겨두어도 충분했다. 산림처사와 같은 삶을 살던 그 자신도 경전의 의미를 넓게 보아 소소한 부분을 빠트리는 일이 많다는 말을 들었는데 임금이라면 더욱 큰 의미를 파악하여 체득하고 실천해야 한다고 그는 믿었다.

1 《맹자》, 고자告子 하下.
2 《홍재전서》 권 81, 경사강의 18, 중용 2.
3 《담헌서》 내집 권 1, 〈미상기문〉.

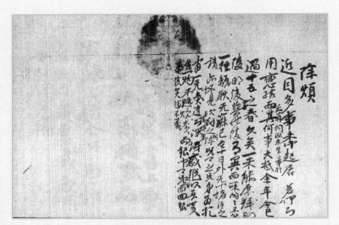

사도세자가 장인 홍봉한에게 보낸 서한

내 나이 금년 열다섯 봄을 넘긴 지가 오래됐으나 아직 한 번도
명릉(숙종의 능)에 나아가서 참배하지 못했습니다.

— 사도세자

이이제이
척리로 척리를 제압하다

서유신에게는 8촌 할아버지뻘이고 박지원 집에 드나들던 서유구에게는 친할아버지인 서명응이 파직되었다.¹ 잇달아, 그에게 영원히 벼슬을 주지 말라는 명도 있었다. 물론 그래봐야 늙은 임금의 변덕 때문에 며칠 지나지 않아 다시 복직될 것이 틀림없었다. 이 일의 발단은 영의정 신회申晦와의 갈등에서 비롯된 사소한 사건이었다.

신회는 평산 신씨로 임금의 사돈이었다. 화협옹주가 신광수에게 시집가 신재선을 낳았는데 신광수의 아버지가 신만申晩, 신만의 동생이 바로 신회였다. 서명응은 대구 서씨로 임금의 첫 번째 왕비와 10촌 형제 항렬이었다. 게다가 신만은 노론이었고 서명응은 소론이었다. 서로 사이좋을 일은 없는 관계였지만 사건 자체는 크게 번질 일이 아니었다. 기껏해야 곧 있을 과거의 시관試官을 '해라', '못 한다' 하고 싸운 데 불과했다. 과연 며칠 지나지 않아 서명응이 다시 관직에 복귀함으로써 사태가 마무리되었지만 이 일을 주목하는 사람이 있었다. 바로 세손이었다.

세손은 사도세자의 아들이었다. 사도세자의 죽음을 두고 세상에서는 이러니저러니 말들이 많았다. 내밀한 궁궐 안에서 벌어진 일이라 무엇이 진실인지 제대로 아는 사람은 없었다. 하도 끔찍하고 기가 막히는 일이라 사람들의 궁금증과 의혹은 끝이 없었다. 어떤 이들은 사도세자가 원래 별문제 없었는데 신하들이 임금과의 사이에서 이간질을 해 끝내 그를 죽게 만들었다 하였고 또 어떤 이들은 그가 심각한 정신병 때문에 임금 노릇을 못하겠기에 임금이 종묘사직을 중히 여겨 눈물을 머금고 그를 죽인 것이라 하였다.

어느 쪽이 옳든 세손의 생각은 적어도 당시 책임 있는 자리에 있던 신하들 가운데 그 일을 말리지 않은 자들, 혹은 오히려 부추긴 자들은 그냥 둘 수 없다는 것이었다. 외조부 홍봉한洪鳳漢, 외종조부 홍인한, 신만·신회 형제, 정후겸, 김상로金尙魯, 홍계희, 구선복具善復 등이 그들이었다. 아무리 임금의 노여움이 컸다 해도, 일국의 세자요, 대리청정하던 저군儲君이 오뉴월 뙤약볕 아래 아흐레나 뒤주 속에 갇혀 있었건만 그를 위해 한마디라도 아뢴 신하가 단 한 사람도 없었다. 따라 죽지는 못하더라도 적어도 그의 목숨만은 살려달라고 비는 대신이 한 명만 있었더라도 세손의 마음이 그처럼 괴롭지는 않았을 것이다.

그러나 다행히 세손은 개인적 복수심에 빠져 있을 만큼 어리석지는 않았다. 오히려 자신이 복수심을 품고 있을 것이라는 세간의 생각을 정치적으로 이용할 수도 있지 않을까 생각했다. 50년 넘게 통치한 늙은 임금의 탕평은 실은 외척의 세력만 키워놓았다. 저들 모두 외척이었다. 서로 밀어주고 끌어주고 하면서 관계 요로는 모두 장악하고 있었다. 사도세자의 죽음에 대한 책임 문제는 차치하고 그저 정치적인 면에서만 보더라도 저들의 세력은 반드시 꺾어둘 필요가 있었다. 그래야 자신의 치세가 편안할 것이었다. 그러한 가운데 자신이 은연중 복수심을 드러낸다면 적어도 심약한 자들은 외척들에게서 떨어져 나갈 것이다. 세손은 그렇게 생각했다. 할아버지가 생전에 자신의 손으로 그들을 정리해주면 좋으련만 쉽지 않을 터였다.

세손이 알기로는 신회도 서명응도 사도세자의 죽음에 책임이 있었다. 신회는 당시 원임대신으로서 약방 도제조였다. 나경언羅景彥이라는 자의 고변이 있은 다음 날부터 임금은 신만의 손을 베개 삼아 누워서 일어나지 않았다고 전한다.² 그만큼 신만에게 의지하고 있었다. 그때 신만은 사도세자를 위해 한마디도 하지 않았다. 그저 강 건너 불구경이었다. 오히려 사도세자의 장인 홍봉한이 사태에 대한 책임을 띠고 영의정직에서 파직되자 그 자리를 물려받았다. 신회는 바로 그 신만의 동생이었다.

서명응 역시 경우가 조금 다르기는 하지만 문제가 없지 않았다. 사도세자가 죽기 일 년 전, 임금에게 세자의 평양 나들이를 고해바친 것이 바로 그였다. 그는 당시 대사성大司成으로서, 사도세자의 평양 나들이를 알게 된 직후인 신사년(영조 37, 1761) 5월 8일에 상소를 올렸다.³ 승정원은 이 상소를 감추고 임금에게 아뢰지 않았는데 임금이 어디서 들었는지 그로부터 넉 달이나 더 지난 9월 20일에야 그 상소를 찾아 읽게 되었다.⁴ 난리가 난 것은 당연지사였다.

서명응이 상소를 올린 바로 그날 몇몇 신하들은 임금께는 아뢰지 않은 채 사도세자에게 조용히 평양 나들이가 잘못이었음을 아뢰고 다시는 그러지 않겠다는 다짐을 받아냈는데 서명응은 그 자리에 참석하지 않았다.⁵ 그는 당시 세자시강원 빈객賓客 자리를 겸하고 있었다.⁶ 세자의 빈객이라면 세자에 대하여 스승의 의리가 있는 것이다. 그런 그가 다른 이들과 함께 세자에게 직접 간하지 않고 임금에게 먼저 고해바친 것이 과연 옳은 일이었는가는 따져볼 일이었다. 논란의 여지가 있을 수 있으나 세자에게 직접 따진 신하들 쪽이 훨씬 진실해 보였다. 더욱이 나경언의 고변서에서도 서명응의 이름이 거론되었다.[7]

사정이 이러하니 세손이 서명응에 대해 좋게 판단할 수는 없었다. 사도세자의 평양 나들이를 임금에게 고해바친 것은 아버지로 하여금 자식의 행실을 바로잡게 하려는 충심에서 나온 일이라고 볼 수도 있었다. 그러나 그가 사도세자의 죽음에 책임이 있는 홍계희라는 자와 절친하다는 점이나 나경언의 고변서에서 그의 이름이 거론되었다는 점은 아무래도 의심스러웠다. 하지만 나경언의 고변서는 이미 임금이 없애버려 어떤 이유로 이름이 거론된 것인지 심증만 있을 뿐이었다. 게다가 서명응은 사도세자를 늘 불쌍히 여기고 그의 편이 되어주었던 정성왕후와는 10촌 형제 항렬이었고 용서할 수 없는 신만·신회 형제와는 대립 관계였다. 이럴 때는 공을 상대방에게 넘겨보는 것이 수였다. 세손은 홍국영洪國榮을 활용하였다. 자신이 서명응에 대해 이러한 생각을 가지고 있음을 서명응이 은연중 알게 한 뒤 그의 움직임을 보려 하였다. 처치할 만한 이유도 있고 용서할 만한 이유도 있으니 협조하면 용서하고 그렇지 않으면 처치하려는 의도였다.[*]

12월 14일 초경에 소대하겠다는 명이 있었다. 해가 짧아 한밤중 같았다. 춘방에서는 문학(세자시강원의 정5품 벼슬) 유의양柳義養과 사서(세자시강원의 정6품 벼슬) 안정현安廷玹[**]이 출직해 있었다. 홍대용은 안정현과는 처음 보

12월
14일

---

* 서명응의 동생 서명선이 세손의 대리청정과 관련하여 홍인한을 공격하게 된 것은 이러한 사정에서 비롯된 일로 생각된다. 세손이 훗날 서명응에게 보만재保晩齋, 즉 만년을 보전하라는 의미의 호를 하사한 것에도 은연중 경고하는 의미가 포함되어 있었다고 생각된다.
** 《담헌서》에 안정현의 한자 이름이 安廷鉉으로 되어 있으나 安廷玹이 옳다.

는 사이라 인사를 나누었고 유의양과는 익히 아는 사이였다. 유의양은 노론 낙론계 산림의 거장이었던 도암陶庵 이재李縡의 문인으로 홍대용보다 열서너 살이 많았다. 그쯤 되면 목에 힘을 주어도 되련만 나이 차이가 거의 20년이나 나는 박지원과도 임의롭게 지내고 있었다.* 그 덕분에 홍대용도 그를 그다지 어렵게 대하지는 않았다. 굳이 따지자면 혈연에 기초한 인맥도 닿아 있었는데, 유의양의 6촌 동생 유문양柳文養과 홍대용의 사촌 동생 홍대응이 둘 다 영의정을 지낸 한익모의 사위로 동서 간이었으니 홍대용에게 유의양은 사촌의 동서의 6촌 형님, 대략 말하자면 사돈의 팔촌쯤은 되는 인물이었다.

유의양은 경상도 남해와 함경도 종성에 유배를 다녀왔는데 그때마다 한글로 된 기행문을 남겼다. 남해에 유배되었을 때 《남해문견록南海聞見錄》을, 종성에 유배되었을 때 《북관노정록北關路程錄》을 지었다.** 유의양 본인에게는 안된 말이지만 그가 몇 번 더 유배를 다녀왔다면 팔도의 풍속이 다 한글로 기록될 뻔하였다. 홍대용도 한글로 된 기행문 《을병연행록》을 남겼고 이운영李運永*** 도 한글 가사집 《언사諺詞》를 남겼으니 이 시기에 춘방과 계방에는 한글로 된 작품을 남긴 사람이 셋이나 근무하고 있었다. 이들이 거의 같은 시기에 함께 세손을 보좌했고 또 서로 친숙한 사이였다는 것은 참으로 묘한 일이었다.

초경이 되자 셋이 입시하여 《주서절요》 제7권 〈주익공周益公에게 답한 편지〉†를 읽었다. 내용이 꽤 많은 편지였다. 북송 때의 재상 여이간呂夷簡, 978~ 1043과 그와 대립했던 범중엄范仲淹, 989~1052, 구양수歐陽脩, 1007~1072에 얽힌 여러 일을 논한 것이었다.

---

* 훗날 유의양은 박지원의 둘째 아들 박종채를 손녀 사위로 삼아 박지원과 사돈 간이 되었다.
** 두 책 모두 최강현의 역주로 출판된 바 있다.
*** 이운영李運泳(1722~1794)은 한산韓山 이씨李氏로 홍대용의 아내와는 10촌 형제 간이었고 홍대용보다 아홉 살이 많았다. 박지원과도 배짱이 잘 맞아

꽤 많은 나이 차이를 잊고 허물없이 지냈다.
† 《계방일기》에는 〈주승상에게 준 편지與周丞相書〉로 되어 있으나 《주자서절요》에 따라 〈주익공에게 답한 편지答周益公書〉로 고쳤다. 주익공이 주승상임은 물론이다. 정조가 편찬한 《주서백선》에도 실려 있다.

북송의 4대 황제 인종仁宗은 두 명의 후궁을 총애하였는데 정궁인 곽황후郭皇后가 이를 심하게 투기하였다. 황후에게 염증을 느낀 인종은 환관 염문응閻文應과 재상 여이간의 꾀에 따라 황후가 아이를 낳지 못한다는 이유로 폐위하였다. 이에 범중엄과 구양수 등이 반발하여 여이간을 지지하는 파와 범중엄, 구양수를 지지하는 파가 나뉘어 당쟁을 벌였다. 이를 '경력당의慶曆黨議'라 한다. 이때 구양수가 그 유명한 〈붕당론朋黨論〉이라는 글을 지었으니 붕당 정치의 시작이었다. 그의 글은 이러했다.

신이 듣건대 붕당에 대한 이야기는 예로부터 있었으니 오직 임금이 군자와 소인을 분별하기를 기대할 뿐입니다. 무릇 군자와 군자는 도를 같이하여 벗(붕朋)이 되고 소인과 소인은 이익을 같이하여 벗이 되니 이는 자연스러운 이치입니다. 그러나 신은 소인에게는 벗이 없고 오직 군자에게만 있다고 생각합니다. 무슨 까닭이겠습니까? 소인이 좋아하는 것은 이익과 녹봉이요 탐하는 것은 재화財貨입니다. 이익을 같이할 때 잠시 서로 무리 지어 끌어들여 벗으로 삼는 것이니 거짓된 것입니다. 이익을 보고 앞을 다투거나 이익이 다하여 사귐이 멀어질 때에는 심하면 도리어 서로 죽이고 해쳐 비록 형제나 친척이라도 보전할 수 없습니다. 그러므로 신은 소인에게는 벗이 없고 잠시 벗 삼는 것은 거짓이라 생각합니다. 군자는 그렇지 않습니다. 지키는 것은 도의요, 행하는 것은 충성과 믿음이며, 소중히 여기는 것은 명예와 절개입니다. 이로써 몸을 닦으면 도가 같아 서로 도움이 되고 이로써 나라를 섬기면 마음이 같아 함께 일하여 처음과 끝이 한결같습니다. 이것이 군자의 벗입니다. 그러므로 임금 된 사람이 다만 마땅히 소인의 거짓 붕당을 물리치고 군자의 참된 붕당을 기용하면 천하가 다

붕당을 이익에 따라 이합집산離合集散하는 소인들의 거짓 붕당과 도의道義를 무겁게 여기는 군자들의 참된 붕당으로 나누고 참된 붕당을 등용하여 국가를 다스리라는 논리였다. 구양수의 이 논리는 조선에서도 그대로 통용되었다. 선조 시대에 동인東人과 서인西人이 나뉘어 다툴 때 동인이 서인을 공격한 논리가 바로 이것이었다. 율곡 이이는 양쪽 모두 군자의 붕당이라며 조정을 시도했지만 애초에 될 일이 아니었다. 이에 이이는 세력이 약한 서인 쪽에 가담하게 되었는데 이로써 붕당은 학파 대립의 양상마저 띠게 되었다.

구양수가 소인으로 지목한 여이간은 재상이었다. 황제의 입맛에 맞는다면 무슨 짓이든 하는 여이간이었으니 권력을 틀어쥐는 것도 무리는 아니었다. 여이간은 범중엄 등을 정계에서 내몰았다. 얼마 후 서하西夏라는 나라가 독립하여 반기를 들자 여이간은 이를 토벌하기 위해 범중엄을 다시 등용해 서하를 막게 했다. 범중엄도 사적인 원한을 잊고 나라를 위해 이를 받아들였다. 훗날 범중엄이 죽자 구양수는 범중엄의 비문을 지었는데 거기에 범중엄이 여이간과 화해한 사실을 기록했다. 그러자 범중엄의 아들 충선공 범순인은 이를 불만으로 여겼다. 자신의 아버지가 소인배와 화해한 사실이 기록으로 남지 않기를 바란 것이다. 그래서 그는 이 부분을 삭제하고 비문을 새겼다.

이 일에 대하여 주자는 범중엄이 국가를 위해 사감을 잊고 화해한 것은 훌륭한 행위라는 것, 여이간이 범중엄을 쫓아낸 것은 비판받을 행위이고 나중에 다시 범중엄을 등용한 것은 기록할 만한 행위라는 것, 범순인이 구양수가 지은 아버지 범중엄의 비문 중 일부를 삭제한 것은 잘못된 행위라는 것 등을 말하였다. 공功과 과過를 아울러 공정하게 평가한 것이다. 춘방에서 전후 사정과 글의 뜻을 다 아뢰고 나자 세손이 말하였다.

세손 이 편지는 자못 내용이 많은데 계방은 어떤 문의가 있는가?

홍대용 별로 아뢸 만한 것이 없습니다. 오직 주자가 인물을 논함에 공평하게 한 것이 가장 볼만합니다.

세손 문정공 범중엄의 비문을 고친 것이 누구였는가?

유의양 그의 아들 범순인이 고쳤습니다.

세손 계방은 범순인의 일을 어떻게 생각하는가?

홍대용 범중엄과 여이간이 원한 관계를 푼 것은 범중엄에게 더욱 빛나는 일입니다. 그의 아들 범충선은 지식이 여기에 미치지 못하고 도리어 그것을 의심스러운 일로 여겼으니 이것은 그의 헤아림이 부족한 것입니다. 비문을 고친 것은 더욱 지나쳤습니다.

세손 여이간은 주자의 친구였던 동래東萊 여조겸呂祖謙, 1137~1181의 조상일 텐데 몇 대나 되는가?

유의양 신은 기억할 수 없고 계방은 아마 알 것입니다.

모르면 모른다고 하면 그만이지 어째서 홍대용은 물고 늘어지는지 알 수 없는 노릇이었다. 홍대용은 슬그머니 유의양에게 그러지 말라는 눈치를 주면서 답했다.

홍대용 신 또한 기억할 수 없으나 여조겸에게 증조나 고조 정도인 것 같습니다.

세손 5대나 6대 정도 같던데 나도 잠깐 보고는 잊었구나.

유의양 여이간이 충성스럽고 어진 이를 힘껏 배척하고 곽황후를 폐하라고 권했으니 그의 죄가 이처럼 극에 달했습니다. 그러나 범중엄을 다시 등용하여 자신의 잘못을 잘 보완했으니 주자가 그를 이와 같이 용서한 것입니다. 계방이 '인물을 논함에 공평하였다' 한 것이 아주 적절합니다.

이쯤 되자 유의양의 의도가 드러났다. 노골적인 홍대용 띄우기였다. 홍대용은 그만 좌불안석이 되어버렸다. 세손도 그 의도를 능히 짐작할 만했다.

세손 여이간의 속셈에 대한 주자의 말을 보면 전적으로 용서한 것은 아니지 않은가? 여이간의 속셈인즉 '쫓아냈던 여러 사람이 돌아와 등용되면 그 죄가 반드시 나에게 돌아오고 아울러 내 자손에까지 미치게 된다. 차라리 옛 원한을 덜어 노년의 계책으로 삼자'라는 것이었다고 주자가 말하고 있지 않은가? 계방의 의견은 어떠한가?

세손은 유의양의 말을 부정하면서 홍대용의 의견을 물어보았다. 두 사람의 관계를 시험해보려는 의도였다.

홍대용 여이간의 죄는 말할 필요도 없습니다. 나중에 잘못을 보완한 것 역시 뉘우쳐서가 아닙니다. 단지 그 사람됨이 지모와 헤아림이 뛰어난 까닭에 범중엄을 받아들여 자신의 집과 나라에 함께 이익이 되는 계책으로 삼은 것입니다. 잘못된 것을 좇고 악을 기르는 것에 비하면 자기의 잘못을 잘 보완했다고 할 수 있습니다. 그러나 그 마음의 착하지 못함을 논하자면 처음과 끝이 마찬가지입니다. 주자가 그 공을 인정하면서도 그 마음은 죄준 것이 바로 이 때문입니다.

홍대용의 대답은 정론이라 할 만도 했지만 세손이 질문한 의도를 피한 것이기도 하였다. 주자가 여이간의 죄를 용서하였다고 말한다면 유의양의 편을 드는 것이요, 용서한 것이 아니라 말한다면 세손의 편을 드는 것이었다. 홍대용의 답은 주자가 여이간의 공은 인정하되 그 마음은 죄주었다는 것이니 그 어느 쪽도 편드는 것이 아니었다.

여이간이 소인배인지는 알 수 없으나 범중엄을 다시 등용한 것을 보면 사람 보는 눈은 있었던 셈이고, 훗날의 화를 우려하여 화해를 시도한 것은 비록 이해관계를 따진 것이었다 해도 보통 이상의 헤아림이었다고 할 수 있다. 이쯤 되면 이 사람이 과연 소인인지 군자인지 따지기 어려워지는데 홍대용은 주자가 그의 공은 인정하되 마음은 죄준 것이라고 정리하였다. 여이간의 마음은 처음부터 끝까지 시종일관 이해관계를 따진 것이었기 때문이다.

홍대용의 답변에 세손은 감탄하지 않을 수 없었다. 그리하여 이번에는 진심으로 답했다.

세손 마음을 죄주었다? 흠……. 참으로 좋은 말이구나. 군자가 사람을 논함에 있어 후하게 할 데에서는 후하게 하지만 악을 미워함에는 엄하지 아니함이 없었다. 여이간은 내시 염문응과 연결되어 곽황후의 동정을 엿보았고 곽황후는 마침내 염문응에게 독약을 받게 되었으니 여이간이 이 일을 알지 못했다고 보장하기 어렵다. 그의 사람됨은 더 말할 것이 없으나 다만 이신비李宸妃가 죽자 관에 수은을 채운 일로 미루어 그의 지혜가 또한 보통 사람보다 월등하니 왕안석 등의 무리와는 다르다.

유명한 '살쾡이 태자' 이야기였다. 북송 인종의 생모는 이신비였다. 이신비가 인종을 낳자 아이가 없던 진종眞宗의 황후 유씨劉氏는 아이를 빼앗아 자신이 키우고 이신비는 유폐하였다. 이에 인종은 유태후가 자신의 생모인 줄만 알고 자랐고 진종이 죽자 15세에 황제가 되었는데 유태후가 수렴청정을 하였다. 몇 년 후 인종이 친정하게 되었을 때 비로소 이신비가 생모임을 알게 되었는데 이때는 이미 생모가 죽고 없었다. 화가 난 인종은 이신비의 관을 열어보았는데 관에 수은을 채워 넣어 부패하지 않게 한 것이 마치 황후를 장사 지낸 것 같았다. 이에 인종은 노여움이 풀려 유태후를 용서했다고 한다. 이신비의 장례가 황후와 같이 치러진 것은 바로 여이간의 조언 때문이었다. 여이간이 유태후에게 유씨 가문의 미래를 생각한다면 후히 장사를 치르라고 권했다는 것이다.* 이리 보면 여이간은 현실의 이익도 챙기고 길게 보아 미래의 이익까지 챙기는 꾀가 남달랐던 것이니 '지혜가 보통 사람보다 월등하다'는 세손의 말이 아주 적절했다.

---

* 이신비가 아이를 낳자 살쾡이와 바꿔치기하고 '이것이 네가 낳은 아이다'라고 했다거나 인종이 생모를 찾을 때 판관 포청천으로 잘 알려진 포증이 도왔다거나 하는 이야기들은 모두 사실이 아니고 소설에 나오는 이야기이다.

그렇지만 세손이 여이간을 왕안석보다 높이 평가한 것은 문제가 아닐 수 없었다. 왕안석은 신법 개혁이라도 하였다지만 여이간이 한 일이라고는 그때그때 처세한 것뿐이었다. 권력을 쥔 사람이 도의보다 지모에 끌리는 것은 어쩔 수 없는 일인지는 몰라도 좋은 징조라 할 수는 없었다. 그래서였는지 홍대용은 여이간이 주자의 필주筆誅('필'은 붓이고 '주'는 죽이는 것으로 '필주'는 글로 남의 죄를 엄하게 따져 밝힌다는 뜻)를 면하게 된 이유를 다시 한번 못 박았다.

홍대용　여이간에게 여조겸과 같은 그 허물을 덮을 만한 어진 자손이 없었다면 아마 그는 틀림없이 주자에게 이와 같은 용서를 받지 못했을 것입니다.
세손　진실로 그러했을 것이다.

　　이때 세손과 홍대용의 문답을 지켜보던 유의양이 나섰다. 오늘 소대에서의 목적을 달성하고야 말 심산인 듯했다.

유의양　이 계방은 비록 신입이지만 글도 잘하고 박식하니 고문顧問으로 갖추어둘 만합니다.
세손　내 본래 사람 보는 눈이 없어 말하기 어려우나 몇 차례 보고 이미 그럴 만한 사람인 줄 알고 있었다. 책을 읽으면 사람마다 조금씩 다르게 읽는 법인데 나는 오직 책을 볼 뿐 의심을 할 줄 모르니 어려운 것을 물을 수가 없구나.

　　전후 사정이 훤히 들여다보일 만한 유의양의 추천을 세손도 너그러이 받아들였다. 그의 추천이 아니더라도 홍대용이라는 사람은 확실히 박식했다. 하지만 정치가보다는 학자의 풍모가 더 강한 사람이었다. 자신이 '여이간의 월등한 지모'를 운운했을 때 웬만한 사람이라면 동조하는 말을 했을 것이었다. 그러나 홍대용은 '자손이 아니었다면 주자에게 용서되지 못하였을 것'이라며 지모가 중요한 것이 아님을 재차 확인하였다. 다루기 만만한 사람이 아니었다. 좋게 말하면 성실한 사람이었고 어찌 보면 그야말로 천생 선비였다.

　이날 소대는 이렇게 마쳤다. 홍대용이 오늘 소대에서 힘주어 말하고자 한 바는 '사람을 평가할 때 공은 공대로 보아주고 죄는 죄대로 평가하는 주자의 태도' 그것이었다. 흔히 사람들은 어떤 사람의 죄가 밉다고 해서 그가 행한 일 일체를 부정하고는 한다. 정치적으로는 일부러 그런다 하더라도 공평함과는 거리가 먼 일이다. 공평하지 않다면 불만이 생기게 마련이요 불만이 생기면 크든 작든 사달이 나게 되어 있는 것이다. 그런데도 세손은 지모 쪽에 더 관심이 가는 모양이었다.

**12월
19일**　미시未時에 석강夕講이 있었다. 해가 짧아 그림자가 길게 늘어졌다. 오랜만에 빈객 정존겸鄭存謙이 자리에 나왔기에 법강의 형식을 갖추었다. 빈객과 그 위의 이사二師, 즉 사師와 부傅는 세손에게 스승 대우를 받았으므로 서연에 참여하면 따로 마련된 의자에 앉았다. 춘방에서는 필선 이숭호李崇祜와 겸사서 신재선이 들어왔다. 《주서절요》 제7권 중 〈강원적江元適에게 준 편지〉* 를 읽었다. 춘방과 빈객이 문의를 아뢰었다. 계방에서 아뢸 차례였다.

---

* 《계방일기》에 강문통江文通으로 되어 있으나 강원적江元適의 잘못이다. 필사 혹은 탈초 과정에서의 오류인 듯하다.

홍대용 신은 별로 아뢸 만한 것이 없습니다. 두 번째 편지에서 논한 것은 오로지 격물치지格物致知입니다. 이때 상산象山 육구연陸九淵, 1139~1193 의 학설이 한창 성행하였던 까닭에 주자는 늘 격물치지하는 공부를 강조하여 마지않았으니 그 형세가 그러했습니다. 다만 이 때문에 주자학을 배우는 후학들이 훈고에만 빠진다면 그 폐단이 육구연의 학문보다 심할 뿐 아니라 도리어 주자와 어긋

상산 육구연 초상

나게 됩니다. 주자를 배우고자 하는 후학들은 먼저 격물치지에 힘쓰고 이어서 함양과 실천의 공부를 하여 지知와 행行 어느 한쪽에 치우치지 않은 연후에야 비로소 주자의 본뜻을 잃지 않는 것입니다.

참으로 성실한 아룀이었다. 우활하게 보일 것이 틀림없지만 자신의 학문적 밑바탕을 그대로 내보였다. 이것은 홍대용의 진심이었다.

격물치지란《대학》의 8조목 격물格物, 치지致知, 성의誠意, 정심正心, 수신修身, 제가齊家, 치국治國, 평천하平天下의 순서 가운데 맨 앞의 두 가지로 모든 공부의 시작이 되는 것이었다. 주자는 격물치지를 '사물에 나아가 이치를 연구하여 지식에 도달하는 것'이라고 해석하였다. 여기서 사물이란 물질적인 것

뿐만 아니라 어떤 사건이나 일과 같이 인간들 사이에서 이루어지는 모든 행위까지 지칭하였고 따라서 이치란 사물에 적용되는 법칙과 인간 사이에 요구되는 윤리를 모두 포함하였다.

이에 비하여 육구연은 맹자가 말한 '깊이 생각하지 않아도 알고(양지良知) 배우지 않아도 능히 할 수 있는 것(양능良能)'이 사람 누구나의 마음에 갖추어져 있음을 강조하고 고요히 앉아 자신을 성찰함으로써 하늘로부터 부여받은 자기 마음속의 진리를 깨달을 수 있다고 주장하였다. 이러한 육구연의 주장은 명나라 때 이르러 왕수인王守仁, 1472~1529에게 전해져 양명학陽明學이 되었다. 양명은 왕수인의 호이다.

양명학은 크게 성행하여 조선에까지 곧 전해졌지만 전래 초기에 퇴계 이황이 〈왕양명전습록변王陽明傳習錄辨〉이라는 글을 지어 이를 통렬히 비판하였다. 퇴계는 양명학을 '선학禪學', 즉 불교라 단정 지었고 왕수인을 '천하를 어지럽게 할 사람은 바로 이 사람'이라고 단죄하였다. 얼마 후 율곡 이이도 왕양명을 준엄하게 비판함으로써 조선에서 양명학은 사실상 발붙일 수 없게 되었다. 조선에서 누가 감히 퇴계와 율곡의 권위를 넘보겠는가? 이로써 조선에서는 오직 주자학만이 올바른 학문이라 여겨지게 되었다. 덕분에 주자학 일색이 되어버렸는데 거기까지는 그렇다 하더라도 조선의 주자학은 주자학 본래의 의미를 따르게 하는 데로 나아가지 못하고 입으로 외고 눈으로 보기만 하는 학문이 되어가고 있었다.

참으로 주자학을 배운다 하면 격물치지의 공부를 빠트려서는 안 되는 것이었고 홍대용은 바로 여기서부터 학문이 시작됨을 말하였던 것이다. 홍대용 자신이 혼천의를 직접 만들고 수학을 연구하고 음악을 연구한 것은 바로 격물치지를 몸소 실천하려 함이었다. 그저 입으로만 외고 글자나 따질 뿐 사물에 대한 연구나 실천이 없는 학문이라면 차라리 양명학을 배워 마음이나 착하게 다스리는 것이 나을지도 모른다고 그는 생각하였다. 또한 지나치게 관념적이어서 '성性'을 삼층으로 나누거나 움직이지 아니한 기질에도 선악이 있느니 없느니 따지는 것 역시 그는 다 마땅치 않았다. 그가 스승에게 배운 것도 바로 이것이었다.

석실서원 시절에 그는 스승에게 물었다. "오늘날 만일 나라에서 저를 쓴다면 무엇을 먼저 하오리까?" 스승이 답하였다. "옛적에 한훤당寒暄堂 김굉필金宏弼, 1454~1504 같은 분도 '나는 소학동자小學童子도 면하지 못하였는데 어찌 나랏일을 알겠는가?' 하지 않았느냐? 우리는 김굉필에도 미치지 못하지 않느냐?" 말인즉 《소학》에 나오는 일, 물 뿌려 마당 쓸고 주변 사람들과 적절한 인간관계를 맺어나가는 일부터 시작해야 한다는 것이었다. 실천할 수 없는 지식이라면 허망할 뿐이기 때문이다.

우활해 보이는 홍대용의 답변 태도는 주자를 닮아 있었다. 주자가 황제의 부름을 받게 되자 어떤 사람이 주자에게, "황제 폐하께서는 '마음을 바로 잡으라'는 등, '뜻을 정성스럽게 하라'는 등의 말을 좋아하지 않으니 황제 폐하 앞에서는 절대 그런 말 하지 마시오" 하였다. 이에 주자는, "내가 평생 배운 것이 그것뿐이니 어찌 감추고 말하지 않음으로써 임금을 속이겠는가?" 하였다. 홍대용의 마음도 꼭 그러했다.

그가 평생 배운 것이 격물치지였고 배운 것의 실천이 곧 그의 삶이었다.

그는 배운 바를, 옳다고 믿는 바를 세손의 취향이나 뜻에 맞추어 속이지 않고 그대로 말하였다. 그가 양명학에 동의하지 못하는 것도 바로 격물치지가 빠져 있기 때문이었다. 물론 그는 주자학을 한다 하면서 장구나 외우고 구태의연한 글이나 짓고 훈고나 따지는 행위를 더욱 미워하였다. 지금까지 그가 서연에서 세손에게 말한 것도 다 이러한 평소의 생각에서 벗어나지 않는 것이었다.

세손이 입을 떼었다.

세손 이 편지는 과연 격물치지만 말했구나.

아니나 다를까, 힘껏 아뢴 홍대용의 말에 세손은 심드렁하게 대답했다. 그리고 고개를 들어 정존겸을 바라보며 물었다.

세손 빈객은 어떻게 보시오?

세손은 빈객에게 물어보았다. 난데없는 질문에 당황한 정존겸은 말을 이리저리 둘러대다가 엉뚱하게도 맹자의 '흐트러진 마음을 다잡는다(구방심求放心)'는 것에 대하여 아뢰었다. 그래도 스승 대우를 받는 빈객의 말인지라 세손도 함부로 하지 못하고 대꾸했다.

세손 그에 대해서는 퇴계와 율곡도 각각 해설이 있었소. 대개 성인이라면

마땅히 '마음을 흩어버리는 일(방심放心)'이 없겠지만, 안자顔子 이하의 자질
은 모두 이를 면치 못하는 것인가? 계방의 의견은 어떠한가?

홍대용 맹자 말씀은 본래 단지 배우는 사람을 위한 것이며, 추극推極하여
말하자면 안자의 조그만 잘못 또한 방심을 면치 못합니다.

홍대용은 격물치지와 실천에 대한 이야기에 세손이 관심을 보이지 않자
못내 아쉬웠던지 '방심'을 논하면서도 격물치지의 해설에 쓰이는 단어를 동
원하였다. '추극'이란 끝까지 밀고 나가는 것이고 주자는 격물치지의 '치致'
를 '추극하는 것'이라 해설하였다.

*　*　*

세손은 홍대용이 힘주어 말하는 '격물치지'에 별다른 관심을 보이지 않았
다. 세손의 생각은 이러했다. '격물치지가 먼저고 성의·정심이 나중인 줄
누가 모르랴. 하지만 임금은 어려서부터 나라를 다스리는 치국·평천하의
책임을 맡게 되는데 수신·제가나 그 이전에 격물·치지·성의·정심의
공부가 완성되지 않았다고 해서 치국·평천하의 일을 버릴 수는 없다. 한
편으로 배우면서 한편으로 다스려가면 되는 일이다.'[8]

세손은 자신의 즉위가 금방 닥칠지 아니면 좀 더 시간이 있을지 알 수 없
었으나 할아버지의 나이가 많으므로 그리 멀지 않은 일로 여기고 있었다.
차근차근 즉위 이후의 일을 준비해가야 했다. 가장 급선무는 할아버지의

총애를 믿고 온 조정과 대궐 내에 자기 사람을 심어놓고 권세를 부리고 있는 외척 세력을 척결하는 일이었다. 그러지 않으면 자신이 임금이 되더라도 그들에게 저지당해 아무것도 못할 수도 있었다.

대표적인 외척은 자신의 외가인 풍산 홍씨, 즉 홍봉한과 홍인한 형제였다. 외할아버지 홍봉한은 사도세자가 비명에 죽은 이래 사실상 유폐되어 있으니 별문제가 없었고, 그게 아니더라도 외손자 된 처지에서 외할아버지를 직접 처벌하기는 껄끄러웠다. 우선 제거해야 할 대상은 바로 홍인한이었다.

조정에 뿌리박은 그의 세력이 결코 적지 않으니 저항 없이 제거하기는 어려울 것 같았다. 저항을 최소화하자면 세손의 편을 많이 만들어두어야 했다. '외척 척결'은 좋은 명분이 될 수 있었다. 정치에서 명분의 선점이란 어쩌면 가장 중요한 것일지도 모른다. 산림 세력을 세손 편으로 만들기도 쉬울 터였다. 외척과 산림은 적어도 겉으로는 언제나 대립적이었기 때문이다. '우현좌척右賢左戚쯤의 명분이면 될까?' 세손은 그렇게 생각했다. 산림 세력도 탕평을 통한 왕권 강화에는 비판적이었지만 외척 척결이라는 명분이라면 충분히 동조할 수 있을 것이라 믿었다.

외척이기는 하나 권력의 핵심으로부터 소외된 세력도 세손의 편이 될 수 있을 것 같았다. 서명응 등이 바로 그들이었다. 이미 죽고 없는 할머니 정성왕후의 친정인 대구 서씨라면 실세한 외척이었다. 그것도 서명응 정도라면 할머니와 10촌쯤 되는 그다지 가깝지도 멀지도 않은 애매한 위치이니 척리의 냄새도 그다지 나지 않을 것이었다. 원교근공遠交近攻(지리적으로 거리가 먼 나라와 사귀고 가까이 붙어 있는 나라를 공격하는 병법)이요, 이이제이以夷制夷(오랑캐를 이용하여 다른 오랑캐를 제어하는 것. 중국 쪽 왕조들이 전통적으로 사용해온 외교술로, 주변 세력을 서로 대립시킴으로써 그 세력을 약화시키는 방법)인 셈이었다.

그런 요량인 세손에게 도덕군자와 같은 이야기는 당장 필요한 것이 아니었다. 입으로는 범중엄을 칭찬하였으나 어쩌면 세손에게는 여이간 같은 인물이 더 필요할지도 몰랐다. 홍대용이 말하는 격물치지 같은 것은 학문의 길로서는 옳은 길인지 모르나 정치의 한복판에 서야만 하는 임금으로서는 급선무일 수 없었다. 적어도 세손은 그렇게 생각하고 있는 듯했다.

1 《영조실록》 권 123, 50년(1774) 12월 11일.
2 《영조실록》 권 99, 38년(1762) 5월 23일.
3 《영조실록》 권 97, 37년(1761) 5월 8일.
4 《영조실록》 권 98, 37년(1761) 9월 20일.
5 《영조실록》 권 97, 37년(1761) 5월 8일.
6 《영조실록》 권 98, 37년(1761) 9월 24일.
7 《영조실록》 권 99, 38년(1762) 5월 22일.
8 《정조실록》, 권 6, 2년(1778) 12월 15일.

우암 송시열 초상

큰 인물은 하늘이 낸다 하였다.

대성 공자를 하늘이 버리시었고 그 뒤를 이을 주자도 하늘이 버렸다는 것이요

주자의 학문을 송자가 이었으니 송자도 또한 하늘이 버렸다는 것이다.

그러므로 주자가 아니면 공자의 도를 전할 수 없었고

또한 송자가 아니면 주자의 도가 이 땅에 있을 수 없었을 것이다.

— 정조, 〈송부자〉

우암 송시열
세손, 정치 구상을 내비치다

12월 25일 어느덧 한 해가 저물어가고 있었다. 12월 25일. 소대하라는 명이 있었다. 아마도 그해의 마지막 소대일 듯하였다. 초혼初昏(술시戌時, 오후 7~9시) 무렵이었다. 춘방에서는 겸보덕兼輔德(세자시강원의 정3품 벼슬) 한정유와 설서說書(세자시강원의 정7품 벼슬) 이태영李泰永이, 계방에서는 홍대용이 출직하였다. 이태영은 한산 이씨로 홍대용의 아내와는 8촌 간이었고 이운영과는 10촌 간이었다. 박지원과도 상당한 친분이 있는 사람이었다. 2년 전 정시 문과에서 서유신과 함께 급제하였고 이해에 나이 서른둘이었는데 벌써 4남 1녀의 자식을 두고 있었다. 훗날 이태영은 무려 11남 4녀의 자녀를 두어 주변 사람들로부터 부러움을 사게 된다. 이날은 《주서절요》 제7권 〈황문숙黃文叔에게 준 편지〉를 읽었다. 춘방에서 문의를 아뢰었다. 홍대용의 차례였다.

홍대용 춘방에서 이미 다 아뢰었으니 아뢸 만한 것이 없습니다. 그때 황문숙은 이미 외직外職으로 나갔고 주자는 이미 파직당하였으며 한탁주韓侂冑의 불꽃 같은 세력이 이미 한창이었습니다. 천하의 일이 이미 할 수 있는 것이 없는 지경이었는데도 주자는 늘 임금의 마음을 바로잡고 저 사람들을 보호하면서 여러 차례 서로 권면하기를 이와 같이 하였으니 속인俗人들이 볼 때 누군들 우활하다고 하지 않겠습니까? 오직 군자의 충성스럽고 사랑하는 정성만이 이처럼 단 하루도 천하를 잊지 않았습니다. 이 같은 도학道學과 충후함을 마침내 당세에 펼칠 수 없었으니 천고의 한입니다.

세손 과연 그러하다. 그때의 그러한 말은 우활한 것 같지만 그 속에 담겨 있는 현자의 마음은 더욱 볼만하구나.

그러더니 세손은 뜬금없이 우암尤庵 송시열宋時烈, 1607~1689의 이야기를 꺼냈다.

세손 우암이 효종대왕을 추모하여 지은 만사挽辭(죽은 사람을 추모하는 글)는 주자가 송나라 효종孝宗을 위해 지은 만사挽詞의 운韻을 따서 지은 것이요, 주자에게는 감춘부感春賦가 있는데 우암에게도 그 운을 따서 지은 부賦(한자로 지은 글의 문체 가운데 하나로 시와 산문의 중간 형태)가 있다. 산수山水에 이르러서도 주자에게는 무이武夷*의 산수가 있고 우암에게는 화양華陽의 산수가 있다. 하나하나 들어맞으니 어찌 이상한 일이 아닌가? 화양동華陽洞에 가본 사람이 있는가?

하나하나 들어맞게 연출된 것이니 맞지 않으면 그것이 오히려 이상한 일이었다. 송시열이 주자를 존경하여 그저 따라 한 것인지 아니면 자신이 주자의 계승자임을 보이기 위해 따라 한 것인지는 알 수 없으나 비슷해 보이기 위한 연출임에 틀림없었다. 송시열과 그의 제자들에 의해 만들어진 《주자언론동이고朱子言論同異攷》,《주자대전차의朱子大全箚疑》와 같은 주자 연구서의 간행도 주

---

* 중국 5대 명산 중 하나인 복건성福建省 무이산武夷山으로 주자가 학문을 닦았던 무이정사武夷精舍가 있던 곳이다.

자에게 다가서려는 시도였다. 효종이 죽은 뒤 남송의 효종과 같은 묘호를 갖게 한 것도, 세손이 말한 대로 효종의 만사를 지으면서 주자의 효종 만사를 본뜬 것도 송시열이었다. 그는 은거지 역시 주자가 은거했던 무이처럼 구곡을 갖추고 있는 화양구곡에 정하였다. 애초에 그의 호 우암尤庵도 주자의 탄생지 우계尤溪에서 따온 것이었다. 그쯤은 알 만한 세손이건만 말이 그러했다.

춘방의 한정유와 이태영은 모두 한양 출신이라 그런지 화양동에 가보지 못했다. 다들 고개를 저었다. 홍대용이 답했다.

홍대용 신은 여러 차례 가보았습니다.
세손 계방은 무슨 일로 화양에 자주 왕래했는가?
홍대용 신의 시골 농장이 청주淸州* 땅에 있고 또 화양서원華陽書院에는 재임齋任(서원의 실무를 담당하던 책임자)을 두는데 신이 일찍이 욕되이 그 자리를 차지하여 여러 차례 왕래했습니다.

홍대용은 화양동과 인연이 많았다. 스승인 김원행도 화양서원의 원장을 지냈거니와, 그 이전 지수재知守齋 유척기兪拓基, 1691~1767가 화양서원 원장으로 있을 때(1757~1767)부터 스승의 심부름으로 화양동 왕래가 잦았다. 그때의 인연으로 유척기의 증손 유춘주兪春柱를 셋째 사위로 삼기도 하였다. 9년 전인 을유년(영조 41, 1765) 봄 3월에는 스승을 모시고 화양동 나들이를 했다. 스승의 아들 김이안이 화양동에서 서쪽으로 80리 떨어진 보은의 현감으로 있던 때여서 잠시 짬을 내어 함께 어울리기도 하였다. 어찌나 자주

* 천안 수산면 장산리 수촌의 고향집을 말하는데 이때는 천안이 청주목에 속해 있었다.

화양동에 왕래하였던지 홍대용은 구석구석 모르는 곳이 없었다. 언젠가는 화양동과 선유동 사이의 만전晩田이라는 마을을 찾아내고는 그곳에 은거할 생각을 한 적도 있었다.¹ 다른 의도가 있어서 꺼낸 이야기였지만 궁궐에서 태어나고 자란 세손에게 바깥세상 이야기는 늘 신기하고 재미있는 것이었다. 둘만의 질문과 대답이 계속 이어졌다.

세손 큰길에서 거리가 얼마나 되는가?

홍대용 큰길에서 5리쯤 됩니다.

세손 산수의 경치가 주자가 살던 무이와 비교하면 어떤가?

홍대용 무이의 산수는 그림으로만 본지라 대략 짐작만 할 뿐이니 어찌 비교할 수 있겠습니까? 다만 화양의 산수가 비록 극히 맑고 기이하다 해도, 한 동리가 십여 리에 불과합니다. 구곡九曲도 있기는 하지만 실은 무이의 일곡一曲과 비교할 수 있을 것입니다.

세손 화양동에도 또한 구곡이 있는가?

만동묘

홍대용 과연 구곡이 있사온데 만동묘萬東廟가 가운데 있고 만동묘 아래에 화양서원이 있습니다.

세손 서원에서 주자를 향사享祀하는가?

홍대용 아닙니다. 선정先正〔송시열〕 한 분만 향사합니다.

세손 만동묘에는 위판位板이 있는가?

홍대용 다만 묘우^{廟宇}(제사를 지내는 사당 건물)만 있고 위판은 없습니다. 향사때에는 지방^{紙榜}으로 하고 제사가 끝나면 태웁니다.

세손 제사 지내는 전례는 어떠한가?

홍대용 이는 사림에서 사사로이 지내는 제사인 고로 감히 황가^{皇家}의 제사전례를 쓸 수는 없고 다만 보궤(제사 때 쓰는 그릇의 종류)와 변두(제사 때 쓰는 그릇의 종류)로 서원 제사처럼 합니다. 또한 화양서원은 사액^{賜額} 서원이므로 관^官에서 제사 지낼 물품을 공급해주지만 만동묘는 조정(조가^{朝家})에서 관여하면 체례^{體例}에 어긋나는 까닭에 다만 서원 비용으로 제사할 뿐입니다.

기묘하다면 기묘한 이야기였다. 만동묘는 송시열의 유언에 따라 그의 제자 수암^{遂菴} 권상하^{權尙夏, 1641~1721}가 주도하여 지은 것으로 망한 명나라의 신종^{神宗}과 의종^{毅宗}을 제사 지내는 사당이었다. 임진왜란 때 조선을 도와준 데 대한 보답이라는 명분이었다. 망해버린 남의 나라 황제의 제사를 지내는 것도 이상하거니와 왕실이 아닌 사림에서 제멋대로 그러한 제사를 지내는 것은 더욱 이상한 일이었다. 자기 조상도 아닌 사람을, 그것도 황제를 민간에서 제사한다는 것이 말이 되는 일인가 싶기는 하지만 명분이 그러하고 명나라가 망해버려 더 이상 제사 지내줄 자손도 없는 황제들이니

수암 권상하 초상

딱히 안 될 일도 아니기는 하였다. 하기야 남의 나라 장수, 그것도 아주 먼 옛날 중국 삼국시대의 장수인 관우^{關羽}의 제사를 모시는 관제묘^{關帝廟}도 곳곳에 있는 형편이었다.

그렇게 본다면 왕실에서도 팔짱 끼고 있을 수만은 없는 일이었다. 어쩔 수 없이 왕실에서도 그 비슷한 것을 만들었는데 그것이 대보단^{大報壇}이었다. 사당(묘^廟)이 아니라 그저 제단(단^壇)이었다. 제사도 만동묘에서 하듯이 지방을 사용하였다. 청나라 눈치를 보지 않을 수 없기 때문이었다.

이로써 명나라에 대한 의리니 청나라에 복수하여 치욕을 씻겠다느니(복수설치^{復讐雪恥}) 하는 명분을 사림이 먼저 장악하고 왕실이 그 뒤를 쫓는 우스운 꼴이 되고 말았다. 애초에 송시열이 만동묘의 건립을 유언한 것도 바로 그 때문이었을 터였다. 얼굴 한 번 본 적 없고 떡 하나 준 적 없는 명나라 황제가 그토록 그리웠을 리는 만무하고 정치적 명분을 장악하기 위한 것임이 명백하였다. 그렇다 하더라도 사림에서 황제를 제사하는 것은 여전히 뭔가 격에 맞지 않는 일이지 싶었다.

세손 그야말로 '한 칸 모옥에서 초^楚 소왕^{昭王}을 제사 지냄'이로구나. 향사는 어느 때에 있는가?

홍대용 3월과 9월의 상정^{上丁}(그달 중 일간에 정丁이 들어가는 첫째 날)에 있습니다. 만동묘 제사를 먼저 지내고 다음에 서원 제사를 올립니다.

홍대용은 세손의 물음에 답하면서도 내심 놀라고 있었다. 세손이 송시열의 문집인 《우암집尤庵集》을 읽었고 그것도 매우 꼼꼼히 읽은 것이 분명하기 때문이었다. 세손이 '한 칸 모옥' 운운한 것은 당나라 시인 한유韓愈의 "도리어 나라 사람이 옛날에 끼친 덕을 잊지 못하여 모옥에서 초나라 소왕을 제사 지내네(유유국인회구덕猶有國人懷舊德 일간모옥제소왕一間茅屋祭昭王)" * 라는 시였다. 이 시는 송시열이 제자 권상하에게 보낸 유서나 다름없는 편지(고결서告訣書)에서 만동묘의 건립을 부탁하며 인용한 것이기도 하였다. 세손은 이 편지를 읽은 것이 틀림없었다.

송시열은 이 편지 이후 권상하를 직접 만나 영결할 때 '학문은 마땅히 주자를 주로 하고 사업은 효종께서 하고자 한 뜻을 위주로 하라'고 유언하였다. 주자의 권위와 효종이 추진하던 북벌과 복수설치라는 명분을 선점하여 꼭 붙들라는 이야기였다. 이는 살아생전 그 자신의 행동 지침이었던 것으로, 그의 제자들에게까지 이어져 충실히 이행되었다.

송시열과 그의 제자들은 이렇게 주자 계승의 명분을 장악하는 한편 만동묘를 건립하여 명나라에 대한 의리, 북벌과 복수설치라는 명분 또한 수중에 넣었다. 그러자 숙종 임금도 만동묘가 완공된 이듬해(숙종 30, 1704)에 대보단 설립의 의지를 밝혔다. 공사에 착수한 지 일 년 만에 대보단을 완공하고는 임금이 직접 신종을 제사하게 되었다. 왕실의 이러한 행위는 명분에 떠밀린 어쩔 수 없는 선택이기는 하였지만 결과적으로 송시열 제자들의 만동묘 건립이 올바른 것이었음을 왕실 차원에서 추인해준 것이나 다름없었다. 소론이나 남인 쪽에서 어떻게 자손도 아니면서 사림에서 명나라 황제의 제사를 지낼 수 있느냐며 만동묘를 공격하기도 하였으나 대보단 설치 이후에

---

* 당나라 시인 퇴지退之 한유韓愈의 시 〈제 소왕묘題 楚昭王廟〉의 마지막 구절이다. "구분만목의관진丘墳滿目衣冠盡 성궐연운 수황城闕連雲草樹荒 유유국인회

는 왕실에서도 행하는 일이라 공격하기 어렵게 되어버린 것이었다.

비례부동

만일 숙종 임금에게 노론의 권세를 견제하려는 의사가 있었다면 차라리 전국 곳곳에 만동묘를 추가로 설립하게 하여 화양서원의 만동묘를 많은 만동묘 가운데 하나로 만들거나 아니면 만동묘의 존재 자체를 아예 무시한 채 방치하는 편이 나았을지도 모른다. 송시열의 헤아림이 거기에까지 미쳤던 것인지는 알 수 없지만 화양동의 만동묘는 특별한 것이 되어 있었다. 민정중閔鼎重*이 구해 온, 명나라 마지막 황제 의종毅宗이 쓴 '예가 아니면 움직이지 않는다(비례부동非禮不動)'라는 휘호를 화양동 석벽에 새기고 원본은 따로 보관하였던 것이다. 세손도 이 사실을 알고 있었다. 세손이 홍대용에게 다시 물었다.

세손 '비례부동非禮不動'이라는 네 글자가 서원에 있는가?

홍대용 서원 백 보步 거리에 있는 계곡 사이 바위 위에 자그마한 정자(각閣)를 세우고 '운한각雲漢閣'이라 하였습니다. 거기에 '비례부동'과 다른 어필御筆 서너 장을 수장收藏하였고 아울러 그 글씨를 돌에 모각하여 오래 보존하도록 하였습니다.

---

* 민정중閔鼎重(1628~1692)은 숙종의 두 번째 왕비 인현왕후仁顯王后(1667~1701)의 부친인 여양부원군驪陽府院君 민유중閔維重(1630~1687)의 형이며 홍대용의 둘째 사위 민치겸閔致謙의 5대조가 된다. 석실서원에 배향되어 홍대용과도 관계가 깊었다.

무엇인가 눈에 보이는 물건이 있다는 것은 말뿐인 것과 확실히 달랐다. 의종의 글씨 한 폭은 조선 팔도 각지에 만동묘가 세워지더라도 화양동의 만동묘를 특별한 장소로 만들어줄 '물건'이었다. 그 점을 확실히 하기 위해 바위에 그 글씨를 새기기까지 하였다.

이로써 송시열과 그의 후예들에 반대하는 세력들은 정치적 운신의 폭이 극도로 좁아졌다. 송시열에 대한 공격은 주자의 권위나 만동묘로 표상되는 조선중화주의의 부정으로 여겨질 위험이 컸기 때문이다. 주자를 압도할 만한 권위나 북벌을 뛰어넘을 만한 대의명분은 찾기 어려운 시대였다. 정치적 반대는커녕 다른 목소리를 내기도 쉽지 않아 보였다.

차라리 주자로부터 거슬러 올라가 공자, 맹자의 권위에 기대는 편이 더 가능성 있는 시도였다. 아니면 서양에서 들어온 천문학과 같이 아주 정밀하고 증거가 확고하여 성인이 다시 태어나더라도 부정하기 어려운 학문적 성과를 올리는 것도 또 다른 방법이 될 수 있을 법하였다. 그것도 아니라면 송시열의 권위를 인정하지 않을 수 없었다. 세손이 다시 입을 열었다.

세손 만동묘와 화양서원은 언제 세운 것인가?

홍대용 만동묘는 곧 송선정의 유시를 받들어 그의 제자인 수암 권상하가 세웠으며 또 그 밑에 서원도 아울러 설치하여 선정을 향사했습니다.

세손 수암은 문묘文廟에 배향되었는가?

한정유 아직 아니 되었습니다.

세손 권선정權先正이라 일컬음이 어떻겠는가? 문묘에 배향되지 않으면 선정이라 일컫지 못하는가?

한정유 예로부터 이름난 재상을 일컬어 또한 선정이라 하기도 했으니 문묘 배향에 구애되지 않습니다. 유현儒賢이라면 선정이라 일컬어도 무방합니다.

세손 《우암집》은 언제 간행했는가? 조정의 명령으로 한 것인가? 개인이 한 것인가?

홍대용 신도 자세히는 알 수 없으나 선정의 후손 송무원宋懋源이 그 일을 주관했으니 사력私力으로 한 듯합니다.

세손이 고개를 가로저었다.

세손 조정의 명으로 한 듯하다. 대궐 안에 오래된 《우암집》 열 질이 있는데 만약 사력으로 인쇄하였다면 이와 같이 많이 들이지는 못했을 것이다. 종이의 질도 매우 좋은데 모두 산질散帙(한 질로 이루어진 책들이 흩어져 짝이 맞지 않는 것)되었기에 내가 요 몇 년 사이 수습해보았더니 겨우 두 본이 완질이었다. 또 인장도 찍혀 있었는데 당저當宁께서는 서적에 인장을 쓴 일이 없었으니 숙종대왕 때 간행한 것이 분명하다.

세손은, 송시열에 대해 그토록 잘 아는 화양서원 재임 출신의 홍대용이 《우암집》 간행 비용에 대해서는 잘못 알고 있자 꽤 서운했던지, 이러한 증거까지 들며 그것이 왕실 비용이었음을 강조했다.* 문득 생각난 듯 가볍게 묻는 세손의 말로 시작된 대화였지만 결코 그렇지가 않았다. 세손은 무엇

---

* 세손의 말대로 《우암집》은 숙종 43년(1717)에 민 진후閔鎭厚의 건의로 교서관校書館에서 간행한 것이 다. 《숙종실록》 권 60, 43년(1717) 7월 4일.

인가 목적을 가지고 이야기를 꺼낸 것이었다. 어쩌면 홍대용이 화양서원 재임 출신인 것까지 미리 알고 있었을지도 모른다.

서운한 마음에 속내를 드러낸 세손은 결국 본론을 꺼냈다.

세손 《우암집》은 끝내 수정할 수 없는 것인가?

홍대용 사림에서도 현행본에 쓸데없는 것과 잡스러운 것이 섞여 있을 뿐 아니라 빠진 것 또한 많다 하여 매양 수정해야 한다는 논의가 있었으나 일이 중대한 데 관계되다 보니 주장하는 사람이 없어 지금껏 이루어지지 못했습니다.

세손 《우암집》에 서문이 없음은 어째서인가?

홍대용 사체事體가 중하여 감히 쓸 사람이 없었습니다.

세손 어찌하여 수암이 짓지 않았는가?

홍대용 감당할 수 없다는 수암의 겸손인 듯합니다.

세손 《주자대전朱子大全》이 천지 사이에서 없어질 수 없으니 《우암집》인들 어찌 수정될 날이 없으랴. 들건대 묘문墓文을 고치기 곤란하다 하여 그렇다던데 믿을 만한 이야기인가?

홍대용 역시 그러합니다.

세손 자손이 되어 고치기 싫어함은 당연한 것이다.

놀라운 일이었다. 세손이 《우암집》인들 어찌 수정될 날이 없으랴고 말한 것은 자신이 《우암집》의 수정에 간여할 생각이 있음을 내비친 것이었다.*

* 정조는 이때쯤 《우암집》의 서문을 써두었다가 즉위 직후 송시열의 후손인 송환억宋煥億과 송택규宋宅圭 등을 불러 보여주었다. 또한 훗날 《우암집》을 수정하게 하고 무려 열 개나 되는 글을 직접 지어 그 앞에 붙이게 하였다. 이 수정된 책이 《송자대전宋子大全》이다. '송자宋子'는 주자朱子와 같이 성씨 뒤에 존칭어 '자子'를 붙인 것이고 '대전大全'은 명백히 《주자대전》에 비기려는 뜻이었다. 문집에 이런 제목이 붙은 것은 조선조 오백 년간 송시열이 유일하다. 책제목이 그의 후예들에 의해 《송자대전》으로 정해지자 정작 정조는 이 제목에 불만을 가졌다. 《승정원일기》 정조 11년(1787) 10월 20일.

더욱 놀라운 것은 세손이 《주자대전》과 《우암집》을 비교하고 있다는 점이었다. 이는 은연중 송시열을 주자의 적통으로 인정하고 있는 것이 아닌가? 사실 세손은 이때 이미 《양현전심록兩賢傳心錄》이라 이름 붙인 책을 만들고 있었다. 앞에 언급된 만사니, 감춘부니 하는 글들도 이 책에 포함되어 있었다. '양현'이란 주자와 송시열 두 사람을 가리키는 것이고 '전심'이란 글자 그대로 마음을 전하였다는 뜻이다. 송시열이 주자를 계승하였다는 의미이다.

홍대용 역시 노론의 인물로 송시열과 떼려야 뗄 수 없는 관계였다. 그가 화양서원의 재임을 지낸 것은 차치하더라도, 송시열의 효묘 배향˚은 바로 그의 할아버지가 주창한 일이었다.[6] 한데 그런 그조차 송시열이 주자와 같은 반열이라고는 생각해보지 않은 터였다.

세손은 잠시 뜸을 들였다가 홍대용을 바라보며 다른 이야기를 꺼냈다.

세손 중봉重峰 조헌趙憲, 1544~1592도 또한 선정이라 일컬어지니 과연 문묘 배향 여부와는 관계가 없는 것 같다. 중봉의 학문이 과연 율곡이나 우계牛溪 성혼成渾, 1535~1598과 같은가?

홍대용 그의 학문 조예를 어찌 감히 율곡이나 우계와 나란히 할 수 있겠습니까마는 지극히 공평한 정성이나 완전히 갖추어진 오륜五倫은 천고에 그 짝이 없습니다. 실제 행실이 이와 같으니 그의 학문을 가히 알 수 있습니다.

세손 그가 아내를 장사 지낼 때 병화兵火의 침범이 없을 장소를 묘지로 정한 것과 하늘에서 울리는 북소리(천고天鼓)를 듣고 풍신수길豊臣秀吉(도요토미 히데요시)의 출병을 미리 안 것이 어찌 그리 귀신같은가?

˚ 송시열의 효묘孝廟 배향은 정조에 의해 즉위 직후인 1776년 5월에 이루어졌다. 《정조실록》 권 1, 즉위년(1776) 5월 24일.

한정유 전에 어떤 사람이 이 일을 송선정에게 물었답니다. 선정이 답하기를, "중봉에게 어찌 다른 술법이 있었겠는가? 다만 지극한 정성이 귀신같았을 뿐이다"라고 했답니다.

홍대용 이지함李之菡, 1517~1578은 호를 토정土亭이라 하였는데 우리나라의 이인異人이었습니다. 천문天文에 밝아 중봉이 일찍이 그를 스승으로 섬겼다고 합니다. 미리 아는 술법 또한 여기에서 나왔을 것입니다.

기이한 이야기는 재미있는 법이다. 세손도 재미가 났는지 빙긋 웃으며 한마디 더 보탠다.

세손 토정은 덕이 높은 선비이다. 정력定力 또한 남들과 크게 달랐다 하더군.
홍대용 제주도에서 여색을 받아들이지 않았다는 이야기 말씀입니까?
세손 그러하다.

이지함에 대해 세간에 떠도는 많은 이야기들 가운데 하나였다. 이지함은 평생 전국 각지를 유랑하였는데 제주도만 해도 세 번이나 왕래하였다. 한번은 제주의 관원이 그가 유명한 사람인 것을 알고 관기官妓에게 이르기를, 이지함을 유혹하면 큰 상을 내리겠다고 하였다. 이 관기는 상을 받기 위해 여러 가지로 노력했지만 이지함은 끝내 그녀를 받아들이지 않았다는 이야기였다.
　세손이 기이한 일에 관심을 보이자 홍대용은 경계하는 말을 올렸다.

홍대용 그들이 그러한 성취를 이룬 것은 모두 실심實心으로 실학實學을 하였기 때문입니다. 진실로 실천하지 아니하고 다만 빈말에만 힘썼다면 당시 그런 일을 성취하지 못했을 것이고 후세에 그와 같은 이름을 남길 수 없었을 것이니 학문이라 말할 수도 없었을 것입니다.

홍대용은 다시 실심, 실학을 입에 담았다. 그의 평생 공부가 이 몇 마디에 담겨 있었다. 세손은 마냥 진지하기만 한 홍대용을 보자 슬그머니 장난기가 일었던지 짐짓 엄숙하게 입을 열었다.

세손 진실로 그러하다. 공자도 이르기를, '빈말은 행사를 절실하고 분명하게 드러내는 것만 못하다'[7] 하였다. 그러나 빈말도 또한 폐해버릴 수 없는 때가 있다. '십 년 동안 행해보고도 이루어지지 않는다면 문을 닫고 약속도 끊어버림이 가할 것'이라고 한 것과 같은 빈말은 또한 대의大義를 후세에 밝힘으로써 지금까지 그것에 의지하고 있도다.

말은 엄숙했으나 내용은 깜짝 놀랄 만한 것이었다. '십 년 행해보고도 이루어지지 않는다면' 운운한 것은 바로 송시열의 그 유명한 〈기축봉사己丑封事〉의 한 구절이었다.

〈기축봉사〉에서 송시열은 이렇게 말하였다. "전하께서는 십 년, 이십 년 마음을 늦추지 말고 우리 힘의 강약을 보고 저들[청淸] 형세의 성하고 쇠함을 관찰하소서. 그러면 비록 창을 들고 죄를 문책하여 중원을 쓸어 말끔히 우리 신종황제의 망극한 은혜를 갚지는 못한다 하더라도 어쩌면 문을 닫아 걸고 약속을 끊어 명분을 바로 세우고 이치를 밝혀 우리 의리의 온편함을 지킬 수 있을 것입니다." 이른바 북벌론北伐論의 핵심 논리였다. 세손 자신이 송시열을 주자에 비견되는 인물인 양 거론해놓고 차 한 잔 마실 시간도 지나지 않아 송시열의 말을 가리켜 빈말이라고 일컫고 있는 것이었다.

홍대용 그것은 빈말이 아닙니다.

아나 다를까, 늘 담담하기가 물 같던 홍대용이 놀라 항의했다. 세손은 홍대용의 항의를 못 들은 체하며 능청스레 또 딴소리를 했다.

세손 우계는 벼슬살이하지 않던 시절에 명나라 사신과 학문을 강론하는 일로 원접사遠接使(중국의 사신을 맞아들이던 벼슬아치)의 막객幕客(외국에서 오는 사신이나 관찰사, 유수 등을 따라다니며 일을 돕는 벼슬아치)이 되어 의주義州에 갔다던데 이 일은 어떻게 생각하는가?
홍대용 신은 듣지 못한 이야기입니다. 석주石洲 권필權韠, 1569~1612 같으면 세상에 전하는 말에 일찍이 그런 일이 있었다고 하나 성혼 선생께는 아마도 그런 일이 없었을 것입니다.

홍대용의 대답하는 품새가 그다지 곱지 못하였다. 그저 '그것은 성혼이 아니라 권필의 이야기라 들었다' 하면 될 일이었다. 그래도 세손은 여전히 능청스러웠다.

세손 내가 잘못 기억하고 있었던 것인가? 성선정의 집은 어느 곳에 있었
던가? 임진년 파천播遷할 때 어떤 사람이 길옆에 있는 집을 가리켜 성혼의
집이라 하면서 성혼이 임금께 문안하지 않는다고 무함誣陷하였다 하던데
과연 그런 일이 있었는가?

세손과 홍대용 사이의 묘한 긴장감을 느꼈던지 한정유가 얼른 나서서 대
답했다.

한정유 과연 그런 일이 있었습니다. 선정의 집은 큰길에서 수십 리 거리여
서 갑작스러운 파천에 때맞춰 소식을 들을 수가 없었답니다. 어가御駕(임금이
타던 수레)가 임진강臨津江을 건널 때 이홍로李弘老란 자가 길옆의 집을 가리키
면서 "이것이 성 아무개의 집입니다. 국가의 위급함이 이와 같은데 저 사
람이 어찌 호가扈駕(어가를 호위함)하라는 명을 어길 수 있습니까?"라고 하였으
니, 소인이 군자를 무고誣告함이란 이렇듯 참혹하고도 독한 것입니다.
세손 자손은 누구인가?
한정유 아무개와 아무개가 있습니다.
세손 선정을 말하는 것이 아니다. 그 사람에게 자손이 있었는가?
한정유 이홍로의 자손은 광해군光海君 때 죄를 입고 죽었습니다.
세손 무슨 죄였는가? 폐모의 일이었는가?

한정유 아닙니다. 광해군 초의 유영경柳永慶*과 같은 죄였습니다.

세손 그렇다면 폐모의 죄에 비하면 훨씬 나은 것인가?

한참이나 세손과 한정유 사이의 문답이 이어지고 있었다. 말이 이홍로의 자손과 유영경의 일에 미쳤다. 유영경은 선조 임금이 죽을 당시 영의정이었다. 선조가 죽자 여러 신하들은 세자인 광해군이 당일로 즉위해야 한다고 주장했다. 이에 유영경은 예법에 어긋나니 안 된다고 반대했다. 실제로 성종을 제외하고는 앞의 임금이 죽은 당일에 즉위한 임금은 없었다. 적어도 사오 일은 지난 후에 즉위하는 것이 관례였다. 다툼 끝에 광해군은 이튿날 즉위했다.

여러 신하들이 광해군의 즉위를 서두른 데는 이유가 있었다. 광해군은 후궁에게서 태어난 서자였다. 순서상으로도 둘째였다. 적자를 두지 못한 선조는 세자 자리를 비워두고 있었으나 임진왜란이 일어나자 어쩔 수 없이 세자를 정해야 했다. 첫째 아들인 임해군臨海君은 병이 있어 광해군을 세자로 선택했다. 왜란이 끝난 후 선조는 두 번째 왕비인 인목왕후仁穆王后 김씨에게서 영창대군永昌大君을 낳았다. 광해군 입장에서는 이 영창대군과 친형인 임해군이 왕위 계승에 걸림돌이 될 수도 있었다. 이것이 광해군으로 하여금 즉위를 서두르게 한 원인이었다.

광해군이 즉위한 후 여러 신하들은 유영경을 탄핵했다. 여기에는 영창대군을 옹립하려 한 것이 아니냐는 의심이 깔려 있었다. 이 일은 유영경과 그 일파의 죽음으로 이어졌다. 유영경과 이홍로의 아들들도 함께 죽임을 당하였다. 나아가 영창대군은 강화도로 유배되었다가 살해되었고 선조의

* 유영경柳永慶(1550~1608)은 북인으로 북인이 대북과 소북으로 갈릴 때 소북의 영수가 되었다. 선조 사후 영창대군을 옹립하려 했다는 이유로 사사되었고 소북은 정계에서 축출됐다.

계비인 인목대비는 폐모론에 시달리는 가운데 서궁西宮에 유폐되었다.

이 일을 두고 한정유가 똑바로 대답하지 못하고 다만 유영경과 같은 죄라 말한 것은 그것이 왕위 계승과 관련된 문제이기 때문이었다. 매우 민감한 문제여서 신하 된 입장에서는 함부로 말할 수 없었던 것이다. 자리에 있는 신하들 모두 아무런 대꾸를 못하자 세손이 다시 물었다.

세손 그럼 우계는 언제 용만龍灣(의주)으로 가서 문안하였는가?

홍대용 우계가 선조대왕께서 서북쪽으로 가셨다는 이야기를 듣고 아들을 시켜 큰길에서 탐문하니 어가가 이미 지나갔다고 하더랍니다. 이에 우계는 부득이 산중으로 피했다고 합니다. 광해군이 분조分朝하여 그에게 벼슬을 주어 부르니 우계는 부름에 응하여 힘껏 달려 용만으로 나아갔습니다. 이홍로의 무리는 또 당唐 숙종肅宗의 영무靈武에서의 일로 참소했으니 선조대왕의 밝으심이 아니었다면 필시 화를 면하지 못했을 것입니다.

성혼의 이 일을 두고 당대에나 후대에나 말들이 많았고 이 일은 당쟁의 소재가 되기도 했다. 사실은 이러했다. 임진년 왜란 때 의주로 피난 가던 선조 임금의 어가가 파주를 지날 때였다. 임금은 성혼의 집이 파주라는 것을 아는지라 "어째서 성혼이 나와보지 않느냐"라고 말했다. 그때 옆에 있던 이홍로가 길가의 그럴싸한 집을 가리키며 "저것이 성혼의 집입니다"라고 했다. 임금으로서야 과연 그렇다면 괘씸하고 불쾌하기 짝이 없는 일이었다. 그러나 성혼의 집은 그곳에서 몇십 리나 떨어진 먼 곳이었고 이홍로도 한때는 성혼의 집을 왕래한 적이 있었으므로 그곳이 아니라는 것을 알고 있었다는 것이다.

훗날 의주에서 임금은 조정을 둘로 나눠 한쪽은 자신을, 다른 한쪽은 세자 광해군을 따르게 했다. 이에 광해군이 성혼을 부르자 성혼이 달려왔다. 그러자 이홍로는 다시 '성혼은 임금을 물러나게 하고 세자를 왕으로 세울 생각으로 온 것'이라 떠들고 다녔다. 선조가 집 앞을 지날 때는 코빼기도 안 비치더니 광해군이 부르니 나왔다는 이유에서였다. 홍대용이 말한 '당 숙종의 영무에서의 일'이란 바로 이 일을 지칭한 것이었다. 안녹산의 난이 일어나자 당 현종은 서천으로 피난 갔는데 도중에 영무라는 곳에서 아들(숙종)이 현종을 태상황제로 올리고 즉위해 황제가 되었다.

논란의 핵심은 성혼이 무슨 마음으로 문안을 오지 않았느냐 하는 것이었다. 성혼을 공격하는 쪽에서는 임금을 임금으로 여기지 않아 그런 것이라 했다. 성혼 쪽의 공식 입장은 홍대용의 말처럼 '몰랐다'는 것이었다. 또 부름이 없었는데 가야 할 의리가 없고 오히려 가는 게 이상한 일이라는 이도 있었고 심지어는 임금이 종묘사직을 버리고 갔으니 따라갈 이유가 없다는 사람도 있었다. 성혼은 크게 명망 있던 사람이라 성혼의 입장이 곧 조정의 공식 입장이 되었다.

세손은 문득 또 다른 이야기를 꺼냈다.

세손 효종대왕께서《심경心經》을 즐겨 읽었다 하여, 인산因山 때 대비전大妃殿에서 그 책자를 신광神壙에 넣으라고 명했다 한다. 계방도 들은 적 있는가?

홍대용 신은 듣지 못했습니다. 효종대왕께서 보시던《심경》이 하도 많이 보아 낡고 떨어졌더라는 이야기는 일찍이 들었고, 그 이야기는 송선정이 외부에 전하여 지금까지 칭송되고 있습니다.

답답한 사람이었다. 질문의 의도가 명백한데도 홍대용은 앞에서도 솔직하고 뒤에서도 솔직하였다. 송시열에 대해서는 그렇게 잘 알고 항의까지 하던 사람이 효종에 대해서는 못 들었다 하니 세손의 기분이 좋을 리 없었다.

세손 《심경》을 신광에 넣은 일도 과연 있었다. 《우암집》, 〈김연지金延之에게 준 시詩〉 소주小註에 있으니 나가서 상고해봄이 좋겠다.

세손은 《우암집》을 얼마나 자세히 읽었는지 소주에 있는 내용까지 알고 있었다. 자신의 5대조인 효종이나 역대 임금에 관련된 부분을 집중적으로 읽은 것인지도 몰랐다. 세손은 효종을 좋아했다. 자신도 효종처럼 죽기 전에 관 속에 책을 넣어달라고 유언하겠노라 결심하고 있었다. 아닌 게 아니라 지금 살아 있는 효종의 혈손은 할아버지와 자신과 두 이복형제뿐이었다. 세손은 그렇게 말하고는, 흥이 깨진 탓인지 잡담이 너무 길다고 생각한 탓인지 다시 주자의 편지로 돌아왔다. 송 광종光宗과 영종寧宗에 대한 이야기였다.

남송의 광종은 정상적인 상태가 아니어서 황후인 이씨가 권력을 농단하였다. 이에 황실의 종친이자 재상이었던 조여우趙汝愚는 외척인 한탁주와 결탁해 광종을 물러나게 하고 아들인 영종을 즉위시켰다. 조여우는 그 후 주자 등 여러 어진 이를 등용하여 좋은 정치를 펼치려 하였다. 이때 주자는 한탁주가 영종의 즉위에 공을 세웠으니 그에게 높은 직위를 주되 실권 없는 자리를 주고 가능한 한 그를 멀리하라 권했다. 그러나 조여우는 한탁주를 우습게 여겨 아예 아무 자리도 주지 않았다. 한탁주는 영종비의 삼촌이었으므로 차츰 권세를 잡아가 끝내는 조여우와 주자를 조정에서 쫓아냈다. 그러고는 주자의 학문을 거짓된 학문이라 몰아붙이고 그의 저술을 금서로 지정해버렸다. 그런 깜냥이니 한탁주 역시 끝이 좋을 리 없었다. 결국 사미원史彌遠이라는 자에게 살해되었고 그의 잘린 머리는 금나라로 보내졌다. 이 일에 대해 세손이 말하였다.

세손 조여우가 잘못되었다. 어찌 선위禪位(황제의 자리를 생존 시에 양위하는 짓)하는 일을 백관과 함께 직접 태후에게 청하지 않고 한탁주, 관례關禮의 무리와 더불어 사사로운 방법으로 대사를 도모하였는가? 한탁주는 외척이고 관례는 내시이다. 대신으로서 어찌 외척과 내시와 함께 나라의 대계를 도모한단 말인가? 또 기왕 한탁주로 인하여 일이 이루어졌으면 마땅히 그의 수고를 갚아 욕심을 채워주어야 했다. 그런 후에 그를 멀리하여 그가 제멋대로 권세를 부리지 못하게 했어야 하거늘 또한 그렇게 하지도 못하였고 마침내 그에게 쫓겨나게 되었으니 '예를 잃은 가운데 또 예를 잃은 것'이라 할 수 있다.

그러고는 이어서 음률에 대해 말하였다.

세손 내가 일전에 종묘宗廟 향사를 섭행攝行하였는데 구성九成 등 제례악이

극히 옳지 않았다. 악장樂章이란 으레 길고 짧음이 있는 법인데 시종 잔 올리는 데 맞추었다. 제1실室 악장을 다른 실에도 두루 사용한 것은 더욱 옳지 못한 듯하다. 또한 무무武舞를 보니 태평소太平簫 등으로 하는 군악軍樂이었고 아악이 아니었다. 이런 것은 모두 바로잡아야 한다.

악률을 바로잡는 일에 대해서라면 홍대용도 하고 싶은 말이 있었으나 세손의 말은 답변을 구하지 않고 있었다. 세손은 다시 다른 이야기를 이어나갔다.

세손 효종대왕의 성스러운 덕이 어찌 탁월하지 아니하랴? 그런데도 존호尊號가 겨우 여덟 글자인 것은 열성列聖 중에 없던 일이다. '장무章武'라는 두 글자는 듣자니 소열昭烈을 본뜬 것이라던데 그러한가?

세손의 말대로 효종에게는 '선문·장무·신성·현인宣文·章武·神聖·顯仁'이라는 여덟 글자의 존호만이 바쳐져 있었다. 본래는 '열문·의무·신성·지인烈文·毅武·神聖·至仁'이라는 여덟 글자였는데 그 윗대 임금들의 존호와 겹친다 하여 고친 것이었다.[11] '태조', '태종', '세종' 같은 것은 묘호廟號라고 하여 사후에 붙여지는 이름이었다. 묘廟는 사당을 뜻하는 글자이니 종묘에 보존되는 위판에 쓰인 묘호와 시호를 다 합쳐 묘호라 하기도 했지만 통상적으로는 '태조', '태종' 등 종호宗號만을 묘호라 하였다. 존호는 생존 시에 바쳐지기도 하고 사후에 바쳐지고 훗날에 추가로 바쳐지기도 하는데 임금의 덕을 기리기 위한 칭호였다. 시호諡號는 임금의 사후에 그 임금의 특징과 업적을 감안하여 붙여지는 칭호인데 대체로 존호와 시호는 구별되지 않았다. 중국 황제가 조선 국왕의 사후에 내려주는 두 글자도 시호라 하였는데 이 경우에는 시호라고만 하지 존호라고는 하지 않았다.

태조 이성계의 경우는 태조가 묘호, 강헌康獻이 명 황제가 사후에 내려준 시호, 지인 · 계운 · 성문 · 신무至仁 · 啓運 · 聖文 · 神武가 다음 임금이 바친 시호, 곧 존호이다. 그리고 숙종 때 송시열의 주장에 따라 '정의 · 광덕正義 · 光德'이 라는 존호 네 글자가 더 바쳐졌고* 고종 때에는 황제로 추존되면서 '응 천 · 조통 · 광훈 · 영명應天 · 肇統 · 廣動 · 永命'이라는 여덟 글자 존호가 또다시 바쳐졌다. 이에 따라 태조는 최종적으로 '태조지인계운응천조통광훈영명 성문신무정의광덕고황제太祖至仁啓運應天肇統廣動永命聖文神武正義光德高皇帝'라는 이름 을 갖게 되었다. 황제로 받들어지면서 명나라 황제가 내린 '강헌'이라는 시 호가 빠지게 되었다. 통상적으로는 임금이 죽은 직후에는 여덟 글자의 존 호가 바쳐졌고 후대에 네 글자씩 추가로 바쳐지기도 하였다. 조선 왕조를 통틀어 가장 긴 시호를 갖게 된 사람은 우습게도 임금 자리에 오르지도 못 하고 죽은, 순조純祖. 1790~1834의 아들 효명세자孝明世子였다. 그는 훗날 양자인 고종에 의해 왕(익종翼宗)으로, 다시 황제(문조익황제文祖翼皇帝)로 추존되면서 무려 108글**에 달하는 번뇌스러운 시호를 갖게 되었다.

세손의 물음에 한정유가 답하였다.

---

* 송시열은 '소의정륜昭義正倫' 네 글자를 더 바치자 고 주장하였으나 반대파가 있어 타협안으로 '정의광 덕正義光德'이 바쳐졌다.

** 효명세자의 108자의 묘호와 시호를 모두 보이자 면, '익종체원찬화석극정명성헌영철예성연경융덕순 공독휴홍경홍운성렬선광준상요흠순공우근탕정계천 건통신훈숙모건대곤후광업영조장의창륜행건배녕기 태추유희범창희입경형도성헌소장치중달화계력협기

강수경목준혜연지돈문현무인의효명대왕翼宗體元贊 化錫極定命聖憲英哲睿誠淵敬隆德純功篤休弘慶洪運 盛烈宣光·睿祥堯欽舜恭禹勳湯正啓天建統神勳肅謨乾 大坤厚廣業永祚莊義彰倫行健配寧基泰裕熙範昌禧 立經亨道成獻昭章致中達和繼曆協紀剛粹景穆峻惠行 祉敎文顯武仁懿孝明大王'이다. 황제로 격상되면서 익종이 문조文祖로, 대왕이 익황제翼皇帝로 바뀌었 으니 최종적으로는 109자인 셈이다.

한정유 장무는 과연 소열의 연호입니다.

세손 태조대왕께 존호를 더 올린 것은 우암이 건의한 것인가?

한정유 그런 것 같습니다.

홍대용 이는 과연 송선정이 건의한 것입니다. 그러나 남계南溪 박세채朴世采, 1631~1695는 그때 다른 주장을 내세웠습니다.

세손 우암은 무슨 일로 청하였으며 박세채의 다른 주장은 무엇이었는가?

홍대용 송선정은 태조대왕의 위화도회군威化島回軍이 중국을 높이고 대의를 밝힌 것이라 하여 존호를 청하였고 박세채는 위화도에서 회군한 일은 거론할 수 없다 하여 다른 이론을 세웠습니다. 다만 박세채의 뜻은 오로지 이 일하고만 관련된 것은 아니어서 선비들의 주장이 갈리는 큰 계기가 되었습니다.

숙종 9년(1683)에 송시열은, 태조의 존호가 여덟 글자뿐이어서 미안하니 태조가 위화도회군으로 대의를 세운 것을 기려 소의정륜昭義正倫이라는 네 글자를 추가로 올리자고 건의하였다. 이 일의 찬반을 놓고 서인은 송시열을 지지하는 노론과 박세채와 윤증尹拯, 1629~1714을 지지하는 소론으로 갈라지게 되었다.[*] 결국에는 존호를 더 올리되 소의정륜昭義正倫이 아니라 정의광덕正義光德으로 고쳐 올리게 되었다. 홍대용은 바로 이 일을 가리켜 말한 것이었다.

세손 그것은 나도 이미 아는 일이다. 계방은 박세채의 문집《남계집南溪集》을 보았는가? 예설禮說은 어떠하던가?

홍대용 양이 많아 다 보지 못했으나 예설만은 사대부들이 자주 이용합니다.

---

[*] 노론과 소론의 분당 전말에 대해서는 李銀順,〈朝鮮後期 老少黨論의 對立과 그 政論〉, 李成茂·鄭萬祚 外,《朝鮮後期 黨爭의 綜合的 檢討》(韓國精神文化硏究院, 1994) 참조.

세손 문집이 몇 권이던가?

홍대용 오류십 권 됩니다. 간행되지 못한 소소한 저술도 많다고 합니다.

세손 듣자 하니 그의 자손이 경상감사가 되었을 때 그 문집을 간행했다던데 문집을 보니 영 박잡한 것이 잘못 편집된 것 같다.

박세채 문집의 편집이 그다지 잘되지 않았다는 이야기로 인해 다른 책들에게까지 이야기가 미쳤다. 《주자대전》이나 《주자어류朱子語類》 같은 책들의 수정, 보완, 재간행 등에 대해 이야기를 나누다 시간이 많이 지체되어 그 정도에서 서연이 마무리되었다.

* * *

이날의 서연에서 세손은 홍대용의 가문과 사문, 화양서원 재임 경력을 감안하여 송시열에 대한 이야기를 꺼낸 것이 분명했다. 《우암집》의 수정과 그 서문에 세손이 직접 간여하려는 생각이 있는 것도 분명해 보였다. 또한 효종과 송시열의 관계를 송나라 효종과 주자의 관계에 비유하는 것을 보면 은연중 노론 산림 세력의 숙원인 송시열의 효묘 배향도 허락하려는 듯했다.

이 일은 노론 산림에게 결코 작은 일이 아니었다. 홍대용의 할아버지가 송시열의 효묘 배향을 주장한 바 있으니 홍대용 자신도 관련 당사자였다. 그런데 세손이 송시열의 북벌론을 두고 '빈말' 운운한 것을 보면 진심이라기보다는 정치적 목적이 있는 듯했다. 아마도 외척 세력 제거의 명분을 얻으려는 것이지 싶었다.

홍대용은 '빈말' 운운한 세손의 말에 항의하기는 했지만, 따지고 보면 그런 면이 아주 없지도 않았다. 청이 중원을 장악한 지 백 년하고도 삼십 년이 더 지났고, 홍대용이 눈으로 직접 확인했듯이, 문물의 번성함에 있어서 조선에 비할 바 아니었다. 그런 상황에서 십 년을 더 기다려 복수를 하자거나 문을 닫아걸고 약속을 끊어버리자거나 하는 말들은 아닌 게 아니라 점점 빈말에 가까워지고 있었다.

홍대용은 세손의 의도를 이해할 수 있었다. 세손은 즉위 후의 정국 구상의 일단을 그에게 내비친 것이었다. 과연 그렇다면, 이날의 대화는 세손이 홍대용에게 그러한 정치 구상에 동참할 것인지 말 것인지를 물은 것이라고 볼 수도 있었다.

송시열 문제 같은 것은 홍대용에게도 작은 문제가 아니었지만 더 중요한 문제가 있었다. 그의 학문의 본령은 실심, 실학이나 격물치지 같은 것에 있었다. 그가 정성을 다해 세손에게 아뢴 것도 다 그것이었다. 그런데도 세손은 전혀 관심을 보이지 않는 듯했다. 그런 세손의 치세에 자신이 무엇을 할 수 있을 것인가? 이런 문제에 대해 어떤 확신도 아직은 없었다.

한 해의 마지막 날이 가까워오자 한성부에서 이해의 한성 오부五部의 호구와 인구수를 보고했다. 3만 8,531호에 인구는 19만 7,558명이고 이 가운데 남자가 9만 5,435명, 여자가 10만 2,123명이라 했다. 여기에는 상당수의 개인 소유 노비의 숫자도 빠져 있었을 것이고 십여 세 미만의 아이들이나 단기 체류자의 숫자도 빠져 있었을 것이다. 그러니 한양과 그 주변의 인구는 어림

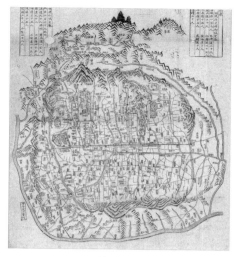

〈수선전도〉

잡아도 20만 명은 훌쩍 넘을 터였다. 도시 인구가 늘어난다는 것이 산림처사들에게는 어쩐지 반가운 소식 같지 않았다. 산림의 시대가 저물어가고 있는 것인지도 몰랐다. 마지막일지는 모르나 그래도 아직은 산림의 시대였다.

1 김이안金履安, 《삼산재집》 권 8, 기記, 〈기유기유記遊〉.
2 송시열宋時烈, 《송자대전宋子大全》 권 89, 서, 〈봉결치도奉訣致道 己巳五月十四日〉.
3 권상하權尙夏, 《한수재집寒水齋集》, 〈한수재선생연보寒水齋先生年譜〉.
4 《숙종실록》 권 39, 30년(1704) 1월 10일.
5 《숙종실록》 권 41, 31년(1705) 3월 9일.
6 《숙종실록》 권 64, 45년(1719) 8월 23일.
7 사마천司馬遷, 《사기史記》, 〈태사공자서太史公自序〉.
8 《송자대전》 권 5, 〈기축봉사〉.
9 《광해군일기》 권 54, 광해군 4년(1612) 6월 23일.
10 《광해군일기》 권 54, 광해군 4년(1612) 7월 18일.
11 《현종실록》 권 1, 즉위년(1659) 5월 11일.

유비(좌)와 제갈량(우)의 초상

제갈공명 같은 신하가 없다고 타박한다던데
그러면 유비 같은 임금은 있단 말인가?
— 홍대용, 《보령소년사》

홍국영
임금과 신하가 서로 사귀는 도리

을미년(1775) 새해가 밝았다. 늙은 임금은 82세가 되어 자신이 세운 최장수 임금의 기록을 또다시 갈아치웠다. 재위 기간도 51년으로 타의 추종을 불허하였다. 자신의 부친 숙종이 세운 재위 기록을 넘어선 것은 이미 5년 전의 일이었다. 숙종은 14세에 즉위하여 60세까지 살았으니 46년간 임금의 자리에 있었다. 임금은 건강을 타고났지만 그래도 나이는 어쩔 수 없었다. 특별히 아픈 곳은 없어도 가래가 끓어 호흡이 곤란한 증세가 지속되었고 정신도 오락가락하였다. 해가 가고 계절이 바뀔 때마다 조금씩 심해졌다.

세손은 그런 할아버지의 곁을 지켰다. 매일 먹는 건공탕建功湯을 마실 때나 움직일 일이 있을 때마다 옆에 있었다. 가뜩이나 변덕스러운 성품인데다 정신마저 오락가락하는 임금이 무슨 일인가로 화가 나서 약을 먹지 않겠다고 버틸 때면 세손이 나서서 드시라고 권해야 했고, 그제야 비로소 임금은 약을 먹었다. 세손의 이러한 태도는 할아버지에 대한 효성에서 나온 것이기도 하였지만 할아버지의 변덕이 무서워서라도 곁을 지키는 편이 나았다.

할아버지는 그런 세손을 좋아했다. '할아버지는 손자에게 의지하고 손자는 할아버지에게 의지하여 살고 있다'는 말을 입에 달고 살았다. 말은 그러했지만 나이 탓인지 아무래도 할아버지가 손자에게 더 의지하는 듯했다.

세손은 사도세자가 죽은 후 어머니 혜경궁惠慶宮 홍씨의 곁을 떠나 할아버지 옆에서 자랐다. 사도세자가 어려서부터 아버지와 떨어져 지내는 바람에 부자 사이가 서먹해졌고 그것이 임오년(1762)의 끔찍스러운 사건을 만들어낸 하나의 원인이 되었다고 생각했기 때문이다.

할아버지가 그처럼 손자를 좋아하다 보니 덕을 보는 것은 궁료들이었다. 춘방과 계방의 관료들에게 상급이 잦았고 자다가도 떡이 생겼다. 정월 초이튿날에도 한 차례 상급이 있었다. 해가 바뀌고 나서 상은 받았는데 일이 별로 없자 궁료들은 민망할 지경이었다. 할아버지 모시는 일이 바빠 세손이 서연을 자주 빼먹었기 때문이다. 물론 존현각으로 궁료들을 자주 부르기는 하였지만 할아버지의 부름을 받으면 언제라도 달려가야 했기 때문에 책을 보기보다는 그저 이야기나 나누며 시간을 보내었다. 지난해 섣달부터 1월 하순에 이르기까지 약 한 달 동안 책을 보고 강론을 한 것은 대여섯 번에 불과했다.

며칠 뒤인 1월 21일, 서연의 중지가 길어지자 춘방의 겸사서 홍국영이 세손에게 글을 올려 서연을 여시라 촉구했다. 세손이 그 건의를 아름답게 여겼던지 즉각 주강을 열라는 명이 내려왔다. 겉으로 주고받는 말들은 이처럼 아름다웠지만 한참 세손을 만나지 못한 홍국영 쪽에서 뭔가 긴급하게 보고할 일이라도 있는 눈치였다. 갑작스러운 명령이라 계방에서는 출직해 있던 심염조와 홍대용이 각각 주강과 저녁 소대를 나누어 맡기로 하였다.

홍대용은 홍국영을 계방에 들어와서 알게 되었다. 춘방과 계방은 본래 창덕궁昌德宮에 있었지만 세손이 경희궁에 임금과 함께 있게 되는 바람에 덩달아 옮겨 와 승정원과 병조 사이에 나란히 이웃해 자리 잡았다. 그렇다 보니 오다가다 서로 만나지 않기가 더 어려웠고 마주친 이상 인사를 나누지 않을 도리도 없었다.

홍국영은 잘생긴 청년이었다. 처자들 애간장깨나 녹일 만한 외모였다. 계방에 오래 있었던 이운영과 심염조가 홍국영을 탐탁지 않게 말하지 않았더라면 홍대용도 혹할 만큼 잘생긴 외모였다. 그들과 여러 사람이 주워섬기는 홍국영에 대한 이야기를 정리해보면 이러했다.

홍국영은 세손의 외가인 풍산 홍씨로 세손의 외조부 홍봉한과는 촌수로는 10촌, 항렬로는 조손 간이었다. 4년 전에 정시에 급제하였는데 임금이 자기 손자나 다름없다며 귀여워하였다. 그러더니 세자시강원 벼슬을 주어 세손 가까이 두었다. 나이는 올 들어 28세로 세손보다 네 살이 많았지만 그 정도면 동무해도 괜찮은 나이 차이였다. 게다가 홍봉한을 할아버지라 불러야 하는 것은 둘 다 마찬가지여서 세손과 홍국영은 쉬이 친해졌다.

홍국영은 머리도, 말솜씨도, 행동도 민첩했다. 학술은 보잘것없었으나 글 솜씨는 조금 있는 듯했고 본인도 나름대로 자부하고 있는 것 같았다. 나서기 좋아하는 성격이라 무슨 일이든 자기가 할 수 있다고 하고, 자기가 하겠다고 하는 바람에 점잖은 사람들 가운데는 그를 싫어하는 사람이 적지 않았다. 홍봉한은 그래도 그를 귀엽게 봐주었지만 홍봉한의 이복동생인 홍인한은 그렇지 않았다. 늘 "영안위永安尉* 할아버지 자손 중에 저런 망측한 놈이 날 줄 어찌 알았으랴. 저놈이 집안을 망하게 할 것이다"라고 말하고 다녔다. 훗날 집안을 망하게 한 것은 홍국영보다는 자신 쪽이었으니 입이 부끄럽게 되기는 하였다.

* 홍주원洪柱元이다. 선조의 딸인 정명공주貞明公主에게 장가들어 영안위永安尉가 되었다. 홍봉한, 홍인한 형제의 고조부로 홍국영도 홍주원의 후손이었다.

한번은 홍국영이 제 부친 홍낙춘洪樂春에게 벼슬을 주기 위해 홍봉한에게 청탁을 했다. 홍봉한은 정치 일선에서 물러나 있던 터라 아우 홍인한에게 편지를 보내 자리를 알아봐 주라 했다. 이에 홍인한은 "그런 미친놈한테 벼슬을 주라니 못하겠습니다"라고 답장했다. 홍낙춘은 정신이 좀 이상하다고 알려져 있었기 때문이다. 이 사실을 홍국영이 알고 홍인한에게 원한을 품게 되었다.*

　　홍국영이 춘방에 정7품 설서로 들어온 것은 홍대용보다 일 년 먼저였는데 워낙 영리하고 눈치가 빠른 인물이라 세손이 좋아하였다. 게다가 궁궐 밖 세상 이야기를 들려주는 그에게 세손은 더욱 혹할 수밖에 없었다. 궐 안에서 태어나고 자란 세손에게 궐 밖의 이야기가 재미없을 리 없었다. 세상에 떠도는 이야기로는 홍국영이 세손을 보호하는 일에 큰 공을 세웠다 하나 아무래도 그런 일이 실제로 있었을 것 같지는 않았다.

　　세간에 떠도는 이야기는 이러했다. 늙은 임금이 세손에게 "요즘 무슨 책을 읽느냐?" 하고 묻기에 세손은 별생각 없이 《통감강목》 4권을 읽고 있노라 대답했다. 그러자 임금이 안색이 변하면서 보던 책을 당장 가져오라고 호통을 쳤다. 《통감강목》 4권에는 전한前漢의 5대 황제인 문제文帝의 이야기가 나오는데 문제는 고조高祖의 넷째 아들로 측실側室 소생이었다. 천한 무수리에게서 태어난 늙은 임금은 '서출庶出'이니 '측실'이니 하는 말만 나오면 경기를 일으켰는데 세손이 그 대목을 읽고 있다 하니 가져오라 한 것이었다. 이때 홍국영이 혼자 춘방에 앉아 있다가, 사람이 와서 다짜고짜 《통감강목》 4권을 내놓으라 하니 눈치를 채고 그 대목에 종이를 붙여 보냈다고 한다. 임금이 그 책을 가져다 보니 그 대목이 종이로 가려져 있는지라 '과연 내 손자라

* 이상 홍국영에 관한 서술은 《한중록》의 기록에 따른 것이다.

며 오히려 기뻐했다. 위기를 넘긴 세손은 돌아와 홍국영의 손을 붙잡고 울면서 '다시 살게 해준 은혜는 반드시 갚겠다. 그대가 군사를 일으켜 대궐을 침범하지 않는 한 무슨 죄든 용서하리라' 했다. 꽤 그럴싸한 이야기였다.

실제로는 이런 일이 있을 수 없었다. 세손이 소대에서 《통감강목》을 다 읽은 것은 계사년(1773) 8월 27일이었다. 홍국영이 춘방에 들어간 것은 그 해 12월이었으므로 이때는 이미 《통감강목》 강독이 끝난 상태였다. 또한, 종이로 가리고 읽었으면 무슨 내용이 있는지 이미 알고 있다는 뜻이니 가리고 읽으나 그냥 읽으나 매한가지인데 그걸 보고 임금이 기뻐했다는 것은 설득력이 떨어진다. 게다가 '범궐만 하지 않으면' 따위의 말을 보위에 오를 세손이 했다는 것은 더더욱 말이 안 되는 이야기였다. 그렇긴 해도 이런 이야기가 세간에 떠도는 데는 다 그만한 이유가 있게 마련이었다. 적어도 이야기 속에서 드러나는 늙은 임금의 괴팍함, 홍국영의 눈치 빠름, 세손의 홍국영에 대한 과도한 총애 따위는 사실이었던 것이다.

웬만한 사람이라면 관심 있게 들을 만한 이야기였지만 홍대용은 그저 그런가 보다 할 뿐이었다. 정치나 관직, 명예 같은 것에 관심 끊은 지 오래였다. 그러나 그런 그도 귀 기울이지 않을 수 없는 대목이 있었다. 홍국영이 박지원에게 원한을 품고 있다는 이야기였다. 어쩌다 그리됐는지 아무도 설명해주지 않았고 홍대용도 묻지 않았지만 뻔히 짐작되는 것이 있었다.

박지원이 글 잘한다는 소문은 그의 젊은 시절부터 이미 자자하였다. 근래에는 그를 첫손가락에 꼽는 사람도 많아졌다. 그렇다 보니 박지원에게 자신의 글을 인정받고 싶어 하는 사람도 적지 않았다. 자신이 쓴 글을 들고

와 그에게 평가를 부탁하는 일도 비일비재하였다. 그 가운데는 볼만한 재주도 없지 않았다. 명문가 출신의 이서구李書九나 서자 출신인 박제가 같은 이들은 박지원의 칭찬을 넘어 자상한 지도까지 받고 있었다. 그는 소론이든 노론이든 따지지 않았고 양반이든 서얼이든 따지지 않았다.

그러나 그는 허위의식과 겉멋으로 가득 찬, 글 같지도 않은 글을 가져오는 이들에게는 참으로 냉정했다. 그 비평의 말이 칼날과 같아 사람을 베고 상처냄이 심했다. 그 비평 중에는 이런 것도 있었다.

시골 사람이 서울 사람인 척 모양을 내는데 하는 짓이 모두 시골스럽네. 비유하자면 술 취한 사람이 정색을 해봐야 취한 행동 아닌 것이 없으니 이걸 모르면 안 되지.[2]

보여준 글은 비유하자면 뼈대 없는 그림 같네. 색을 칠하되 짙고 엷은 차이가 있어야 어디가 눈이고 어디가 눈썹인지 구별하지.[3]

앞의 것은 글을 이리저리 꾸몄지만 여전히 촌스럽고 꾸민 티만 난다는 얘기일 테고 뒤의 것은 주절주절 늘어놓기만 해서 무슨 소리인지 당최 모르겠다는 얘기일 것이다. 이것이 정확한 평일지는 몰라도 이러한 평을 받은 당사자에게는 가혹한 것이 아닐 수 없었다. 홍대용이 말 좀 조심하라 그렇게 일렀는데 잘 참지 못하는 모양이었다.

홍국영으로 말하면 나서기 좋아하는 성품인데다가 호기로운 체까지 하여 천지 사방 아니 부딪치고 다니는 데가 없었다. 황경원黃景源이 대제학大提學으로 있을 때 다짜고짜 찾아가서는 "내가 장차 대제학이 될 사람이니 이번 과거에 꼭 합격시켜주시오" 했다가 쫓겨난 일이 있었는데 본인은 그 일로 원한을 품었다는 이야기가 떠돌 정도였다. 황경원은 당시 선배들 사이에서 첫손 꼽히던 문장가인데 그에게 과거 청탁이라니 어림도 없는 일이었다. 그런 사람이다 보니 홍국영이 박지원에게도 가지 않았을 리 없고, 가서 좋은 소리 들었을 리도 없었다.

홍국영이 세손의 총애를 받고 있고 박지원에게 원한을 품었다면 홍대용으로서도 상당한 주의를 기울여야 했다. 홍대용이 보기에도 홍국영과 정민시鄭民始는 세손에게 특별한 총애를 입고 있는 듯했다. 그런 그들을 공연히 자극하여 화의 싹을 키울 필요는 없었다. 그저 멀리하지도 가까이하지도 않는 것이 최선일 듯했다.

사실 따지고 보면 홍대용은 홍국영과 연줄이 닿아 있기는 했다. 홍대용의 동문 친우 가운데 홍낙순洪樂舜* 이란 사람이 있었다. 자字를 백능伯能이라 했는데 홍대용이 그를 위해 글을 지어준 적도 있었고, 그는 홍대용의 스승이자 5촌 고모부인 김원행의 사위이기도 했다. 그가 바로 홍국영의 7촌 아저씨였다. 혜경궁의 아버지인 홍봉한이 홍국영에게 10촌 할아버지인데도 그에게 벼슬자리 부탁하러 찾아갈 정도로 두꺼운 얼굴을 가진 홍국영으로서야 훨씬 가깝게 느낄 만한 촌수였다. 그래도 홍대용은 모른 체했지만 홍국영 쪽에서는 이미 그런 관계를 알고 있는지 홍대용에게 친근하게 굴고 있었다.

* 훗날 우의정을 지내는 홍국영의 큰아버지 홍낙순洪樂純과는 다른 인물이다. 《담헌서》에 실린 〈증홍백능설贈洪伯能說〉의 주인공으로 김원행의 둘째 사위다.

주강이 끝나고 얼마 지나지 않아 다시 소대를 행하였다. 겸문학*

文學(세자시강원의 정5품 버슬) 정민시, 겸사서 홍국영과 홍대용, 이렇게 셋

이 참여하였다. 《주서절요》 제7권 〈위원리**魏元履**에게 답한 편지〉를 강론하

였다. 홍대용이 마지막으로 참석한 소대 때 읽은 곳에서 50여 장쯤 지난 곳

이었다. 한 달 가까이 지나도록 겨우 그 정도 진도였으니 공부를 많이 빼먹

긴 하였다. 읽고 나서 춘방에서 문의를 다 아뢰었다. 홍대용의 차례였다.

홍대용 여기에서 이르기를, '《논어》를 보고 그 안에서 깊은 의미를 알 수

있게 되면 나머지 경전들은 확연하게 이해할 수 있다' 하였습니다. 《논어》

같으면 누구나 다 읽는 책이지만 《논어》를 읽고 나서 모든 경전을 확연하

게 이해할 수 있었다는 말은 듣지 못했습니다. 그러나 그만큼 익숙하게 읽

어야 한다는 뜻입니다. 책을 읽되 이와 같지 않으면 실로 유익함이 없습니

다. 어찌 《논어》뿐이겠습니까? 무릇 책을 읽는다면 반드시 이와 같은 연후

에야 참다운 독서라 할 수 있습니다.

세손 나 같은 사람은 《논어》를 읽었다고 말하기에 부족하다 하겠다. 갑자

기 《논어》에 있는 한 구절을 상고할 일이 있었는데 어느 편**篇**에 있는지 알

지 못하였으니 부끄러운 일이 아닌가? 계방은 기억하는가?

홍대용 신 또한 그 차례까지 기억하지는 못합니다. 나이 들고 경전에 익숙

한 선비들도 기억해내지 못하는 일이 많습니다. 대개 독서란 그 글의 의미

를 마음속에 잘 담는 것을 귀하게 여깁니다. 구절의 차례를 기억하지 못한

다고 해서 부끄럽게 여길 일이 아닙니다. 이 글에서 말하기를, '책을 읽으

면서 먼저 자기 견해부터 세우려는 마음을 갖는다면 생각이 이미 바깥으로 질주하는 것'이라 하였습니다. 대개 책을 저술하는 것은 본래 처음 배우는 자의 일이 아닙니다. 조금이라도 이런 마음이 있으면 '바깥으로 질주하는 것'을 면하지 못하니 또한 마땅히 독서에서 경계해야 할 점입니다.

홍대용은 세손이 자신의 견해를 세우고 책을 저술하려는 의지를 자주 내보이는 것이 못내 마땅치 않았던 듯, 세손의 묻는 말에 짧게 대답하고 자기 이야기를 계속했다. 그의 말이 듣기 싫었는지 세손은 말을 돌렸다.

세손 '장자방張子房이 유유자적하였으나 지략이 지나쳐 조금 속이는 면이 있었음'을 이야기하고 이어서 '제갈공명도 미치지 못한다'고 말한 것은 장자방에게 미안하지 않은가?

세손의 이 말은, 주자가 편지에서 자기 스승 연평延平 이동李소의 말을 인용하여 장량張良과 제갈량諸葛亮에 대해 '유유자적한 모습에서는 자방〔장량〕이 공명〔제갈량〕보다 낫고 정대함에서는 공명이 자방보다 낫다'고 논평한 것을 불만스럽게 여긴 것이다. 편지글 바로 앞부분에서 장량이 유유자적한 모습을 보였으나 지혜가 지나쳐 자신의 본심을 감추고 주변 사람을 속이는 면이 조금 있었다고 하고는 이내 제갈량이 장량만 못하다고 하면 제갈량이 너무 폄하되는 게 아닌가 여긴 것이다. 어찌 된 일인지 이즈음에는 제갈량에 대한 평가가 너무 높아져 그를 거의 신격화하고 있었는데 세손도 그런 모양이었다. 아마 이 시기에 나관중의《삼국지연의》가 유행한 때문이었을 것이다.

나관중의《삼국지연의》는 조선 초부터 들어와 있었지만 역사적 사실이 반도 되지 않는데다가 그나마 앞뒤를 뒤섞어놓고 과장도 심하여 읽는 사람이 많지 않았으며 읽어도 읽은 티를 내지 않는 게 보통이었다. 그러다가 왜란과 호란을 겪은 영향인지 슬슬 읽는 사람이 늘어나기 시작했다. 모르긴 해도 효종 이후 주자의 권위가 절대화되면서 그가《자치통감강목資治通鑑綱目》에서 내세운 촉한 정통론이 더 힘을 얻다 보니 이를 충실히 반영한《삼국지연의》를 읽는 것도 부끄럽지 않은 일이 되었던 듯하다.

늙은 임금도《삼국지연의》를 꽤 읽었는지 입만 떼면 '제갈공명 같은 신하가 없다'고 탄식하였다. 그럴 때마다 제갈량을 모시는 평안도 영유永柔의 와룡사臥龍祠와 경기도 남양南陽(오늘날 경기도 화성시 남양동 일대)의 용백사龍柏祠에서 제사를 지내게 했다. 홍대용은 이런 일들이 다 허망하다고 생각했다. '제갈공명 같은 신하가 없다고 타박한다던데 그러면 유비 같은 임금은 있단 말인가?'⁴ 하는 생각이었다.

제갈량이 세상에 짝이 없는 충신이요, 나아가서는 장수로서, 들어와서는 재상으로서 부족함이 없었던 인물임을 누구인들 모르랴. 그러나 홍대용의 생각처럼, 사실 유비 같은 군주가 없다면 제갈량 같은 신하도 있기 어려운 것이 아닐까? 유비가 제갈량을 얻은 뒤 늘 '물고기가 물을 얻었다' 했고 주변 사람들도 그것을 일러 '수어지교水魚之交'라 했다. 어찌나 물과 물고기 타령을 해댔던지 배알이 틀린 장비는 조조 군이 쳐들어오자 유비에게 "어째서 물더러 가서 막으라고 하지 않으시오?" 했다 하지 않던가? '수어지교'란 서로에게 의지하는 관계이니 유비 없는 제갈량은 그만큼 상상하기 어려운 것이다.

유비는 살아 있을 때 팥으로 메주를 쑨다 해도 제갈량의 말을 다 믿어주고 들어주었다. 죽음에 임해서는 아들들을 불러다 제갈량에게 절하게 하면서 그를 '아버지처럼 섬기라' 했다. 어느 신하인들 감격하지 않을 것인가? 여기서 유비는 제갈량을 더욱 확실히 묶어버렸다. 그는 제갈량을 가까이 불러 이렇게 말했다. "그대의 재주는 조비魏丕의 열 배는 되니 반드시 나라를 편안하게 하여 마침내 큰일을 결정지을 수 있을 것이다. 만약 내 아들이 도와줄 만하면 도와주되 재주가 아닐 것 같으면 그대가 황제가 되어도 좋다." 왕조 시대의 황제로서는 할 수 없는 말이요, 신하로서는 들을 수 없는 말이었다. 이날 이후로 제갈량은 노심초사하여 먹어도 맛을 모르고 잠을 자도 편하지 않았다. 끝내 적과 대치한 오장원五丈原의 진중에서 피를 토하고 죽을 때까지 잠시도 쉬지 못하였으니 임금에게 저런 말을 들은 충성스러운 신하의 길이 그러했다.

후세 사람들이 이를 두고 이러니저러니 말이 많았지만 분명한 것은 유비의 제갈량에 대한 신뢰가 절대적이었다는 점이다. 나중의 임금들이 유비의 탁고託孤(부모 잃은 아이를 돌보아주도록 부탁함)하던 일을 흉내 내었지만 아무도 그만한 효과를 내지 못하였다. 당장 위주魏主 조비만 하더라도 죽음에 임하여 사마의司馬懿 등을 불러놓고 저 산골 구석 나라의 임금과 신하가 이러저러했다면서 뒷일을 부탁하였으나 사마의는 오히려 스스로 나라를 빼앗는 길을 닦았다. 그러니 이 말은 유비 같은 덕이 없으면 할 수 없는 말이요, 제갈량 같은 충신이 아니면 들을 수도 없고 효과도 없는 말이었다. 신하들이 역적질하지 않을까, 신하의 권한이 너무 큰 것은 아닐까 노심초사하고 신하를 노예처럼 부리며 제 고집만 세우는 임금에게 제갈량 같은 신하는 있을 수 없는 것이다.

홍대용 장자방은 무슨 일이든 하려 할 즈음에 때를 기다리고 기회를 좇으면서 형적을 드러내지 않고 소리도 없었으니 '조용한 모습'이라고 말한 것입니다. 대개 기국과 역량이 깊고 두터워 제갈공명도 혹은 이에 미칠 수 없다고 하는 논의는 선배들도 많이 하였습니다.

세손 그나저나 '법어法語' 운운한 구절이 과연 어느 편에 있던고?

'처음 배우는 자'라느니 '책을 저술하려 하지 말라'느니 하는 홍대용의 말이 듣기 싫어 딴소리를 했건만 홍대용이 한마디도 제갈량을 편들어 말하지 않자 세손은 다시 딴청을 피웠다. 마음에 들지 않는 말을 들으면 늘 하는 버릇이었다. 마치 말을 듣지 않은 듯도 했고 딴생각을 하고 있었던 듯도 했다. 다들 기억나지 않는다고 답했다. 세손이 듣기 싫어한다는 것을 가장 먼저 눈치 챈 사람은 역시 홍국영이었다.

홍국영 시강원에 《논어》가 있으니 상고해내기 어렵지 않습니다.

세손이 기다렸다는 듯이 말을 받았다.

세손 계방이 나가서 상고해 오라.

죽이 척척 맞았다. 홍대용은 새해 마흔다섯으로 좌중에서 나이가 가장 많았다. 세손의 생부 사도세자보다도 많았다. 정민시보다는 열네 살, 홍국영보다는 열일곱 살이 많았다. 그 자리에서 벼슬이 가장 낮고 또 계방이라는 직책을 맡고 있다고는 해도 기분 좋은 일은 아니었으련만 그래도 홍대용은 조금도 싫은 기색을 보이지 않았다. 그는 자리에서 일어나 세자시강원으로 향했다.

세자시강원으로 가는 길에 홍대용의 머릿속에 스승과 나누었던 대화가 떠올랐다. 세손이 꺼낸 '법어' 이야기 때문이었다. 스승은 "바른말(법언法言)은 윗사람에게 말씀을 올리는 올바른 방법(정正)이고 은밀하게 돌려 말하는 것(미간微諫)은 어쩔 수 없어서 하는 편법(변變)이다. 군자라면 올바로 말하고 돌려 말하지 않는 것이다" 하면서 이내 "오늘날에는 미간도 볼 수 없다"고 한탄하였다. 홍대용 자신은 미간으로라도 따르게 하는 것이 중요하다 생각했지만 역시 법언이고 미간이고 쉽지 않은 일이었다.

홍대용이 《논어》를 찾아 가슴에 안고 세손이 기다리는 존현각으로 돌아갔다. 홍대용이 들어서자 갑자기 조용해졌다. 무슨 이야기인가 나누다가 중단한 듯하였다. 홍대용은 자기 자리로 돌아가 엎드린 채 고개를 조아리며 세손에게 아뢰었다.

홍대용 자한편子罕篇에 있습니다.

아뢰기 무섭게 다시 세손의 명령이 떨어졌다.

세손 다시 가서 《주자대전》도 가지고 오라.

홍대용은 하릴없이 다시 일어나 한 차례 더 수고를 해야 했다. 《주자대전》을 찾아서 다시 존현각으로 가 엎드렸다. 막 아뢰려 하자 세손이 홍대용의 말을 막고 다시 명했다.

세손 계방의 글 읽는 소리를 아직 듣지 못했으니 한번 읽으라.

세손은 자신이 찾던 '법어지언'이 나오는 《논어》 자한편을 읽으라 했다. 홍대용이 그 부분을 읽어 내려갔다. 이런 내용이었다. '공자께서 말씀하셨다. 바른말을 따르지 않을 수 있겠는가? 자신의 잘못을 고치는 것이 중요하다. 부드럽고 순한 말을 기뻐하지 않을 수 있겠는가? 그 실마리를 찾아가는 것이 중요하다. 기뻐하되 실마리를 찾지 않고 따르되 고치지 않는다면 나도 그를 어찌할 수 없다.'[6] 읽기를 마치자 세손이 홍대용에게 물었다.

세손 '손여巽與'란 무슨 뜻인가?

'손여'란 부드럽고 순하다는 뜻이다. 세손은 이미 오래전에 《논어》를 읽었으니 그 뜻을 몰라 묻는 것이 아니었다. 무엇인가 암시하려는 것 같았다. 홍대용이 답하였다.

홍대용 '손여'란 부드럽고 순하다는 뜻입니다. 군신君臣 간에 대화하는 것을 예로 들어 말할 것 같으면 '납약자유納約自牖'가 '손여'와 같은 것입니다.

홍대용의 답변이 걸작이었다. 하필이면 군신 간에 대화하는 것을 예로 들어 설명하였다. 신하가 임금에게 알기 쉬운 것부터 설명하여 차츰 깨닫도록 인도하는 것이 '손여'라는 것이었다. '납약자유'는 《주역周易》 감괘坎卦 육사六四 효사爻辭에 나오는 말이다. '납약'은 임금과 사귀는 도리를 말하고 '자유'는 밝고 툭 트인 것으로부터 해야 한다는 뜻이다. 그러므로 '납약자유'란 신하가 임금에게 바른말을 할 때 임금이 밝게 알고 있는 것에서 시작한다는 뜻이다. 그런 의미에서 부드럽고 순하게 말하여 권고한다는 말과 통한다. 물론 이것이 아첨, 아부가 되어서는 안 된다. 그 의미가 오묘하여 세손의 지금 처지에 딱 맞는 내용이었다.

세손 그러면 '손우여지遜于汝志'의 '손遜'과 뜻이 다른가?

점입가경이었다. '손우여지'는 《서경書經》에 나오는 말로 '너의 뜻을 겸손하게 가지라'라는 뜻이고 '손遜'은 겸손이라는 뜻이다. 좀 겸손해지면 안 되겠느냐는 물음이었다. 말 속에 뜻을 숨겨 주고받는 공방이 볼만했다.

홍대용 글자는 비록 다르나 뜻은 같습니다. 손巽과 손遜 두 글자 다 부드럽고 순하다는 뜻이며 아첨하거나 아양 떤다는 뜻은 아닙니다.

홍대용의 답변에 다시 꼬리가 붙었다. '손巽'이든 '손遜'이든 부드럽게 말하는 것이지만 윗사람의 뜻에 맞추는 아첨이나 아양과는 다르다는 답이었다. 세손은 결국 두 손을 들었다. 이것으로 이날의 소대를 마쳤다. 모두 자리에서 일어나 막 물러나려 하였다. 그때 세손이 홍대용을 불러 세우며 물었다.

세손　계방은 언제 또 나오는가?

홍대용　내일이 당번 바꾸는 날입니다. 오후에 교대합니다.

세손　다음 당번은 누군가?

홍대용　세마洗馬(세자익위사에 속한 정9품 벼슬) 임준호林濬浩입니다.

그러고는 그는 바로 자리에서 일어나 물러났다. 왜 그러시는지, 달리 하문하실 것이 있는지 따위를 세손에게 물을 만도 했건만 그런 말 일체 없이 답을 하고는 곧 자리에서 일어나 물러났다.

* * *

익위사로 돌아가는 길에 홍국영이 홍대용에게 여러 가지를 물었다. 아니나 다를까 홍대용의 친구 홍낙순 이야기로 시작한 그는 깍듯이 예의를 갖추며, 김종후金鍾厚와 김종수金鍾秀 형제 이야기며 송덕상宋德相 이야기며 많은 것을 물었다. 김종후야 홍대용의 오랜 사우師友이고 그의 동생인 김종수도 모를 수 없는 사이였다. 송덕상은 송시열의 후손이라 화양서원 재임을 맡았을 때부터 알았으나 별로 볼만한 점이 없는 인물이어서 그다지 가깝게 지내는 사이는 아니었다. 홍대용은 어물쩍 대답하고는 자리를 피했다.

김종후와 김종수 형제는 청풍淸風 김씨金氏로, 증조부 김구金構가 우의정을 지내고 종조부 김재로金在魯도 영의정을 지냈으며 당숙 김치인金致仁도 당대에 영의정까지 지낸, 3대에 걸쳐 정승을 배출한 노론의 중심 가문 출신이었다. 외가는 세손의 외가인 홍봉한 가문이었다. 두 형제의 어머니가 바로 홍봉한의 사촌 누이동생으로 홍봉한의 큰아버지인 홍석보洪錫輔의 딸이요 병조판서를 지낸 홍상한洪象漢의 친누이였다.

이들 청풍 김씨는 홍대용에게도 외가였다. 홍대용의 외사촌 형 김치택金致澤, 김치익金致益이 김종후·김종수 형제에게 9촌 아저씨였다.* 산림학자로 이름난 형 김종후는 홍대용보다 열 살이 많았다. 홍대용이 열아홉 살, 김종후가 스물아홉 살 되던 해에 도봉서원道峯書院에서 처음 만난 두 사람은 서로 애중히 여기는 사이가 되었다. 나이로 보면 김종후가 한참 위지만 항렬로 보면 오히려 홍대용이 높으니 서로 존대하는 사이였다. 몇 해 전 홍대용이 북경에서 한족 선비들과 사귄 이야기를 전해 들은 김종후는 몇 차례나 편지를 보내어 논박하며 홍대용을 괴롭혔지만 이즈음까지도 두 사람은 서로 편지를 주고받으며 지내고 있었다.**

동생인 김종수는 형과 달리 과거에 응시하여 급제한 이후 전도가 양양하였는데 세자시강원에 재직하던 시절에 세손에게 잘 보인 듯했다. 지금도 춘방에 있는 정민시, 세자빈객인 정존겸 등과 더불어 청류, 명류를 자처하였는데 청명淸明이란 외척이나 세도가가 아니라는 의미였다. 임진년(영조 48, 1772)에

---

* 김치익은金致益 혈통으로 보면 작은아버지가 되고 계보로 보면 당숙이 되는 김명로金鳴魯에게 양자로 갔다. 《담헌서》에 실린 〈김내형ㅇㅇ서〉의 수신자가 바로 김치익이다.

** 《담헌서》의 〈여인서 이수〉는 모두 김종후에게 보낸 편지이고 김종후의 문집인 《본암집》에도 관련 편지가 실려 있다. 홍대용이 부친상을 당한 지 몇 년 후까지도 서신 왕래가 있었다.

일어난 나삼難蔘 사건의 배후에도 이들이 있었다고 알려져 있었다. 나삼 사건
이란 병술년(영조 42, 1766)에 지금의 임금이 크게 아팠을 때 홍봉한과 왕비
김씨(정순왕후貞純王后)의 아버지 김한구金漢耈가 탕제에 들어가는 인삼을 두고
논란을 벌인 일과 관련 있었다. 당시 홍봉한이 임금이 마실 탕제에 질 나쁜 미
삼尾蔘을 쓰자 김한구가 어째서 질 좋은 나삼을 쓰지 않느냐며 다투었는데, 6
년이나 지난 후에 김한구의 아들 김귀주金龜柱가 이때 일을 다시 상소하면서
홍봉한을 공격하였다. 훗날 홍봉한의 계모가 아팠을 때는 그가 좋은 인삼을
썼을 뿐 아니라 그걸 자랑하기까지 했다는 사실도 덧붙였다. 임금은 이 일을
외척 간의 다툼으로 보아 발설자인 김귀주를 처벌하는 것으로 마무리 지었지
만 그 배후에는 김치인, 김종수 숙질 간의 작용이 있었다고 믿고 있었다. 만일
임금의 짐작이 사실이라면 김종수는 김귀주라는 척리와 연결하여 홍봉한이
라는 척리를 공격한 것이니 풍산 홍씨를 공격한다는 의미에서 '공홍攻洪'이라
고 말할 수 있을지는 몰라도 반척리라 말할 수는 없는 셈이었다.

1월 22일 홍대용은 이튿날 아침에도 서연에 입시해야 했다. 1월 22일 진시
였다. 어제와 같이 정민시, 홍국영과 함께였다. 세손은 이즈음《주
서절요》와《성학집요》를 병행하여 읽고 있었는데 이날 서연은《성학집요》
를 읽는 자리였다.

　《성학집요》는 홍대용에게도 특별한 의미가 있는 책이었다. 노론의 시조
격인 율곡 이이가 지은 책이라서 그런 것만은 아니었다. 홍대용은 중국에

서 사귄 친구 엄성^{嚴成}이 양명학에 기울어 있는 것을 보고 주자학이 올바른 학문임을 역설했는데, 귀국 후 그가 이 역만리의 이 친구에게 바리바리 싸서 보내준 책이 바로 《성학집요》였다.

《성학집요》 표지

홍국영이 형내장^{刑內章}을 읽었고 정민시가 글의 뜻을 대략 아뢰었다. 홍대용의 차례였다.

홍대용 글의 뜻은 달리 아뢸 만한 것이 없으나 망령되이 어리석은 의견이 있습니다. 이 책은 다른 책들과 체제가 달라 긴요한 내용이 부주^{附註}와 안설^{按說}에 많이 있습니다. 큰 글자만 읽고 주는 하나도 읽지 않으니 너무 소홀히 하는 것이 아닌지요?

홍대용이 심각한 표정으로 의외의 말을 하자 세손이 빙긋 웃었다. 홍대용은 책만 앞에 두면 진지해지는 것이 영락없는 책상물림이요, 선비요, 학자였다. 슬그머니 장난기가 오른 세손이 싸움을 붙였다.

세손 겸사서[홍국영]는 이미 큰 글자만 읽으면 된다고 하면서 읽었으니 반드시 그리 고집할 것이라 생각되지만 겸문학[정민시]은 어찌 생각하는가?

정민시 경전도 주설註說까지 다 읽지는 않습니다. 또 이 책의 주설은 다른 경전에서도 다 볼 수 있는 것이니 빠뜨려도 무방합니다.

아나나 다를까 정민시는 홍국영을 편들어 말하였다. 홍대용은 혀를 찼다. 도무지 말이 되지 않는 소리였다. 사실 홍대용이 부드럽게 말해서 그렇지 《성학집요》는 주설을 빼면 몇 글자 되지도 않는 책이었다. 큰 글자는 경전을 인용한 것이고 율곡 자신의 생각은 모두 '안설'에 적혀 있었다. 이것을 읽지 않으려면 대체 무엇 때문에 이 책을 읽는다는 말인가? 정민시의 말대로 다른 경전에 다 나오는 말이어서 안 읽어도 된다면 오히려 큰 글자를 읽지 말고 오직 율곡의 안설만 읽는 편이 옳았다. 외척 배격도 좋고 청명도 좋지만 어찌 저런 글 읽기가 있다는 말인가. 답답한 마음에 홍대용이 다시 입을 열었다.

홍대용 글자의 뜻을 설명한 주는 빠뜨려도 무방하나, 대부분 경전과 역사 책을 상세하고 광범위하게 인용한 것이어서 볼만한 것이 가장 많고 아뢸 만한 문의 또한 여기에 많이 있으니 이를 전혀 읽지 않는 것은 옳지 못한 듯합니다.

홍대용이 뜻밖에 정색을 하고 강경하게 고집하자 세손도 함부로 하지 못했다.

세손 근래에 전하를 모시는 일이 바빠 매번 서연을 열어도 중도에 끝날까 봐 걱정스러운 까닭에 부득이 빠뜨린 것이지 즐겨 그런 것은 아니다.

홍대용 갑자기 끝나는 것이 걱정이시라면 나누어 읽게 하고 마음을 기울여 듣는 것이 전부 읽지 않는 것보다 나을 것입니다.

세손 상세히 해석해 읽을 때는 나누어 읽는 것이 옳겠다. 또 서연 중에 읽지 못했더라도 돌아가서 여가가 생기면 마땅히 자세히 볼 것이다.

세손의 기색을 살핀 홍국영이 재빨리 나섰다.

홍국영 그것은 전혀 그렇지 않습니다. 서연에서도 읽는 것을 옳게 여기지 않으신 저하께서, 돌아가신다 한들 어찌 자세히 읽으시겠습니까?

홍국영의 말은 지나치게 무례한 것이었다. 신하가 보위를 이을 세손에게 하는 말이라고 보기 어려웠다. 친구 사이의 대화로 바꾸자면 "집에 돌아가 읽겠네"라는 말에 "여기서 안 읽는 사람이 집에 돌아간들 읽겠는가?"라고 대꾸한 것이니, 친구 사이라 해도 아주 허물없는 사이가 아니면 하기 힘든 말이었다.

그의 말에 세손은 큰 소리로 웃었다. 주변 사람들 모두가 섬겨 받드는 세손인지라 홍국영이 아니면 저런 말을 들을 데가 없으므로 오히려 통쾌하게 여기는 듯도 하였다.

세손 내가 어찌 보지 않을 거면서 겉으로만 빈말을 하겠는가? 나는 일찍이 빈말로 겸사서를 속인 적이 없는데 그는 항상 나의 말을 이토록 믿지 않으니 어찌 민망하지 않겠는가? 계방은 겸사서의 말을 어떻게 생각하는가?

세손은 버릇없는 홍국영의 말투가 어떠한지, 늘 엄격한 홍대용에게 물었다. 홍대용은 홍국영의 말이 신하로서 예의를 잃은 말이기는 하나 내용은 나쁘지 않다고 생각했다. 평소에 책 읽기를 좋아해야 하고 서연을 끝내고 돌아가서도 나태해지지 말고 책을 읽어야 한다는 의미라 여겼다.

홍대용 그의 말은 참으로 망령스러운 데 가깝습니다. 비록 그러하나 받아들이실 것을 우러러 믿고 감히 그처럼 말한 것이니 이 또한 성세聖世(어진 임금이 다스리는 살기 좋은 세상)의 일입니다. 좋은 일 아니겠습니까?

홍대용이 막 대답을 마쳤을 때 내관이 세손 곁에 다가가 무어라 속삭였다. 대조大朝께서 찾아 계신다는 말 같았다. 세손은 마음이 다급해졌는지 바삐 마무리 지었다.

세손 지금도 또한 갑자기 끝내게 되어 매우 부족하다 여겨지나 계방이 아뢴 말은 매우 좋았다.

그렇게 말하는 세손의 얼굴에 미소가 번졌다. 홍국영의 무례를 책망하면서도 한편으로는 감싸는 태도가 마음에 든 모양이었다. 말을 마친 후 세손은 급히 대전大殿을 향했고 홍대용 등도 자리에서 일어났다. 세마 임준호와 당번을 교대할 차례였으나 개인적인 사정이 있다고 했다. 익위 심염조와 부수副率 윤광부尹光孚가 임준호 대신 번갈아 서연에 들어가기로 하고 홍대용은 당번에서 벗어났다.

* * *

문제는 홍국영이었다. 서연 자리에서 그가 한 말은 과연 크게 예의를 잃은 말이었다. 듣던 대로 세손과 홍국영의 관계는 특수한 듯하였다. 그러나 생사여탈권을 쥔 임금의 총애라는 것이 얼마나 위태롭고 무서운 것인지, 권력이라는 것이 얼마나 비정한 것인지 그는 모르는 듯했다.

홍국영은 눈치가 빠르고 말과 행동도 재빨랐지만 그만큼 가벼웠다. 게다가 사납기까지 했다. 학문도 볼만한 것이 없었다. 세손을 처음 만난 것이 임진년(영조 48, 1772) 9월 26일이고 그때부터 세손의 총애가 남달랐다고 홍국영이 늘 자랑삼아 떠들고 다녔으니 그 말대로라면 2년 남짓한 기간 동안의 사귐이었다. 그다지 길지 않은 사귐치고는 총애가 지나쳐 보였다. 그러므로 이상한 것은 오히려 세손 쪽이었다.

대궐에 갇혀 지내는 세손으로서는 입 가벼운 홍국영이 낱낱이 전해주는 세간의 이야기가 재미있어 혹한 것인지도 몰랐다. 아니면 홍봉한, 홍인한 등에 대한 홍국영의 원한과 복수심이 마음에 든 것일 수도 있었다. 또한 노론, 소론 따지지 않는 그의 태도가 마음에 들었을 수도 있었고, 그도 아니라면 세손이 시키는 일이면 무엇이든 해낼 막무가내 충성심이 마음에 들었을 수도 있었다. 어쩌면 모두 다일 수도 있었다.

1 《진강책자차제進講冊子次第》(奎 5717).
2 《연암집》 권 5, 〈여모與某〉.
3 《연암집》 권 5, 〈답군수答君受〉.
4 《담헌서》 내집 권 3, 보유, 《보령소년사保寧少年事》.
5 《담헌서》 내집 권 1, 〈미상기문〉.
6 《논어》, 자한편子罕篇.
7 《서전書傳》, 상서商書, 태갑太甲 하下.
8 김종후, 《본암집本庵集》 권 4, 서書, 〈여홍덕보與洪德保 己丑〉.

처남 두광국을 기용하지 않았던
한문제 초상

척리가 국가에 해가 됨은 예로부터 모두 그러하였다.
척리라면 비록 두광국같이 현명한 자라 하더라도 조정의 정사에 참여하지 못하게 하는 것인데
하물며 서로 공격하여 국가에 화를 끼친 자들이겠는가.
— 정조

척리와 사대부
친해야 할 사람을 친하게 여긴다

1월 29일 진시에 《성학집요》 친친장親親章을 가지고 서연에 입시하였다.* 겸 필선兼弼善 오재소吳載紹와 겸사서 홍국영이 읽었고, 오재소가 문의 를 대강 아뢰었다.

《성학집요》 친친장을 읽었다. 친친장은 지난번에 읽은 형내장의 다음다 음 순서로 홍대용이 당번에서 빠진 이레 동안, 넉 장도 채 안 되는 분량의 교 자장教子章 하나를 겨우 읽은 모양이었다. 그래도 홍대용의 아룀이 받아들여 졌는지, 여러 경전과 역사책을 인용하여 부연 설명한 부주와 율곡 자신의 의 견을 덧붙인 안설까지 모두 읽고 있었다. 율곡의 말이 옳은데다 명색이 서연 이니 더 많이 읽자는 홍대용의 의견이 거부되기는 어려웠을 터였다.

친친장은 마땅히 친하게 해야 할 사람들, 즉 부모, 형제, 일가붙이들을 어 떻게 대해야 하는지 논한 부분이었다. 오재소가 문의를 아뢰었고 홍국영이 뒤를 이었다. 홍국영은 율곡이 안설에서 개인적 관계(사私)에 치우쳐서 지 나치게 후함과 예사롭게 대하여 친절하지 못함이 모두 잘못된 것이니 중용 을 취해야 한다고 말한 것에 대해 아뢰었다.

홍국영 여기에서 이르기를 '사私'에 치우쳐서 지나치게 후함'과 '예사롭게

---

*《계방일기》에는 1월 29일의 일로 되어 있으나 《일 성록》에는 1월 30일로 되어 있다. 이즈음부터 홍대 용의 일기가 빠져 있는 날이 많아진다. 《일성록》에 는 2월 1일에도 홍대용이 참석한 서연이 있었던 것 으로 되어 있으나 《계방일기》에는 관련 내용이 없 다. 《일성록》 쪽의 날짜가 맞을 것으로 생각되지만 여기서는 《계방일기》의 날짜를 그대로 사용한다.

대하여 친절하지 못함'이 마찬가지의 병통이라 하였는데, 신의 생각으로는 지나치게 후한 것이 친절하지 못한 것보다 병통이 더 심할 것 같습니다.

홍대용 우러러 아뢸 만한 것이 별로 없습니다. 홍사서가 아뢴 말도 의미가 있기는 하나 신의 생각에는 '친해야 할 사람을 친하게 여긴다(친친親親)'는 말의 의미는 후함을 염려하는 것이 아니라 박함을 염려하는 것이니 두 병통의 경중을 논할 필요는 없는 것입니다.

홍국영의 말은 척리를 경계하여 한 말이었다. 친척에 대하여 지나치게 후한 것보다는 차라리 못 본 척하는 것이 낫다는 말이었다. 이 역시 세손의 뜻이 척리 제거에 있으므로 거기에 맞추는 말이었다. 홍대용도 홍국영이 말한 뜻을 알아들었지만 그는 그저 《성학집요》의 본뜻에만 충실했다. 그다운 말이었다. 지나치게 후한 것이나 박한 것이나 다 같이 잘못된 것이요 우열을 논할 필요가 없다는 것이었다. 세손이 말을 받았다.

세손 계방의 말은 매우 완벽하게 갖추어진 말이로다. 그런데 여기서 '친친'이란 이성지친異姓之親도 아울러 말한 것인가?

세손의 질문은 너무 의도가 빤한 것이었다. 친족에 대해서는 '후하게 해야 한다'는 홍대용의 말에 동의하나 '이성지친'도 '친친'에 해당하느냐는 물음이었다. '이성지친'이란 성姓이 다른 친척이니 곧 외가 아니면 처가이다.

'친친'에 이성지친이 포함되는 것은 당연한데도 세손이 이와 같이 물은 것은 몰라서가 아니라 자신이 친족과 '이성지친'을 달리 생각하고 있음을 드러내기 위해서였다. 스물네 살의 젊은이답지 않은 영악스러움이었다. 홍대용은 정치적인 문제이고 워낙 당연한 문제여서 입을 다물었다. 그러자 오재소가 나섰다.

오재소 그렇습니다. '이성지친'도 아울러 말한 것입니다.

세손 한漢의 문제文帝가 두광국寶廣國을 쓰지 않은 것을 옳지 않게 여긴 호안국胡安國, 1074~1138의 주장을 나는 전부터 의심스럽게 여겼다. 만일 두광국이 대단한 현인이어서 천하의 안위가 그에게 달렸다면 그를 쓰는 것이 당연하다 하겠지만 그의 재주와 덕이 조금 나은 정도일 뿐이라면 차라리 그를 버려둠으로써 외척의 폐단이나 막는 것이 또한 옳지 않겠는가? 후세의 불초한 임금이 외척에게 정사를 위임하면서 호안국의 주장을 구실로 삼을 수 있지 않겠는가? 계방은 호안국의 주장을 어찌 생각하는가?

홍대용이 대답을 회피하는 듯하자 세손은 굳이 그를 지목하여 물었다. 홍대용은 어쩔 수 없이 자신의 생각을 말하지 않을 수 없었다.

홍대용 호안국의 주장을 신도 역시 의심스럽게 여겼습니다. 과연 예교와 같습니다. 군자로서 주장을 세울 때에는 후세에 전해도 폐단이 없는 주장이라야 귀하게 여기는 것입니다. 한漢 이래로 외척의 폐단은 한이 없었습니다. 그런데도 호안국의 주장이 이와 같으니 참으로 알 수 없는 일입니다. 대공지정大公至正하지 못할 바에야 한문제漢文帝처럼 혐의를 피하여 외척을 쓰지 않는 편이 잘못을 조금이라도 덜 저지를 수 있는 길입니다.

한나라 문제文帝가 처남인 두광국을 승상으로 삼고 싶었으나 사사로운 정에 치우친다는 소리를 들을까 봐 쓰지 않은 일을 두고 하는 말이었다. 세손은 '이성지친'에 대해서는 후하고 박하고의 문제가 아니라 척리를 쓰고 쓰지 않고의 문제로 바꾸어 물었다. 홍대용의 대답 역시 기대에서 어긋나지 않았다. 정치에서 척리를 배제하는 것은 예나 지금이나 유학자들의 공통된 목표인지라 홍대용 아니라 누구라도 저렇게 답할 것이었다. 세손은 이 논리를 훗날 척리 제거의 기본 논리로 활용할 생각이었다.*

이어 《성학집요》에서 인용한 《시경詩經》 소아편小雅篇 상체장常棣章의 육의 六義에 대하여 논하였다. 육의란 시를 묘사 방식에 따라 홍체興體, 부체賦體, 비체比體 셋으로 나누고 또 내용에 따라 풍風, 아雅, 송頌 셋으로 나누는 것이니 이를 합쳐 육의라 하였다. 홍체란 먼저 다른 사물에 대해 말하고 그로부터 읊고자 하는 어떤 마음을 불러일으키는 방식, 부체란 어떤 일을 있는 그대로 말하는 방식, 비체란 이 사물로써 다른 사물을 비유하는 방식을 말한다. 이런저런 방식을 모두 섞어 쓰기도 하니 그 구분이 분명치 않은 시도 많았다. 또 풍風이란 민간에서 부르는 민요, 아雅는 궁중이나 귀족의 잔치에서 쓰는 음악, 송頌은 종묘에서 제사 지낼 때 쓰는 음악이었다.

세손의 명에 따라 홍대용이 상체장을 읽고 육의며 지은이에 대하여 토론하

---

* 세손의 이 논리는 즉위 후 척리 배척의 기본 논리가
되었다. 《정조실록》 권 2, 즉위년(1776) 9월 12일.

였다. 이것으로 서연을 마쳤으나 세손은 세 사람을 나가지 못하게 붙잡았다.

　세손　대조께서 곧 향실(나라의 제사에 쓰는 향과 축문祝文에 관한 일을 맡아보던 곳)로 나오시는데 지영(임금을 공경하여 맞음)할 때에 혹 부복할 일이 있으면 내가 당장 나가야 되기 때문에 지금 여기에 앉아 기다려야 하니 물러가지들 말고 책도 보고 이야기도 하다가 나가는 것이 좋겠다.

　근래에 들어와서는 늘 이런 식이었다. 세손이 늙은 임금 곁에 있는 시간이 많아졌고, 움직이는 일이 많은 행사에서는 세손이 임금을 대신하는 일도 많아졌다. 그런 일이 반복될수록 세손의 지위는 튼튼해졌지만 그 대신에 어정쩡하게 있는 시간이 늘어났고, 그럴 때면 언제 부름이 있을지 몰라 세손을 모시는 궁료들의 마음은 불안하였다. 세손은 한 권의 책자를 꺼내 세 사람에게 보였다. 표지에 《강연법어講筵法語》라 적혀 있는 책자였다.[*]

　세손　여러 궁료들이 강연講筵에서 좋은 이야기들을 많이 하였다. 그 말들이 다 묻혀버리는 것이 안타까워 내가 이처럼 초기(필요한 부분을 뽑아 적음)하였다. 필선이 읽고 계방도 같이 보라.

　세손의 명에 따라 오재소가 세손이 지은 〈소서小序〉를 읽었다. 다 읽자 세손은 홍대용에게 이 책에 대해 어떻게 생각하는지, 이렇게 기록을 해도 좋은 것인지 거듭 물었다. 지난번에 홍대용이 '책을 저술하는 일은 처음 배우

> [*] 규장각 소장의 《현각법어賢閣法語》(奎 6836)가 곧
> 이 책인 것으로 보인다. 훗날 서유신, 박상갑 등을 제
> 거할 때 이 책에 적어둔 말이 근거가 되었다.

는 사람의 일이 아니라'고 아뢴 까닭이었다. 홍대용은 세손의 뜻을 알아챘다. 이 책은 주고받은 대화를 기록한 것이어서 저서라 할 수도 없었다. 홍대용이 아뢰었다.

홍대용 신이 매우 참람스러움을 알지만 이처럼 하문하시니 느낀 바를 어찌 감히 바로 아뢰지 않을 수 있겠습니까? 신은 서연과 소대가 모두 정지될 때마다 망령스럽게도 '지금 저하께서 혹시 즐겁고 편안함에 익숙해지신 것은 아닐까? 이런저런 물건을 가지고 즐기고 계시지는 않을까?' 하여 실로 지나치게 걱정해 마지아니하였습니다. 그런데 쉬시는 가운데에도 이런 일들에 마음을 두시니 어찌 천만다행한 일이 아니겠습니까? 또한 저하께서는 궁료들의 좋은 말을 연석筵席에서 잘 받아들이시고 다시 이를 모아 글로 적으시니, 가만히 생각건대 붓을 잡아 이를 기록하실 적에 연석에서 수작酬酢할 때와 같은 마음가짐이었을 것입니다. '귀에 거슬리지 않는 말은 궁구해보는 것이 귀하다'라는 성인의 말씀 그대로입니다.

홍대용의 대답에 마음이 흐뭇해졌던지 세손은 책의 다음 부분을 스스로 읽어 내려갔다. 박성원朴聖源, 이보관李普觀 등이 춘방에 있을 때 아뢴 말 십여 장을 읽었다. 이어 오재소가 홍국영이 설서로 있을 때 아뢴 말을 읽었다. 이어 홍국영도 읽고 홍대용도 읽었다. 다 읽은 뒤 세손은 홍국영이 좋은 말을 가장 많이 했다고 칭찬하였다. 그러자 오재소도 장단을 맞추어 '위징魏徵이라 하더라도 이보다 더할 수는 없을 것'이라고 하였다. 홍국영을 위징에 비하다니 가당치 않았지만 뭐라 말할 분위기도 아니어서 홍대용은 그저 침묵했다. 그러자 세손이 홍대용에게 굳이 다시 물었다.

세손　그[홍국영]의 말 중에는 나에게 박절한 것도 많고 애매한 것도 많지만 기록하지 않으면 허물을 가리는 데 가까운 까닭에 남김없이 다 기록하였다. 계방은 어찌 생각하는가?

홍대용　아뢴 것이 모두 격언이라 할 만합니다. 이미 잘 받아들이시고 또 이처럼 기록하셨으니 매우 뜻깊은 일입니다. 다만 이런 일들은 말로 그치기 쉬운데, 저하께서 정성껏 받아들이시고 또 잘못을 고쳐나가신다면 어찌 신민의 복이 아니겠습니까?

세손　계방의 말이 매우 좋다.

홍대용　궁료로서 말을 아뢰는 도리는 마땅히 먼저 자기 자신부터 다스린 이후에 임금께 책난責難하는 것입니다. 윗분이 말을 받아들이는 도리는 말한 사람의 됨됨이를 묻지 않고 다만 그 말의 좋은 점만 받아들이는 것입니다.

어찌 된 일인지 세손은 지난번부터 계속해서 홍대용에게 홍국영을 어찌 생각하는지 묻고 있었다. 그래도 홍대용은 여전히 원칙론을 말하고 있었다. 아랫사람이 윗사람에게 말을 아뢸 때는 자기 자신의 행실부터 잘 가다듬은 다음에 아뢰는 것이 옳지만 윗사람의 입장에서는 아랫사람의 행실이 잘못되었거나 사람됨이 마땅치 않더라도 그의 말이 옳으면 받아들여야 한다는 것이었다. 옳은 말은 옳은 말이요 행실은 별개라는 뜻이니, 그의 말에는 은근히 홍국영의 행실에 바르지 못한 점이 있음을 지적하는 의미도 없지 않았다.

초기한 책을 계속 읽어가다가, 홍국영이 세손에게 《요산당기堯山堂記》를 읽지 말라 간했던 대목에 이르렀다. 이때 홍국영이 불쑥 나섰다.

홍국영 신이 보니 《요산당기》를 아직도 오른편에 두고 계시니 잘 받아들 이신 것이 무엇입니까?

홍국영은 세손의 자리 오른편에 쌓아둔 몇 권의 책 속에 《요산당기》가 있음을 눈여겨보아 두었다가 이렇게 말하는 것이었다. 언뜻 들으면 세손을 질책하는 말 같지만, 홍국영은 저처럼 비꼬듯이 말함으로써 이를 가벼운 이 야기로 만들고 있었다. 더욱이 그가 세손의 왼편, 오른편을 꼼꼼히 살피고 있다는 뜻도 전달되었다. 결코 거슬리는 소리가 아니었다. 아니나 다를까 세손은 크게 웃었다.

세손 비록 자리 오른편에 두었지만 다시 유의留意하지 않는데 무엇이 해롭 겠는가?

홍대용 무릇 신하는 일이나 사물에 따라 간하지 않을 수 없습니다만 그 요 점은 임금의 마음을 바로잡는 데 있습니다. 임금이 간하는 말을 용납하는 것은 말과 모습에 나타나야 하지만 그 요점은 진실로 절실히 깨닫는 데 있 습니다. 이와 같지 않고 다만 허례와 글에 그칠 뿐이라면 결국 유익함이 없는 것입니다.

홍대용의 말은 뜻으로 보면 홍국영의 말을 부연한 것에 불과했다. '간하는 말을 받아들였다면 행동으로도 고친 것이 드러나야 하지 않느냐'는 홍국영의 말에, 요점은 절실한 깨달음에 있다고 부연하였을 뿐이다. 그런데도 받아들이는 입장에서는 압박감이 전혀 달랐다. 한쪽은 행동도 가볍고 말도 가벼웠다. 또 한쪽은 행동도 진중하고 말도 정론이었다. 세손은 홍국영의 말투가 '박절하다'며 원통해했지만 그야말로 말뿐이었다.

당장 《요산당기》의 일만 해도 그러하였다. 《요산당기》는 명明의 장일규張一葵가 중국 역대의 시詩와 그와 관련된 이야기들을 모아 편찬한 책인데 부정확한 내용이 많았다. 그래서 보는 사람이 있기는 해도 그저 소일거리 정도일 뿐이었다. 이를 읽지 말라 권한 홍국영의 말은 옳지만 가벼웠기 때문에 세손은 그 말을 가볍게 여기고 여전히 그 책을 가까이 두게 되었다. 그리고 그 때문에 다시 그에게 지적을 받아도 '마음 두지 않는데 무슨 큰 상관 있으랴' 하고 또다시 가볍게 받아들이게 된 것이었다.

이날의 서연은 홍대용이, 말하는 사람의 행실에 관계없이 말이 옳으면 받아들이고 또 그에 따라 자신을 바로잡으라고 재차 권하는 것으로 마무리되었다. 그때까지도 세손은 여전히 홍국영의 말투가 '박절하다'며 홍대용에게 하소연하여 마지않았으나 그야말로 말뿐이었다.

* * *

이날의 서연에서 세손은 척리를 정치에서 배제하려는 확고한 의지를 보였다. 사실 척리는 골치 아픈 존재였다. 임금이 왕권을 유지 또는 강화하기 위해서는 믿을 수 있는 신하가 필요했고 가장 믿을 수 있는 것은 아무래도 친인척이었다. 종친은 관직을 맡을 수 없었으니 결국 임금의 외가나 처가와 같은 외척이 곧 척리였다. 믿을 수 있다 해서 이들에게 권력을 위임하는 것은 유교의 정치 원리에 어긋나는 일이었다. 천하는 공공의 것이고 어질고 덕 있는 자가 다스려야 한다는 것이 유교 정치의 기본 이념이었다. 믿을 수 있다 해서 이들에게 권력을 주는 것은 임금이 국가와 관직을 개인의 것으로 여기는 것과 다르지 않았다. 세손의 말대로, 척리라 하더라도 덕이 있고 능력이 출중한 자라면 등용하여 권력을 위임한들 문제 될 것 없겠지만 그저 보통의 인품과 재주를 갖춘 자라면 차라리 버려둠으로써 척리를 등용한다는 혐의나 피하는 것이 옳았다. 척리에 대한 세손의 말은 정론이었다.

치열한 다툼에 묻혀 잘 드러나지는 않았지만 붕당 간의 대립에서도 척리는 은밀히 작용하고 있었다. 150여 년 전 인조반정仁祖反正으로 권력을 잡게 된 서인 중 반정공신反正功臣들이 자기들끼리 '숭용산림崇用山林 물실국혼勿失國婚'의 여덟 글자를 잊지 말자 언약했다는 이야기가 전해진다.[2] 산림의 선비들을 우대하고 왕실과의 혼인 관계를 놓치지 말라는 뜻이었다. 권력이 무엇인지를 잘 보여주는 말이었다. 산림의 선비들을 우대함으로써 명분과 정당성을 확보하고 왕실과의 혼인 관계를 유지함으로써 실제적 권력과 상징성을 장악하라는 의미였다. 이들이 보기에는 산림의 선비들도 왕실과의 결혼도 모두 권력을 유지하기 위한 수단이었다.

서인이니 남인이니 나뉘어 다툴 때에도 그 뒤에는 저들 척리들이 있었다. 숙종 때의 여러 차례 환국換局에서 서인과 남인이 번갈아 정권을 잡았지만 남인을 끌어들여 서인을 칠 때에도, 다시 서인을 끌어들여 남인을 몰아낼 때에도 막후에서 움직인 것은 숙종의 외가인 청풍 김씨 김석주金錫冑, 1634~1684였다. 그는 이미 80세가 넘어 그냥 두어도 얼마 못 살 송시열에게 굳이 사약을 내리게 하여 그 자신이 서인이면서도 남인 정권을 세우게 하였고, 별로 가능할 것 같지도 않은 역모를 꾸며 남인을 일망타진하고 다시 서인 정권을 세우는 데도 핵심적인 역할을 하였다. 이 과정에서 수많은 사람이 죽어 나갔다. 이로부터 서인과 남인은 서로 살부지수殺父之讐가 되어 화해할 수 없는 지경으로 빠져들고 말았다. 또한 서인이 노론과 소론으로 갈라서는 데에도 그의 역할이 적지 않았다.

지금의 임금이 즉위하여 탕평을 표방한 후에도 척리의 발호가 전혀 줄어들지 않았다. 오히려 척리가 득세했다. 어쩌면 탕평의 당연한 결과인지도 몰랐다. 탕평책은 의리와 시비를 억누른 것이기에 관직에 나온 자들도 의리와 시비보다는 부귀와 명예를 위해 나온 것이었다. 그렇다 보니 임금은 신하들이 마음속으로 어떤 불만을 가지고 있는지 몰라 불안할 수밖에 없었다. 그렇다면 역시 믿을 수 있는 것은 척리였다. 특히 이즈음에는 사도세자의 처가인 풍양 홍씨와 임금의 새로운 처가인 경주 김씨가 북당이니 남당이니 하며 세력을 겨루고 있었다. 몇 해 전의 나삼 사건도 바로 이 두 척리 가문의 대립이었다. 이날의 서연에서도 이야기되었듯이 중국의 여러 왕조에서도 역시 척리의 폐해가 적지 않았다. 이렇게 보면 권력의 정점에 있는 임금이 얼마나 믿을 수 있는 척리를 원하게 되는지, 그것이 얼마나 뿌리치기 어려운 유혹인지 알고도 남음이 있었다.

세손은 이러한 유혹을 끊어내려 하였다. 척리 대신 의리를 밝히고 사대부를 등용하여 유교 정치의 이상에 접근하려는 것 같았다. 그 때문에 학문적 능력과 기개 있는 사대부들의 사기를 진작하려는 의도를 자주 보였다.

언젠가 이런 일이 있었다. 춘방의 한 관원이 오래도록 승진하지 못하고 나이만 먹어가는 것을 보고 세손이, "관료가 된 지 20년이 넘도록 임금께서 아직 그대의 이름도 알지 못하니 어찌 벼슬하기를 이토록 어렵게 여기는가?" 하였다. 이에 대한 그 궁료의 대답이 걸작이었다.

"신은 사실 형벌이나 몽둥이를 두려워합니다."

벼슬이 높아지면 형벌이 몸에 이르게 될 가능성이 커지니 그저 작은 벼슬로 만족하겠다는 이야기였다. 그리 사는 법도 있었다. '가늘고 길게'가 그의 목표인 듯했다. 그 궁료의 대답이 너무 솔직한 탓에 세손은 한참 동안이나 말이 없다가 마침내, "사대부는 마땅히 형벌과 몽둥이로 꺾을 수 없어야 한다"라고 하였다. 사대부의 꿋꿋한 기개를 강조한 말이었다.

척리가 활개를 치면서 사대부의 꿋꿋한 기개를 보기 어려워진 것이 사실이었다. 척리의 권세가 커지다 보니 그들에게 기대어 사는, 각 궁에 딸린 심부름하는 자들도 덩달아 위세를 부렸다. 예전에는 대전별감大殿別監 같은 별감 자리도 승정원에서 임용하고 승진시키고 하였으므로 이들이 관료들의 눈치를 보았다. 그러다가 언제부터인가 각 궁에서 편리한 대로 임명하게 되자 이들은 척리의 하수인이 되었다. 예를 들어 임금의 후궁 아무개의 시중을 들고 심부름하는 인원은 후궁이 직접 임금께 아뢰어 임명하였는데 대개 후궁의 본가에 끈이 닿는 자들이었다. 비밀스러운 일도 있는지라 그럴 수밖에 없었다. 그중 세도 당당한 척리와 친한 자는 웬만한 직위의 관료도 우습게 알았고 지위 낮은 관료에게는 행패 부리는 일도 없지 않았다.

세손은 그런 점에도 마음을 쓰고 있는 것 같았다. 어느 날부터인가 동궁의 하예下隸들이 춘방과 계방의 관원을 보면 납작 엎드리며 쩔쩔매는 품이 아마도 세손의 엄한 분부가 있었던 듯하였다. 아니나 다를까 세손은 강관講官들에게, "학사學士가 어찌 심부름하는 자들(액례掖隸)을 두려워하겠는가? 그대들은 절대 두려워하지 말고 한 번이라도 교만하고 사납게 굴거든 꾸짖는 것이 옳다"라고 하였다. 선비들을 우대하여 기운을 북돋아주고 이들에게 의지하여 정국을 운영해가려는 의지의 표현이었다.

2월 들어 서유신이 승지로 나갔고 정민시는 충청도 여러 고을의 재정 상태를 점검하러 떠나 춘방에서는 이진형李鎭衡, 1723~1781과 홍국영이 주로 서연을 담당하고 있었다. 이진형은 꼿꼿한 선비였으나 홍국영은 자주 샛길로 빠지는 성격인데다 임금이 세손을 언제 부를지 모르는 상태인지라 간혹 열리는 서연마저도 잡담이 많아지고 있었다.

1 《논어》, 자한편.
2 이건창李建昌, 《당의통략黨議通略》.

한고조 유방의 초상

한고조의 역량에다 학문을 더한다면 요순과 같지 않을지 어찌 알겠는가?

— 정조

군사의 길
임금이자 스승이 되기 위해

　　공조참의로 있던 홍대용의 당숙 홍자가 한성부 우윤으로 자리를 옮겼다. 참의는 정3품직이요 우윤은 종2품직이니 승진인 셈이었다. 을미년(1775) 2월 10일에 홍인한이 영의정 신회를 부추겨 우윤으로 있던 홍지해洪趾海에게 정2품 자헌대부資憲大夫 품계를 주게 한 덕에 우윤 자리가 비었기 때문이었다.* 이때 홍자의 나이 일흔이었으니 나이 대우도 좀 받은 듯하고 제주에 유배되어 비명에 죽은 은신군의 처조부라는 덕도 좀 본 것 같다.

　　알다가도 모를 것은 홍지해였다. 4년 전에 죽은 그의 아비 홍계희는 탐욕스럽고, 권력 쥔 사람들을 이리저리 쫓아다녀 손가락질받던 자였다. 그는 자신이 도암 이재의 제자라고 떠들고 다녔는데 오히려 다른 제자들은 그의 행실이 너무나 창피해 그가 도암 문하임을 극구 부정하는 형편이었다. 권력을 추구하거나 출세에 눈이 멀어 반복무상하게 행동하는 사람이 흔하고 그렇지 않은 사람 찾기가 오히려 어려운 시대였다. 다만 드러내놓고 하느냐 숨어서 하느냐 정도의 차이가 있었을 뿐이니 대수로운 일은 아니라 해도 홍계희는 정도가 심했던 모양이다.

　　그것만이라면 또 모르겠으나 홍계희는 임오화변壬午禍變에도 연관되어 있었다. 나경언이라는 자가 사도세자의 비행을 고발하는 글을 올리던 날, 홍계

* 《승정원일기》 영조 51년(1775) 2월 10일. 《영조실록》의 같은 날 기사에는 좌윤이라 되어 있으나 《승정원일기》가 옳다. 《영조실록》 권 124, 51년 3월 18일 기사에 우윤 홍자를 병조참판 홍익필洪益弼과 서로 바꾸게 하였다고 나오므로 2월에는 홍자가 우윤으로 임명된 것이 옳다고 본다.

희는 경기도 관찰사로서 궁궐에 들어와 있었다.* 나경언이 처음 올린 글은 내시들이 불궤不軌한 짓을 도모한다는 내용이었다. 보고를 들은 임금은 크게 놀라 친국親鞫할 것을 명령하였는데, 이때 홍계희가 임금에게 호위하기를 청하여 성문과 궐문을 닫고 군사를 동원하여 궁궐을 에워싸게 하였다. 그러고서 임금이 나경언을 친국하였는데 나경언은 뜻밖에도 품속에서 다른 글을 꺼내어 바쳤다. 그것이 바로 사도세자의 비행을 고발하는 글이었다.

엉터리없는 일이었다. 처음 고변서는 아무 실체가 없는 일을 고변하는것이었고 단지 두 번째 글, 즉 사도세자의 비행을 고발하는 글을 바치기 위해 일으킨 소동이었다. 그 과정에서 제대로 된 몸수색 한번 없었던 것이니 이런 식이라면 비수를 품은 자가 임금에게 가까이 접근하는 데 달랑 고변서 한 장으로 충분할 것이었다.

그뿐만 아니라 첫 번째 고변서가 올라왔을 때 우선 내용을 정확히 파악한 뒤 조용히 움직이는 것이 옳은 일이었다. 그런데도 홍계희는 궁궐을 숙위하게 하여 임금의 마음을 놀라게 하고 영의정 이하 모든 관료와 군사들까지 모이게 하였다. 그처럼 많은 사람이 모여 바라보는 자리에서 사도세자의 비행을 고발하는 글이 바쳐진 것이니 조용한 일 처리는 애초부터 물 건너간 것이었다.

나경언이라는 자는 액정별감掖庭別監 나상언羅尙彦이라는 자의 형이었으니 대궐 안의 소식에 통할 수 있는 인물이었다. 그렇다면 나경언이 고변서를 바치게끔 사주한 자를 캐낼 수도 있는 일이었으나 많은 신하와 군졸들이 보는 가운데 세자의 비행이 까발려지자 자존심 센 임금으로서는 적당히 덮고

* 경기도 관찰사가 주재하는 경기감영은 한양의 서대문 밖에 있었다. 현재의 서울 종로구 평동 서울적십자병원 인근으로, 지금 이곳에는 경기감영 터였음을 보여주는 표지석이 서 있다.

넘어갈 수 없게 되었다. 사태가 이와 같았던 것이니 그 과정에서 책임을 져야 할 자들이 없다고는 말할 수 없었다. 홍계희의 행위 역시 당장 벌할 수 있는 것은 아니었으나 의심스러운 것이었다. 홍계희는 이제 죽고 없었지만, 그의 아들들 역시 좀 조신하게 행동하지 못하고 제 아비의 행적을 그대로 빼다 박은 듯 홍인한에게 찰싹 달라붙어 관직과 권세를 탐하고 있었으니 좋게 보는 사람이 있을 리 없었다.

2월 16일 오시午時, 홍대용은 소대의 당번이 되어 입시하였다. 《성학집요》 위정편爲政篇 총론위정장總論爲政章을 읽었다. 춘방에서 보덕輔德 이진형과 겸사서 홍국영, 계방에서 홍대용이 입시하였다. 지난번에 홍대용이 《성학집요》는 주석까지 다 읽어야 한다고 아뢴 이래 주석을 읽지 않고 넘어가는 일은 없게 되었다. 이진형이 문의를 아뢰었는데 다 옳은 말이었다.

이진형에게는 참으로 꼿꼿한 선비의 풍모가 있었다. 그는 세손의 아버지 사도세자 때에도 춘방에 있으면서 서연에 드나들었다. 사도세자가 임금 몰래 평양에 다녀왔을 때 서명응은 임금에게 상소를 올렸지만 이진형은 김종정金鍾正, 이석재李碩載, 김노진金魯鎭 등과 함께 사도세자에게 잘못된 행동이었으니 반성할 것을 촉구하였다. 그 자리에서 이진형은 이렇게 아뢰었다.

이번 사건은 신이 차라리 죽어버려 몰랐으면 하는 심정이니, 지금으로서 현 상하에 진입시키는 방법은 오직 뉘우치고 책망함을 통하게 하여 [ ]이고 다시는 이런 일을 하지

반성하여 다시는 그런 일이 없도록 할 것이며 평양행을 부추기고 협조한
자들을 처벌하라는 요구였다. 사도세자를 부추긴 자들은 당연히 그의 측근
이었을 것이므로 미움을 살 만한 발언이었으나 이진형은 조금도 두려워하
지 않았다. 이에 사도세자는 백성들이 모를 줄 알았는데 신통하게도 자신
을 알아보더라는 어리벙벙한 대답을 하였으니 답답할 노릇이었다.

사도세자의 서연에 드나들던 사람인데다 하는 말이 엄격하고 바르니 세
손도 이진형을 어렵게 여기지 않을 수 없었다. 홍대용도 이진형의 엄격한
말을 존중했다.

홍대용 신은 별로 아뢸 만한 것이 없습니다. 춘방에서 아뢴 바가 모두 절
실한 곳에 관계되니 원하옵건대 아뢴 말을 소홀히 여기지 마시고 진실하
고 절실하게 받아들이신다면 큰 다행이겠습니다.

세손이 고개를 끄덕이며 말을 받았다.

세손 과연 이 부분은 글 뜻이 더욱 좋아서 다른 모든 글의 뜻을 집대성하였다 할 수 있겠다.

이어서 《성학집요》의 '후비后妃에게는 관저關雎의 덕이 있어야 하고 후궁後宮에게는 외모의 꾸밈이 없어야 한다(后妃有關雎之德 後宮無盛色之讒)'라는 부분을 강론하였다. 임금의 가정 다스리는 일에 대한 주자의 말이었다. 여자에 관한 말은 단지 이뿐이었는데도 세손이 뜬금없는 이야기를 했다.

세손 여자를 총애하는 해독은 이루 다 말할 수 없으니 여색은 진실로 가까이할 것이 아니로구나.

다른 사람은 세손의 뜻을 몰라 답할 수 없었지만 역시 홍국영은 남달랐다.

홍국영 여색은 마땅히 가까이해야 하는 것도 있고 가까이해서는 안 되는 것도 있습니다. 다만 아니 된다고만 하시면 불도佛道가 될까 두렵습니다.

말인즉 옳은 말이었으나 불과 스물넷의 젊은 세손에 대해 할 염려는 아니었다. 나이로 보자면 오히려 여색을 탐하는 것을 경계할 나이였다. 그런데도 그렇게 말하는 품이 무슨 의미가 있는 듯하였다. 그제야 홍대용도 비로소 눈치를 채고 한마디 거들었다.

홍대용 요사스러운 여색은 마땅히 멀리해야 하지만 만약 모든 여색을 가까이할 수 없다고 하시면 인륜人倫이 끊어지게 되지 않겠습니까?

스물넷이면 딸이든 아들이든 자손을 보았어야만 하는 나이였다. 경종의 경우에는 서른 넘도록 자식이 없자 생산 능력이 없다느니 장희빈張禧嬪이 죽으면서 그렇게 만들었다느니 하는 소문이 떠돌았고 급기야는 이복동생인 지금의 임금을 세제世弟로 책봉해야만 했다. 그 일을 생각하면 세손의 나이도 적은 나이는 아니었다. 세손도 은근히 자신에게 생산 능력이 없는 것은 아닐까 걱정하는 눈치였다. 빈궁嬪宮과의 사이도 그다지 좋지 않다고 알려져 있었다. 빈궁은 청풍 김씨 김시묵金時默, 1722~1772의 딸이었는데 김시묵은 현종의 장인이었던 김우명金佑明, 1619~1675의 직계 고손자였다. 현종과 세손도 고조와 고손자 관계이니 여러 대에 걸친 질기고 질긴 혼맥이었다. 홍국영과 홍대용은 이런저런 소문과 사정을 의식하고 오히려 여색을 가까이하라고 권하고 있는 참이었다. 두 사람의 걱정 어린 말을 세손도 잘 받아들였다.

세손 전혀 가까이해서는 안 된다고 말한 것은 아니고 관저의 덕이 있다면야 나도 어쩔 수 없겠지만…….

빈궁과의 사이가 좋지 않음을 드러낸 말이었다. 홍국영이야 그렇다 치고 홍대용이나 이진형이 있는데도 세손은 이처럼 내밀한 일을 터놓고 말하고 있었다. 역시 홍국영이 세손을 달랬다.

홍국영 후비의 덕 또한 군자가 어떻게 제어하느냐에 달려 있을 뿐입니다. 어찌 감화시킬 수 없는 부인이 있겠습니까?

세손 집안 다스리는 책임이야 마땅히 남자에게 있는 것이지만 부인의 성품이나 행실이 끝내 감화되지 않는다면 어찌하겠는가?

홍대용 대장부도 능히 요순堯舜과 같을 수 있는 사람이 드문 것입니다. 여자로서 임사姙姒* 와 같은 사람을 어찌 쉽게 얻을 수 있겠습니까? 여기에서 '후비에게는 관저의 덕이 있어야 한다' 이른 것 역시 인품의 고하에 따라 내조하고 가정을 바로잡아 각자 그 도리를 다해야 한다는 뜻일 뿐입니다.

홍국영 부인이 비록 어질지 못하더라도 대장부가 가정을 다스리는 데 진실로 옳은 방법으로 한다면 어찌 부인을 감화시키지 못하겠습니까?

세손 이것은 통하지 않는 이론이다. 여후呂后**, 무후武后:‥, 포사褒姒∷, 달기妲己∷* 같은 여자라 할지라도 감화시킬 수 있다는 것인가?

홍국영 포사와 달기 같은 경우는 본디 별도로 논해야 마땅하고 여후의 경우인즉 한고조漢高祖가 살아 있을 때에는 악한 짓을 감히 하지 못하였고 폐출되지도 않았으니 어찌 가정을 잘 다스린 한고조의 힘이 아니겠습니까?

이진형 신의 생각으로도 포사와 달기는 천 년, 백 년에 하나 있을 만한 여자입니다. 드물기로 논하자면 오백 년 걸러 태어난다는 성인聖人과 다를 바 없으니 포사와 달기의 일은 논할 필요도 없을 것입니다.

---

* 태임太姙과 태사太姒를 합쳐 임사姙姒라 부른다. 태임은 주문왕周文王의 어머니이고 태사는 주무왕周武王의 어머니이다. 유교 전통에서는 이 두 사람이 아내로서, 어머니로서 가장 모범적이었다고 평가한다.
** 한고조 유방劉邦의 황후로, 고조가 죽은 뒤 권력을 장악하고 고조의 다른 부인인 척부인戚夫人의 팔다리를 자르는 등 악행을 저질렀다.
∷ 당 고종高宗의 황후인 측천무후則天武后이다. 고종이 죽은 뒤 스스로 황제가 되어 나라 이름을 주周로 고쳤다. 후에 중종이 즉위하여 당 왕조를 회복하였다.

∷ 서주西周 유왕幽王의 후궁. 유왕은 그녀를 웃기기 위해 봉화를 올려 제후를 모으는 장난을 하였다. 훗날 융戎이 쳐들어왔을 때 봉화를 올렸으나 아무도 오지 않아 서주가 멸망하게 되었다.
∷* 중국 고대 상商, 즉 은殷의 마지막 왕 주紂의 왕비로 주지육림酒池肉林이란 고사성어의 주인공이다.

홍국영 신은 대장부가 진실로 도리를 다한다면 여자를 감화시키지 못할 리 없다고 생각합니다.

세손 이것은 끝내 통할 수 없는 이야기이다.

세 신하가 한 소리로 말했건만 세손은 완강히 고개를 가로저었다. 홍대용은 말을 조금 바꾸어 다시 아뢰었다.

홍대용 그것은 그렇지 않은 점이 있습니다. 예로부터 감화시키기 어려운 부인 또한 한둘이 아니었습니다. 어찌 하나의 경우만 고집하여 논할 수 있겠습니까? 생각건대 아주 어리석은 여자만 아니라면 사내가 수신제가의 도리를 다하고 은혜와 위엄을 함께 행함으로써 감화시키어 이끌어갈 수 있습니다. 불행히 끝내 감화시킬 수 없다면 또한 달리 처리하는 도리가 있는 것입니다. 그러나 끝까지 충후한 뜻만은 잃어서는 아니 됩니다.

세손 아뢴 바가 참으로 좋지만 이 이야기는 그만두는 것이 좋겠다.

세손은 침울해지더니 이야기를 중단시켰다. 다시 책을 훑어 내려가던 세손의 눈길이 어느 한곳에 머물렀다. 북송이 처음 건국되어 천하를 통일할 때 큰 공을 세우고 이후 국가 체제의 정립에 기여한 조보趙普, 922~992에 대한 이야기였다.

세손 조보는 《논어》를 반으로 나누어 반은 태조太祖를 보좌하고 반은 태종

太宗을 보좌하였다' 하였는데 이것은 말이 되지 않는다. 《논어》에 나오는
'용도를 절약(절용節用)하고 사람을 사랑하라(애인愛人)'라는 몇 구절이면 진
실로 천하를 다스리는 데 족하거늘 《논어》를 무엇 때문에 반으로 나눈다
는 말인가? 계방은 이것을 어찌 생각하는가?

홍대용 조보의 이 말을 신은 일찍이 오히려 책을 잘 읽은 것이라 여겼습니다.

세손 어찌해서 그리 말하는 것인가?

홍대용 글자의 뜻이나 따지고 어디서 떼어 읽어야 하는지나 따지는 학문
과는 다르기 때문입니다. 조보는 빈말을 늘어놓은 것이 아니라 책에서 얻
은 것을 능히 여러 일에 적용할 수 있었으니 다만 읽기만 한 사람과는 비
교할 수 없습니다. 《논어》를 반으로 나누었다는 이야기는 의미를 살려서
보는 것이 좋을 것입니다.

세손은 무릎을 쳤다.

세손 조보는 과연 글을 잘 읽은 사람이다. 송태조가 일찍이 그에게 《논어》
를 하사하여 읽게 하였는데 하루 읽으면 그날의 정치가 전날과 전혀 달라
질 만큼 그의 재주와 그릇이 뛰어나 송나라에 큰 공을 세웠다 하였다. 다
만 태종과의 일로 말하자면 그는 소인小人을 면하기 어렵겠다. 무릇 큰아들
에게 대통을 전하는 것이 국가의 큰 원칙인데, 태조의 큰아들 덕소德昭가
이미 나이 어리고 약하지 않으니 나이 든 임금이 아니라 할 수 없었다.
태조의 모친 두태후杜太后는 일개 부인일 뿐인데 국가 대사를 어찌 부인에

게 결정하게 하였는가? 계방은 이 일을 어떻게 여기는가?

홍대용 조보가 송나라에서 으뜸가는 공을 세웠다고 하지 않을 수 없지만 '폐하께서 두 번 잘못하셔서는 안 됩니다' 운운하였으니 어찌 천고의 소인을 면할 수 있겠습니까?

송태조 조광윤은 본래 후주後周의 한 절도사였다가 후주의 황제 자리를 빼앗았다. 훗날 태조의 모친 두태후는 죽음에 임하여 태조와 조보를 불러놓고, 태조가 황제가 될 수 있었던 것은 후주가 어린 임금을 세웠기 때문이었으니 어린 아들에게 황제 자리를 물려주지 말고 장성한 동생에게 물려주라는 유언을 남겼다. 유언대로 태조는 동생 조광의를 태제로 삼아 황제 자리를 물려주었으니 이 사람이 곧 태종이다. 태종 역시 모친의 유언에 따라 장성한 태조의 아들을 태자로 삼으려 하였으나 조보가 '같은 잘못을 두 번 저지르는 일'이라며 만류하였다. 그래서 이후로는 태종의 자손들이 황제 자리를 이어나가게 되었다. 두 사람은 이 일에 대하여 논하고 있는 것이었다. 조보는 만일 부자 상속의 원칙을 지키려는 마음이었다면 처음부터 태조의 큰아들 덕소에게 황제 자리가 돌아가게 했어야 하고 반대로 두태후의 유언을 지킬 생각이었으면 태조의 아들이 태종의 뒤를 잇게 했어야 하는데, 결국 이도 저도 아닌 것이 되어버렸다. 조보가 스스로 '같은 잘못을 두 번 저지르는 일'이라 하였으니 애초에 황제 자리를 동생에게 물려주는 것이 잘못임을 알면서도 따른 것이라 할 수 있다. 그래서 이 일을 두고 '천고의 소인'이라는 말이 있게 되었다.

세손 송나라의 일이 우리나라와 아주 비슷한 것 같은데 계방은 어떻게 생각하는가?

'계방은 어찌 생각하는가?' 하는 세손의 물음이 꼬리를 물었다. 그간 홍대용에 대한 믿음이 쌓이기도 하였거니와 그의 말은 언제나 정론이고 또 치우치지 않는 균형 잡힌 시각을 가지고 있었다. 더욱이 그의 말에는 세손이 다시 한번 생각해볼 만한 소재나 견해도 적지 않았다.

홍대용 참으로 말씀하신 대로입니다. 저하께서 이미 서로 비슷함을 아셨다면 그 흥망과 득실에 대하여 반드시 경계로 삼을 만한 일이 많을 것입니다.

조선과 중국의 송나라 사이에 유사한 점이 많은 것은 어찌 보면 당연한 일이었다. 조선이 지배 이념으로 삼은 성리학은 달리 송학宋學이라고도 하듯이 송나라에서 발생하고 유행한 학문이었다. 두 나라는 이에 기초하여 국가를 운영했으므로 지배 체제며 방식이 서로 닮은 것은 이상할 것이 없었다. 주된 지배 계층이 사대부인 것도 양쪽이 마찬가지였다. 이들은 사상뿐 아니라 경제적 기반마저 비슷하여 정치적 지향이나 목표에서도 자연히 유사해질 수밖에 없었다.*

세손 북송과 남송 말기에 죽음으로써 절개를 지킨 사람이 명明과 비교하면 어떠한가?

---

*이때의 이러한 생각 때문에 정조는 즉위 후 송나라 역사를 정리한 《송사전宋史傳》을 편찬하여 정치의 참고 자료로 삼았다.

홍대용　북송에는 다만 시랑侍郞 이약수李若水 한 사람이 있었고 남송에는 문천상文天祥과 육수부陸秀夫 등 목숨으로 절개를 지킨 큰 인물이 있기는 하였으나 명이 망할 때만큼 많지는 않습니다.

세손　비록 그렇기는 하지만 이 일은 서유신의 말이 참으로 일리가 있다. 서유신이 말하기를, '남송이 망할 때에는 나라가 한 척 배에 실려 있는 형국이었으니 배가 침몰하여 온 나라가 죽음으로써 절개를 지키게 되었다' 하였는데 그 말이 어떠한가?

홍대용　그 말 역시 좋습니다. 충신이 나라를 붙들었지만 대세가 이미 기울어 임금과 신하가 함께 사직社稷을 위해 죽은 것은 오직 송나라뿐이었습니다.

세손　소인배가 잇달아 권력을 잡아 나라를 그르치기로도 송나라와 같은 경우가 없었다. 조사필趙師睪이 개 짖는 시늉까지 했다는 따위의 것은 더욱 가소롭다. 주자가 '비부鄙夫'의 뜻에 설명하기를, '작게는 종기를 빨고 치질을 핥는다(연옹지치 吮癰舐痔)' 하였으니 참으로 조사필을 두고 한 말일 것이다.

끝없이 이어지는 세손과 홍대용의 문답에 이진형이 지루했는지 얼른 나섰다.

이진형　조사필의 일은 그보다 더 심합니다. 부모에게 종기나 치질이 있다면 혹 부모를 위해 빨고 핥는 사람도 있겠으나 개 짖는 노릇까지 하면서 부모를 그르쳤다는 말은 듣지를 못했습니다.

세손　계방은 춘방의 말을 어떻게 생각하는가?

오랜만에 이진형이 나서서 말을 했건만 세손은 다시 홍대용에게 물었다.

홍대용 종기를 빼고 치질을 핥는 것은 오히려 사람에게 속한 일이니 춘방의 말 또한 옳습니다.

이진형 또 더 심한 자가 있습니다. 명 말기에 조정의 신하로서 위충현^{魏忠賢}의 아들을 떠받든 자가 있었으니 이런 일은 조사필도 하지 않았을 것입니다.

세손은 크게 웃으며 다시 홍대용에게 물었다.

세손 계방은 누가 더 심하다 여기는가?

홍대용 이 모두 더러운 비부들의 추한 일들이니 우열을 논할 필요가 없습니다.

세손이 책을 훑더니 이어서 역대의 제왕^{帝王}에 대하여 논하였다. 역대 여러 임금에 대하여 평소에 생각했던 것을 입에 올렸다.

세손 하, 은, 주 삼대 이후로는 한고조, 당태종, 송태조 이 세 임금이 가장 볼만하다. 하나 한고조는 정장^{亭長}이라는 하급 관리 출신이라 지체가 미천한 까닭에 평생에 걸쳐 사대부의 풍채가 없었다. 당태종은 천가한^{天可汗}이라 자칭하였는데, 천자^{天子}보다 더 높을 수 없거늘 가한^{可汗(칸Khan의 음역)}이라 불렀으니 또한 가소롭지 않은가? 송태조 같은 이는 인후^{仁厚}한 덕으로 문명한 정치를 이미 열었으나 웅장한 지략은 당태종에게 미치지 못했다. 만약 한고조의 역량에다 학문을 더한다면 요순과 같지 않을지 어찌 알겠는가? 한고조가 세 임금 중 가장 낫다.

세손은 한고조 유방劉邦을 중국 역대 임금 중 최고로 여겼다. 학문과 사대부의 풍모만 더한다면 이상적 군주인 요순에 필적하리라 생각했다. 한고조는 단점도 많았지만 무엇보다 너그러웠고 신하들에게 권한을 위임할 줄 알았다. 아랫사람을 관대하게 포용하는 것도 결코 쉽지 않은 일이지만 신하들에게 권한을 위임하는 것은 더욱 쉽지 않은 일이다. 자기가 능력 있다고 생각하거나 실제로 능력이 있는 사람은 권한의 위임을 불안하게 여기기 때문이다.

유방과 한신韓信 사이에 있었던 잘 알려진 이야기가 있다.

하루는 유방이 한신에게 물었다.
"내가 군사를 부린다면 몇 명이나 부릴 수 있겠는가?"
한신이 답했다.
"폐하께서는 10만 정도의 군사를 부리실 수 있습니다."
"그대는 어떠한가?"
"저는 많으면 많을수록 좋습니다."
한신의 대답에 배알이 틀린 유방은 다시 이렇게 물었다.
"그렇다면 그대는 어찌하여 나의 포로가 되었는가?"
"폐하는 군사를 다스리는 장수가 아니라 장수를 다스리는 장수이고 황제의 자리는

'다다익선多多益善'이라는 고사를 남긴 이 대화에서 한신은 자신과 유방의 능력을 잘 비교하여 설명하였다. 군사적 재능은 자신이 앞설지 모르나 재능 있는 사람을 부하로 삼고 그의 재능이 잘 발휘될 수 있도록 권한을 나누어 위임하는 능력에 있어서는 자신이 유방에게 미칠 수 없다는 이야기였다. 유방은 자신이 그러한 능력을 갖추고 있는지조차 잘 모르고 있었던 것 같지만 아무튼 결과는 마찬가지였다.

한의 선제宣帝 역시 병길丙吉이라는 재상을 얻어 그에게 권한을 위임함으로써 좋은 정치를 행하여 나라를 반석 위에 올려놓았다. 병길이 승상의 자리에 있을 때, 하루는 저잣거리를 지나다 패싸움을 목격하였다. 사람이 다치고 죽기까지 하는 것을 보고도 병길은 그저 제 갈 길을 갈 뿐이었다. 조금 후 병길은 수레를 끄는 소가 이상할 정도로 헐떡거리는 모습을 보게 되었다. 그는 이내 수레를 멈춰 세우고는 소 끄는 사람을 불러 어디서 오는 길인지, 소가 얼마나 수레를 오래 끌었는지 등을 소상하게 물어보았다. 병길을 따르던 아전이 이 일을 보고 기가 막혔던지 병길에게 항의하였다.

"승상께서 아끼는 사람들이 싸우다 죽고 다친 것도 못 본 척하시더니 이제는 겨우 소 헐떡이는 것을 보고 그처럼 상세히 물으십니까? 사람보다 소를 중히 여기시니 사람을 너무 가볍게 보시는 것 아닙니까?"

이에 병길은 고개를 가로저으며 답했다.

"시장 사람들의 싸움은 경조윤京兆尹이 처리할 문제이지 승상인 내가 처리할 문제가 아니다. 소가 헐떡이는 것은 날이 예전보다 빨리 더워진 것이니 농사일에도 영향을 미치는 중대한 사안이다. 백성의 먹고사는 문제가 달린 것이니 음양을 다스리는 재상으로서 내가 마땅히 관심을 기울여야 할 문제이다."

황제는 병길에게 정치를 위임하고 병길은 다시 직분을 맡은 관료들에게 권한을 위임하여 각자 규정에 따라 자기의 역할을 수행하게 하였다. 저잣거리에서의 싸움의 결과와 그 처리가 정히 궁금하다면 경조윤을 불러 물어보면 될 일이었다. 또 그 처리가 잘못되었다면 다른 적당한 사람으로 경조윤을 교체하면 될 일이었다.

병길쯤 되는 인물이 그만한 싸움 하나 처리할 능력이 없었던 것은 물론 아니다. 만일 높은 자리에 있는 사람이 아랫사람의 일이나 사소한 일까지 간섭한다면 아랫사람은 시키는 일만 하게 될 것이고 자신의 능력을 다 발휘하려고도 하지 않을 것이다. 천하의 일을 혼자 다 처리할 만한 능력을 가지고 있다면 모르겠으나, 그렇지 않다면 각 분야의 전문가들에게 권한을 위임하여 일을 맡기고 그들을 관리하는 것이 윗자리에 있는 사람의 역할인 것이다. 윗사람의 능력이란 바로 그런 것이었다. 주어진 일을 올바로 처리할 사람을 알아보고 그를 등용하여 일을 맡기는 능력이 필요한 것이다. 임금이 되어서 이조좌랑이나 호조좌랑이 할 일에 간섭하기를 좋아한다면 나라 꼴이 제대로 될 리 만무했다. 이 점에서 한고조는 세손의 말대로 중국의 역대 제왕 중 첫손 꼽힐 만한 인물이었다.

세손은 성품이 너그러울 뿐 아니라 어려서부터 글을 읽어 사대부의 풍모를 갖추었으니 한고조를 능가하는 제왕이 될 법하였다. 그러나 역시 머리 좋은 사람들이 흔히 빠지게 되는 함정, 모든 일에 간섭하고자 하는 욕망에서 과연 벗어날 수 있을지가 관건이 될 것이었다.

이어 왕안석의 일이 화제에 올랐다.

이진형 송의 신종神宗은 왕안석을 등용하여 정치를 위임하였는데 신은 그 일이 천고의 큰 쾌사快事라고 생각합니다.

이진형의 말에 좌중의 사람들이 모두 놀랐다. 왕안석이라면 응당 소인배라거나 고집스럽다거나 하는 악평이 따르게 마련이었다. 저처럼 왕안석의 등용을 쾌사로 여기는 경우는 보기 드물었다. 세손 역시 놀라며 되물었다.

세손 어찌해서 하는 말인가?

이진형 당시 왕안석의 명성은 정자程子보다 훨씬 높았습니다. 신종이 왕안석을 등용하지 아니하여 그가 은거한 채 세상에 나오지 않았다면 자기의 변변치 못한 점을 가려 감춘 채 일생을 마쳤을 것입니다. 그렇게 되었다면 왕안석은 반드시 정자와 나란히 천고의 유종儒宗이 되었을 것이고 저희 또한 필시 그를 대현大賢으로 우러러 높였을 것입니다. 신은 생각이 여기에 미칠 때마다 그가 아예 당시에 낭패한 것을 통쾌하게 여기지 않은 적이 없습니다.

세손 참으로 '왕망王莽이 초야의 선비였을 때에는 겸손하고 공손했다'는 것이로구나. 계방은 왕안석의 일을 어떻게 생각하는가?

홍대용 신은 그 일이 천고의 한이라고 생각합니다.

세손 그건 또 어찌하여 하는 말인가?

홍대용 하, 은, 주 삼대 이후로 임금은 좋은 신하를 얻고 신하는 좋은 임금을 얻어 유자儒者가 정권을 잡은 것이 이때처럼 성대한 적이 없었습니다. 신종은 사람을 밝게 알아보지도 못하면서 다스림을 구하되 너무 급하게 하였고 왕안석은 우활하고 소루한 학문에 집요한 성격이 더해져 한 시대의 창생蒼生을 그르쳤을 뿐 아니라 나아가 후세에 유자의 등용을 꺼리게 하였으니 어찌 큰 한이 아니겠습니까?

이진형의 말은 왕안석의 소인됨이 드러나게 된 것을 통쾌하게 여기는 것이었다. 이에 비해 홍대용의 말은 삼대의 이상 사회에 비견될 만한 사회로 변모할 기회를 놓치게 된 것을 안타깝게 여기는 것이었다. 이진형이 개인의 도덕적 평가에 주목하고 있었다면 홍대용은 역사의 흐름과 전체 사회를 염두에 두고 있었던 것이다. 과연 세손은 그 차이를 알아차릴 수 있었을까? 세손이 말을 받았다.

세손 만일 신종이 정자를 등용하였더라면 삼대의 정치를 만회할 수 있었을 것이다. 다만 세상이 잘 다스려지기를 구하되 너무 급하게 하였던 것일 뿐, 정자가 어진 것을 몰라서 쓰지 않은 것은 아닐 것이다. 일 년 걸려 이룰 일을 반드시 한 달 안에 이루고자 한 까닭에 왕안석의 주장이 뜻에 맞았던 것이겠지.

홍대용이 신종의 사람 보는 안목 없음과 조급함, 왕안석의 소루한 학문과 집요한 성격을 두루 갖추어 말했음도 불구하고 세손은 무엇보다 신종의 조급함만을 문제 삼았다. 짧은 시간에 많은 것을 이루려는 조급함은 성과를 내기도 어렵거니와 올바른 정치 방법도 아니기는 하였다. 곧 왕위를 계승해야 할 세손으로서는 임금의 잘잘못에 더 주의가 기울여지는 모양이었다.

세손은 책을 덮으며 《시경》 이야기를 꺼냈다. 《시경》 첫머리 국풍편國風篇의 관저關雎라는 시에 관한 해석 문제였다. 해석 문제는 그럭저럭 해결되었지만 그 덕분에 홍대용은 고증에 필요한 책을 가지러 세자시강원까지 한 차례 왕복해야 했다. 그나마 없는 책이 많았다. 아무리 계방 관원이라 하나 나이가 있어 이런 심부름이 기분 좋을 일은 아닐 듯한데도 홍대용은 싫은 내색 한번 하는 법이 없었다. 으레 그러려니 할 뿐이었다. 오히려 주변 사람들이 불편해하는 것 같았다.

2월 18일 홍대용은 다음 날인 17일 오전에도 《성학집요》 진강에 참여하였고 그다음 날인 18일부터는 담당이 바뀌어 석강 자리에 나아갔다. 춘방에서는 하루 세 차례 모두 같은 사람들이 참석했지만 계방에서는 오전과 오후의 서연 참석자가 달랐다.

18일 오전의 서연에서는 춘방에서 좌빈객左賓客 조명정趙明鼎, 보덕 이진형, 겸사서 홍국영이, 계방에서 익찬翊贊 조윤형曹允亨이 참석하여 《성학집요》를 강론하였다. 저녁의 소대에서는 춘방에서 역시 보덕 이진형과 겸사서 홍국영이, 계방에서 홍대용이 참석하여《주서절요》를 읽었다. 홍대용이《성학집요》 강론에 참여하는 사이《주서절요》의 강론이 늦어지고 있었다. 역시 세손이 임금 모시는 일에 바쁜 관계로 서연이 자주 중단되었기 때문이다.

이날은 제8권 가운데 〈정윤부程允夫에게 답한 편지〉*를 읽었는데 상당히 긴 편지였다. 문장으로 이름을 떨쳤던 소식蘇軾, 소철蘇轍 형제에 대해 비판하고 성리性理 등을 논한 내용이었다. 주자가 문인인 정순程洵(윤부는 자字)과 주고받은 편지는 소씨 형제에 관한 것이 많았다. 이진형과 홍국영이 나누어 읽고 글의 뜻을 아뢰었다. 이어 '몸에는 태어나고 죽음이 있으나, 성性에는 태어나고 죽음이 없다(신유사생身有死生 성무사생性無死生)'라는 부분을 강론하였다. 세손이 물었다.

세손 편지에서 '불가佛家의 설說'이라 한 것은 무엇을 말하는가?

주자는 편지에서 '몸에는 태어나고 죽음이 있으나, 성에는 태어나고 죽음이 없다'고 말하게 되면 불가의 설에 빠지게 된다고 비판했는데 세자는 이 대목을 지적한 것이었다. 주자가 말하는 요지는 성에 삶과 죽음이 없다는 것이 아니라 성의 삶과 죽음을 아예 논할 수 없다는 것이었다. 이에 홍대용이 답하였다.

홍대용 불가에서 말하는 '성'은 '마음(심心)'을 가리킵니다. 그들은 대개 사람은 죽어도 '성'은 죽지 않으며 끊임없이 윤회한다고 주장합니다. 유가에

---

* 《주서백선》에 실려 있다.

서 말하는 '성'은 '이치(이理)'입니다. 성이란 곧 이치이므로 본래 태어난다거나 죽는다거나 말할 수 없는 것입니다. 그런데도 태어나고 죽음이 없다고 하여 삶과 죽음을 말한다면 그 뜻이 이미 마음의 작용인 지각知覺에 가 있어 마치 마음을 성으로 여기는 것 같은 의미가 있는 까닭에 주자가 이처럼 변론한 것입니다.

세손 그렇다고는 하나 어떻게 지각을 버리고 '성'을 말할 수 있겠는가?

홍대용 저하께서 말씀하시는 뜻을 신이 잘 알고 있습니다. 그러나 지각이란 마음이고 성은 곧 이치입니다. 필경 이理는 스스로 이이고 심心은 스스로 심이니 이미 서로 떠날 수도 없고 또한 서로 섞일 수도 없는 것입니다.

세손 그렇구나. 성리란 가장 말하기 어렵겠다. 나의 뜻은 성과 지각이 서로 떠날 수 없다는 것에 주안점을 둔 것이나, 이내 지각을 겸하여 성으로 삼는다 하였으니 어폐가 있음을 면치 못하겠다. 이理와 기氣의 선후 문제 같으면 어찌 말해야 하는가? '기로 모양이 이루어지면 이도 또한 부여된다(기이성 형氣以成形 이역부언理亦賦焉)' 하였으니 이것은 기가 먼저고 이가 나중이란 뜻이 아닌가? 춘방은 기가 먼저라 하기도 하고 이가 먼저라 하기도 하던데?

홍대용 이와 기의 선후에 대해서는 예로부터 유자가 각기 다른 주장을 하였는데,《중용》주설 같은 데에서는 형체가 이루어진 다음에 이가 주어진다고 하지 않았습니다. 신의 생각으론 이와 기가 있다면 함께 있게 되는 것이요, 본디 선후를 구분할 수 없다고 봅니다. 대개 천하에 이 없는 사물이 없고, 사물이 없으면 이 또한 붙을 데가 없는 것입니다.

세손 그 말이 매우 좋으니, 그렇게 보는 것이 가장 폐단이 없겠구나.

홍대용의 대답에 감탄했는지 세손은 이진형과 홍국영을 바라보며 여러 차례 칭찬하였다. 이 문제에 대해서는 이전에도 여러 차례 논한 바 있었으나 이가 먼저니 기가 먼저니 하며 갑론을박하여 도무지 요령부득이었다. 그래서 세손은 홍대용의 말이 마음에 꼭 들었다.

이 문제에 대해서는 사실 주자 당시부터 논란이 많았다. 주자가 여러 사람의 질문에 맞추어 그때그때 답하다 보니 어느 곳에서는 이선기후理先氣後를 말하기도 하고 다른 곳에는 기선이후氣先理後를 말하기도 하였다. 형이상학적 개념으로서 논할 때와 구체적 사물을 가지고 논할 때의 차이 때문이었는데, 많은 오해가 빚어지자 주자는 결국 '본래 선후를 말할 수 없다(理與氣本無先後之可言)'고 말하였다.

세손의 칭찬이 여러 차례 거듭되자 홍대용은 그만 무안해졌는지 변명 아닌 변명을 해야 했다.

홍대용 이것은 신의 독창적인 견해가 아니라 곧 주자의 말입니다.

세손 이기설理氣說은 비록 넘치도록 강론한다 하더라도 몸과 마음, 일상생활(일용日用)에서 끝내 그 절실함은 보지 못할 것이다.

홍대용 예교가 매우 옳습니다. 일상생활에서 마땅히 행해야 할 일을 간절히 묻고(절문切問) 가까이 생각하여(근사近思) 일에 따라서 몸소 실천한다면 성리性理라는 것도 별다른 것이 아니라 곧 일용에 흩어져 있는 것입니다. 나아가 그 지식(지知)과 실천(행行)이 아울러 진보되면 한 근원이며 큰 근본인 성性과 천도天道를 활연히 깨닫게 될 것입니다. 처음 배우는 사람이 자리에 앉아 성명性命

이나 이야기하는 것은 유익하지 못할 뿐 아니라 오히려 해로운 것입니다.

세손 그 말이 지극히 옳다. 자공子貢처럼 빼어난 재능을 가진 사람도 늘그막에야 비로소 성과 천도에 대하여 들을 수 있었다 하니 처음 배우는 자가 차례를 건너뛸 수는 없을 것이다. 계방의 말이 매우 옳다. 이 말로 보건대 계방은 편협하고 고집스러운 논의는 하지 않는 것 같구나.

세손은 연신 '매우 옳다', '지극히 옳다' 해가며 홍대용을 칭찬하고 감탄해 마지않았다. 이진형도 나서서 '계방의 논의가 본래 그렇다'며 다시 한번 그를 치켜세웠다.

세손은 장차 즉위하면 명실상부한 군사君師가 되고자 하였다. 임금을 달리 군사라고도 하였는데 이는 다스리는 자(군君)이면서 동시에 스승, 즉 가르치는 자(사師)임을 의미하였다.* 유교에서 이상적 군주는 정치적 지도자여야 함은 물론, 백성을 교화할 책무를 지고 있다는 점에서 동시에 학문적 지도자여야만 했다. 실제로 그렇다기보다는 그래야만 한다는 당위적 차원에서의 칭호였다. 그 칭호와 실제가 잘 맞았던 대표적인 경우가 바로 세종대왕이었다.

세종대왕은 당대 최고의 학자라 할 만했을 뿐 아니라 학문 연구 기관인 집현전을 확대 개편하여 학자의 양성과 학문 연구를 주도하였다. 그 이후로는 군사라는 칭호가 부끄럽지 않은 임금이 별로 없었다. 임금들의 자질 문제였다기보다 조선 중기를 넘어가면서 성리학에 대한 연구 자체를 양반 사대부 계층이 주도했기 때문이었다. 특히 퇴계와 율곡 이후에는 성리학에 대한 이해의 수준이 성리학의 발상지인 중국조차 뛰어넘고 있었다. 이 시

---

* 군사君師라는 용어를 정조에게만 해당되는 것으로 오해하는 경우가 많은데 전혀 그렇지 않다. 군사는 임금을 다르게 부르는 보통명사이다.

기에 와서는 주자학의 적통이 조선에 있다 해도 과언이 아니었다.

세손은 그런 조선의 임금으로서 명실상부한 군사가 되고자 했다. 여기에는 약간의 걸림돌이 있었는데, 이 시기에 사림에서 벌어진 호락논쟁湖洛論爭 같은 것은 철학적 수준이 너무 높아 웬만해서는 이해하기조차 어렵다는 점이었다. 그런 형편에 당대 최고 산림학자의 제자인 홍대용이 저와 같이 말해주니 알기도 쉬울 뿐 아니라 골치 아픈 문제가 해소되는 것 같았다.

하지만 홍대용이 말하려 한 것은 '성리를 논할 필요가 없다'는 것이 아니라 '일상생활에서 마땅히 행해야 할 일을 몸소 실천해야 한다'는 것이었다. 성리를 일상의 실천 속에서 구할 수 있다는 의미였다.

한참이나 홍대용을 칭찬하던 세손은 다시 말을 돌려 중국 송나라 때 사람 설계선薛季宣의 묘비명, 즉 간재명艮齋銘의 지은이가 누구인지 물었다. 주자가 이 편지에서 꼭 공부해보라 권유한 때문이었다. 홍대용이《주자대전차의》에서 본 대로 남헌 장식이 지은 것이라 답하니 세손은 그 글을 꼭 보려는 듯 장식의 문집인《남헌집南軒集》을 찾아 오라 명했다. 늘 그렇듯이 세자시강원 왕래는 홍대용의 몫이었고 대개 그렇듯이 찾는 책은 없었다. 원래부터 없다고 하였다.

세자시강원에《남헌집》이 없다는 사실이 민망했던지 세손은 내관에게 궐내에 있는 책 목록까지 가져오라 하여 샅샅이 찾아보았으나 역시 없었다. 세손은 다시 내관으로 하여금 책 다섯 보따리를 가져오게 하여 다 함께 보게 했다. 홍대용이 보니 오래전 중국에서 인쇄한 책이었는데 분칠한 듯 흰빛이 나는 분당지粉唐紙에 인쇄한《자치통감강목》이었다. 본래《자치통감강목》은 59권으로 되어 있는데 두 권씩 묶어 30책으로 만든 것이었다. 그 가운데 5책이 낙질되어 25책만 남아 있었다. 책을 펼쳐보니 군데군데 붉은 먹으로 구두점이 찍혀 있는데 선대의 어느 왕이 남긴 흔적인 듯했다. 세손은 선대의 흔적이 남은 귀중한 책이 낙질된 것을 매우 아쉬워하면서 야대를 마무리 지었다.

　홍대용은 이튿날 하루 쉬고 2월 20일에도 《주서절요》를 강론하는 데 참여했다. 이날 이후 다시 당번이 바뀌어 한 달 남짓한 기간 동안 조금 여유를 갖게 되었다. 이즈음의 서연에서 세손은 임금으로서의 자세를 가다듬고 있는 듯했다. 역대 임금에 대해 논평한다든가 조선과 송나라의 득실을 비교한다든가 하는 점에서 그러했다. 세손은 한고조 유방의 관대함과 역량에 다시 사대부의 풍모와 학문을 더하려 하였다. 과연 그렇게 된다면 세손은 보통의 임금이 아니라 학문적 지도자의 역할도 겸하여 명실상부한 군사가 되고도 남을 듯했다.

---

1 《영조실록》 권 99, 38년(1762) 5월 22일.
2 《영조실록》 권 97, 37년(1761) 5월 8일.

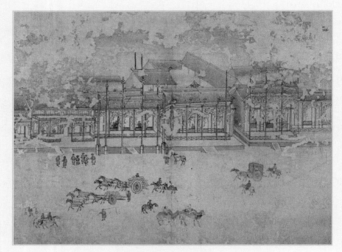

김홍도, 〈연행도(유리창)〉

저들이 비록 더러운 오랑캐이나 중국에 웅거하여 백여 년 태평을 누리고 있으니

그 규모와 기상이 어찌 한번 볼만하지 아니하리오.

— 홍대용, 《을병연행록》

북경
개혁의 방법을 아뢰다

2월 말부터 한 달 남짓 홍대용은 서연에 들어가지 않았지만 그렇다고 마냥 편하게 지낸 것만은 아니었다. 날이 풀려 따뜻해지면서 바깥에서 행해지는 의례가 많아지자 세손이 늙은 임금을 대행하거나 수행해야 할 일도 많아졌다. 3월 7일에는 임금을 대신하여 육상궁毓祥宮에 나아가 제사를 지내라는 명을 받고 이튿날 직접 제사를 지냈다. 육상궁은 늙은 임금의 생모인 숙빈淑嬪 최씨崔氏를 모신 곳이었다. 세손에게는 생증조모가 되는 이의 제사인지라 더욱 정성을 다해야 했다. 또 3월 17일에는 조참朝參을 행하였는데 세손이 백관을 인솔하여 경희궁 숭정문崇政門 밖에 나아가 네 번 절하고 천세를 불렀다. 홍대용은 세자익위사 관원이므로 서연 당번이 아니더라도 세손 호위를 위해 늘 따라다녀야 했다. 임금의 변덕이 심한지라 세손은 혹여 실수라도 할까 봐 노심초사했고 홍대용 역시 주의에 주의를 더하여야 했다.

3월 28일 홍대용의 서연 당번이 돌아온 것은 3월 28일부터였다. 겸필선 이보행李普行, 겸사서 임득호林得浩와 함께 《주서절요》 10권 〈채계통蔡季通에게 답한 편지〉*를 가지고 소대하였다. 상당히 긴 편지였고 내용도 복

*《주서백선》에 실려 있다.

잡하였다. 채계통은 《율려신서律呂新書》의 저자로 이름이 원정元定이고 흔히 서산西山 채씨蔡氏라고 불리는 사람이었다.

채계통은 역상易象, 지리, 음률 등에 밝았는데 편지의 내용도 이에 관련된 것이었다. 홍대용이 가장 잘 해설할 수 있는 내용이었지만 세손은 이런 부분에는 별 관심이 없는 듯했다. 홍대용으로서는 세손이 묻지도 않는 것을 먼저 나서서 설명할 수도 없는 노릇이었다.

그저 별 내용 없는 문답이 오가다 문득 《주자대전》을 상고할 일이 생겼다. 늘 그랬듯이 홍대용은 자리에서 일어나 《주자대전》을 가지러 가려 하였다. 이때 세손이 홍대용을 제지하며 말했다.

세손 얼마 전 전前 겸사서가 계방이 책을 가지러 왔다 갔다 하는 것이 서연의 체통에 어긋난다 하던데 그 말이 매우 옳았다. 계방도 들었는가?

늘 해온 일인데 세손이 그렇게 말하니 홍대용은 적잖이 당황스러웠다. 나이 많은 홍대용이 벼슬이 낮다 해서 책 가지러 오가는 일이 잦은 것을 보고 이를 민망히 여긴 모양이었다.

홍대용 듣지 못했습니다.
세손 그의 말이 옳고 또 상고할 것도 긴급하지 않으니 계방이 가지러 나갈 필요는 없고 나중에 상고해 오는 것이 좋겠다.
홍대용 이미 전례가 있으니 열 번 왕래한다 한들 어찌 감히 사양하겠습니까?

난처하고 황공해하는 기색이 역력했다. 이보행이 얼른 나서서 무마했다.

이보행 이미 상고할 것도 있고 또 전례도 있는데 굳이 그럴 필요가 있겠습니까?

세손 그 말은 계방을 위한 말이 아니라 서연의 체통을 위한 말이었는데 그 말이 매우 옳았다.

홍대용 그의 의도가 어떤지 모르겠으나 저희로서는 지극히 황송합니다.

홍대용으로서는 민망하기 그지없는 일이었으나 세손의 뜻은 완강했다. 그덕분에 이후 홍대용이 책을 가지러 왕래하는 일은 없어졌다. 세손은 피곤했는지 다음 날 다시 이 편지를 읽기로 하고 서연을 파하였다.

3월 29일 다음 날 다시 겸필선 이보행, 겸사서 임득호와 함께 전날의 편지를 진강하였다. 물론 편지글과 관련된 것이기는 했으나 세손이 좀 엉뚱한 질문을 했다.

세손 1,000족足이 1,000문文인가?

이보행 그렇습니다.

세손 1문이 1냥兩인가? 1전錢인가?

홍대용 중국 법에 1푼分을 문文이라 합니다.

세손 그럼 1,000문은 몇 냥인가?

홍대용 10냥입니다.

세손 옛적에 후한後漢 광무제光武帝가 포선鮑宣에게 돈 70만을 하사하였다는 데 이것은 몇 냥인가?

홍대용 7,000냥이 됩니다. 그러나 동전 가치는 시대에 따라 각각 경중이 있습니다. 우리나라 현행 동전과 비교해보면 아마 조금 박했을 것으로 생각됩니다.

세손 과연 같지 않았다더군. 아안전鵝眼錢 같으면 물에 넣어도 가라앉지 않기에 이르렀다 하던데, 대저 쇠망하는 시대에는 돈이 박하고 나빠지니 또한 이상한 일이라 할 수 있겠다.

아안전은 중국 남북조 시대에 있었던 동전으로 어찌나 작은지 거위 눈알만 하다 하여 아안전이라 하였고 또 닭의 눈알만 하다 하여 계목전鷄目錢이라고도 하였다. 아무리 그렇기로 구리로 만든 동전이 물에 떴을까 싶지만 그만큼 작고 나빴다는 의미였다. 재화에 대한 세손의 말은 계속 이어졌다.

세손 예로부터 유안劉晏을 두고 이재理財에 능해 백성을 상하지 않게 하고 나라 살림을 풍족하게 하였다고 칭찬하는 일이 많은데, 그 방법이 과연 어떠하였는지는 알 수 없으나 남의 신하가 되어 재물이나 관리하면서 출세하였으니 뭐 그리 볼만한 것이 있겠는가? 자고로 망해가는 나라에서는 반드시 재물이 위에 모이고 재물 거두어들이는 해악이 이와 같았다.

유안은 당나라 초기에 탁지판관度支判官으로서 재정을 맡아 회계를 잘 정리하고 국가의 재물을 풍족하게 하였다고 알려진 사람이었다. 그런 사람이라도 결국은 백성에게서 거두어 국가 재정을 풍족하게 한 것에 불과할 것이라고 세손은 생각하고 있는 듯하였다. 바로 이 점에서 홍대용은 세손과 생각이 크게 달랐다. 백성을 상하지 않게 하면서 나라 살림을 풍족히 하는 재주가 어찌 볼만한 것이 아니랴. 유안이 한 일은 백성들로부터 더 거두어 나라 살림에 보탠 것이 아니었다. 그런 것이라면 유안 아니라 누구라도 할 수 있는 일이었다. 백성을 풍족하게 하고 물가를 안정되게 하면서도 나라 살림 역시 풍족하게 한 것이 그의 업적이었다. 홍대용이 북경에 다녀올 때 늘 부럽게 생각한 것은 바로 청나라 백성들이 잘산다는 점이었다. 그러니 유안과 같은 재주가 있다면 당연히 나라에서 써야 하는 재주였다.

유안은 곡식을 운반하는 조운漕運을 개혁하여 비용을 절감하였고 유력자들에게 장악되어 값이 요동치던 소금을 나라에서 전매專賣토록 하여 소금세(염세鹽稅)를 거두고 소금 값도 안정시켰다. 쓸모없는 관원을 줄여 지출을 줄였고 빈민 구제를 위하여 부업을 장려하였다. 어느 것 하나 잘못된 일이 없었으니 어려서부터 신동이라 불리던 사람다웠다. 유안을 폄하하던 세손도 재화에 관심은 있었던지 재화에 관한 이야기를 홍대용에게 물었다.

세손　요즘 광은鑛銀이니 내은萊銀이니 하던데 무얼 말하는 것인가?

홍대용　광은이란 천은天銀입니다. 우리나라 은점銀店에서 제련한 것입니다. 내은이란 왜은倭銀인데 동래東萊를 통해서 들어온 것으로, 소위 정은錠銀이라 합니다.

조선에서 고액 화폐로 유통되는 은은 광은과 내은, 두 종류였다. 광은은
국내 은광에서 캐어 제련하여 만든 것이므로 광은이라 하였다. 내은은 일
본에서 만든 것인데 동래부東萊府를 통하여 국내에 반입되는 까닭에 내은이
라 하였다. 일본과의 무역은 동래부에서 담당하고 있었기 때문이다. 세손
의 질문이 계속되었다.

　세손 우리나라 소금과 쇠는 어떤가?
　홍대용 우리나라 은과 무쇠는 산에서 납니다. 삼면 해안가에서는 소금을 구
　워내는데 무진장합니다. 참으로 재화의 부고府庫입니다. 다만 산과 바다의
　이익을 다 개척하지 못하여 백성과 나라가 함께 가난하고 곤궁함을 면치 못
　하고 있으니 이것은 강태공姜太公이나 관중管仲의 법이 없기 때문입니다.

홍대용의 이 말은 조금 전에 세손이 유안을 깎아 말한 데 대한 반발이었
다. 유안으로 부족하다면 강태공이나 관중도 부족한 것인지 묻고 싶었던
것이다. 그러나 세손은 못 들은 체 다른 이야기를 했다.

　세손 소금 굽는 방법은 어떠한가? 계방은 보았는가?
　홍대용 동해와 서해에서 소금 굽는 것을 모두 보았습니다.
　세손 금金은 우리나라에서 생산되지 않는가?

홍대용 자산紫山에서 생산되는 것을 과자금瓜子金이라고 하여 상품으로 칩니다만 아주 귀하다 합니다.

세손 동록銅綠을 동銅과 함께 녹이면 주석朱錫이 되는가?

홍대용 듣지 못했습니다.

세손 나는 전에 본 적이 있다. 아까 말한 것처럼 만들던데 빛깔이 너무 나쁘더구나. 그리고 도성 안의 똥과 더러운 것을 농부들이 모두 수레로 실어간다던데 그러한가?

홍대용 그렇습니다.

세손 그렇게 하지 않는다면 그 또한 곤란하겠군.

세손의 질문이 편지의 내용을 벗어난 지 한참 되었고 질문도 중구난방이었다. 아마 구중궁궐에 갇혀 지내다 보니 밖의 풍경이 무척 궁금한 모양이었다. 사실 세손으로서는 바깥 구경은 엄두도 못 낼 형편이었다. 그의 생부 사도세자가 임금 모르게 평양으로, 온양으로 나다니다가 결국 그 험한 꼴을 당했으니 세손으로서는 바랄 수도 없는 처지였다. 세손은 문득 홍대용이 청나라 사정에 훤한 것 같다는 느낌을 받았던지 이번에는 개인적인 질문을 하기 시작했다.

세손 계방은 북경에 가보았는가?

홍대용 가보았습니다.

세손 무슨 일로 갔는가?

홍대용 승지를 지낸 신의 숙부 홍억洪檍이 십 년 전인 을유년(영조 41, 1765)에 동지사冬至使의 서장관書狀官이 되었기에 신이 그 자제비장으로 따라갔습니다.

세손 그때 상사上使와 부사副使는 누구였는가?

홍대용 상사는 순의군順義君이었고 부사는 김선행金善行이었습니다.

홍대용이 따라갔던 사행은 동지사겸사은사冬至使兼謝恩使로 신년을 축하하기 위해 청나라에 보내는 정기 사행이었다. 매년 동지 무렵에 출발하기 때문에 동지사라고 하였다. 이때의 상사, 즉 정사正使는 왕실 종친인 순의군 이훤李烜이었고 부사는 김선행이었으며, 홍대용의 숙부인 홍억은 사신 서열 3위인 서장관이었다. 세 명의 사신은 각각 자제군관 또는 자제비장이라는 이름으로 가족이나 친인척, 가까운 사람 중에서 한 사람을 데려갈 수 있었다. 먼 여행길에서 외부 사람에게 시키기 어려운 일을 그들에게 시키도록 하기 위해서였다. 그들의 여비와 식사를 나라가 제공하였으니 혜택이라면 혜택이었다. 홍대용의 여행 이야기에 혹한 세손이 다시 물었다.

세손 오며 가며 옷차림은 어떻게 하였는가?

홍대용 전립氈笠 쓰고 군복을 입어 다른 비장裨將들과 같은 차림을 하였습니다. 돌아올 때는 포립布笠을 쓰고 도포를 입었습니다.

홍대용의 대답에 세손은 잠시 놀란 표정을 짓더니 이내 깔깔대며 웃었다. 보통의 글 읽던 선비가 군복 차림을 한 것만 상상해도 우스울 터인데 홍대용 같은 영락없는 책상물림의 선비가 그런 차림을 했다니 깔깔댈 만도 했다.

《일하제금합집》의 홍대용 일행 초상
위 왼쪽부터 시계 방향으로 김재행, 이기성, 홍억, 김선행, 이훤의 초상이다

세손　백면서생白面書生으로서 홀연 군복 차림을 하다니 이것은 매우 쉽지 않은 일일 텐데 호사가好事家라 할 만하다.

세손이 다시 북경에 대해 물었다. 워낙 가본 곳이 없어 바깥세상 일에 관심이 많은 세손이었다. 더욱이 북경은 세손으로서는 죽었다 깨어난다 해도 갈 수 없는 곳이 아닌가?

세손　북경에서는 오로지 상업에만 종사한다고 들었는데 그러한가?

홍대용　그것은 도성 안을 말하는 것입니다. 도성 밖 백성들은 우리나라보다 더 힘써 농사를 짓습니다.

세손　북경에서 먹는 것은 모두 산에서 나는 벼(산도山稻)라고 하던데 과연 그러한가?

홍대용　북경 동북쪽은 모두 밭(한전旱田)이어서 기장과 수수 등 잡곡 농사를 짓습니다. 벼 역시 밭에서 나는데 밥을 지으면 매우 좋지 않아 먹기 어렵습니다.

세손 북경에서는 다시 황후를 세우지 않는다고 들었는데 그 또한 이상한 일이 아닌가? 그때에는 어떠했는가?

홍대용 제가 갔을 때는 황후가 냉궁冷宮에 유폐되어 모든 사람이 근심하고 탄식하였으나 감히 말로써 못하였습니다. 그들의 언로言路가 막힌 것을 미루어 알 수 있었습니다.

세손 그랬구나!

홍대용 황후를 유폐하는 것은 예전부터 나라가 망하는 근본입니다. 온 조정이 벙어리가 되었는데 오직 만주인 관리 아영아阿永阿라는 사람만이 가혹한 형벌도 두려워하지 않고 거슬러 간하였다가 간신히 죽음을 면하고 먼 변방으로 쫓겨났다 합니다. 이 말을 어떤 선비에게 들었는데 그 선비는 낯빛이 창백해져 벌벌 떨면서 이 이야기를 했습니다.

세손 그때 정령政令이 엄혹했던 것이로구나. 책 파는 곳은 어떠했는가?

홍대용 유리창琉璃廠이라는 곳에 예닐곱 개의 서점이 있다 하기에 가서 보았습니다. 나무판자를 가로로 걸쳐 선반처럼 만든 서가에 책을 가지런히 놓았는데 각각 표제가 붙어 있었습니다. 한 점포에 소장된 것만 해도 몇만 권은 훨씬 넘을 듯했습니다.

세손 창춘원暢春園과 원명원圓明園도 보았는가?

홍대용 신은 창춘원을 보고서 강희제康熙帝가 참으로 근고에 영걸스러운 임금이라는 것을 알았습니다. 60년 동안 태평을 누린 것은 까닭이 있었습니다.

세손 무슨 까닭인가?

홍대용 창춘원은 담 높이가 2장丈에 불과하고 담을 따라가면서 보아도 화려한 건물은 보이지 않았습니다. 대문에서 그 만든 방식을 살펴보니 극히 보잘것없고 소박하였습니다. 황성皇城의 웅장하고 화려한 거처를 버리고 황야에서 겸손하게 거처하되 궁실宮室을 그와 같이 낮고 좁게 하였습니다. 백성들이 지금까지도 성군이라 칭송하니 그 영걸스러움을 알 수 있습니다.

세손 원명원은 창춘원에 비하여 어떠한가?

홍대용 넓고 사치스럽고 화려함이 백배도 넘습니다. 또 서산西山은 원명원의 열 배도 넘습니다. 이러한 궁실의 사치와 검소, 임금의 어짊과 그렇지 못함으로 세상 운세의 오르고 내림을 점칠 수 있습니다. 또 서산은 누각과 여러 건물이 물길을 따라 40리를 뻗어 도성 서쪽까지 이어져 있습니다. 그 위치와 구조의 정교함과 절묘함은 이루 말할 수 없을 정도이나 실은 어린아이 장난과 같습니다. 백성들의 고혈膏血을 빨아 백해무익한 놀이와 희롱거리에 이바지하여 당시에는 원망을 들었고 후세에는 웃음거리가 되었습니다. 천고의 감계鑑戒로 삼을 만합니다. 물길 따라 세워진 누각들도 근래에는 자못 칠이 벗겨지고 쇠락하여 볼품없이 된 탓인지 황제도 다시 놀러 나가지 않는 것 같습니다.

세손 그리 쇠락하였는가?

홍대용 이는 필연의 이치입니다. 무릇 사람의 감각적 욕망이란 잠시라도 만족할 줄 모르는 것입니다. 천하의 사치와 화려함을 다하여 날마다 잔치하며 논다고 하더라도 이미 지난 일이 되어버리면 반드시 새롭고 다른 것을 생각하게 되고 점점 더 기이한 것에 빠져들게 됩니다. 수양제隋煬帝나 진후주陳後主를 보면 알 수 있는 일입니다.

홍대용은 북경의 풍경을 설명하면서도 임금으로서 갖추어야 할 도리에 대하여 진언하고 있었다. 그런 그의 의도와 관계없이 세손은 그만 북경 이야기에 어린 듯하고 취한 듯했다. 머릿속으로 광경을 떠올려보지만 장관일 것이라는 느낌만 있을 뿐이었다. 그래도 역시 임금 될 사람은 다른 법. 세손은 국방에 관한 일을 묻기 시작했다.

세손 성지城池는 어떠했는가?

홍대용 성 높이는 대여섯 장쯤 되고 안팎에 여장女墻을, 양면에 참호를 함께 설치한 것이 우리나라 성 쌓는 제도하고는 아주 달랐습니다. 넓이는 숫돌처럼 평평하게 하여 10마대馬隊가 달릴 수 있을 정도였습니다.

세손 비록 나라를 지키는 근본은 '임금의 덕에 있지 산천의 험함에 있지 않다'²고 하지만 성의 제도가 이미 이와 같다면 역시 쉽게 공격할 수 없을 것 같구나.

홍대용 성지가 험한 것은 본디 믿을 만한 것이 못 됩니다. 세력과 힘이 비슷하고 대적할 만해야(세균역적勢均力敵) 공격할 수 있습니다만 사실 쉽지 않을 것입니다.

세손 일기日記가 있는가?

홍대용 쓰지 못했습니다.

세손은 묻고 싶은 것이 많지만 무한정 묻기도 그렇고 하여 일기가 있다면 읽고자 하였다. 누군들 그렇지 않으랴.

세손의 갑작스러운 물음에 홍대용은 눈을 딱 감고 거짓을 아뢰었다. 연행록을, 그것도 훗날 3대 연행록으로 손꼽히는 기록을 한글본과 한문본 두 가지로 남겼으면서도 일기를 쓰지 못했다고 대답한 것이다. 불충한 일이었으나 어쩔 수 없었다. 북경에서 사사로이 한족 선비들과 사귀었으니 여차하면 연행록이 그의 죄안罪案이 될지도 모를 일이었다. 그 일을 두고 오랜 사우인 김종후도 펄펄 뛰었던 것이니 세손이 어찌 생각할지 알 수 없었다. 그런데 세손이 바로 그 일을 물어왔다.

세손 인재人材는 어떠했는가?

홍대용 서너 명의 선비를 만났는데 시나 문장, 글씨와 그림이 모두 뛰어났습니다.

세손 필담筆談으로 하였는가?

홍대용 그렇습니다. 대개 한인漢人 중에는 재예才藝 있는 이가 많고 만주인滿州人 중에는 꾸밈없고 진실한 이가 많은데 인품으로 논하면 만주인이 한인보다 낫습니다. 이는 선배들의 연행 일기에도 나오는 말입니다.

홍대용은 중국 선비들과의 만남이 범상한 일인 양 이야기하면서 일기를 보고자 한다면 다른 사람의 연행록을 보시라 은근히 권유하였다. 그 자신도 노가재老稼齋 김창업金昌業, 1658~1721의 일기를 들고 유람에 나섰던 것이다. 홍대용이 어물쩍 넘어가려는 것을 세손은 눈치 채지 못한 듯했다.

세손 한족은 무武보다 문文을 숭상하되 너무 지나쳤다. 그처럼 문승文勝한 폐단은 참으로 말할 수 없을 정도이니 중국이 다시 떨치기는 어려울 것이다.

세손도 꼭 홍대용처럼 생각하고 있었다. 이즈음에는 한족이 다시 중원을 회복하기란 난망難望한 일이라 생각하는 것이 보통이었다. 그럼에도 아직도 북벌 대의에 의지해야 하는 현실은 참으로 모순된 것이었다. 언젠가 세손이 송시열의 북벌 운운한 '빈말'에 지금껏 의지하고 있다고 말한 것이 그런 모순을 잘 표현하고 있었다. 세손의 물음은 끝없이 이어졌다.

세손 들으니 몽고인蒙古人은 매우 용감하고 사나워 두려워할 만하다던데 보았는가?
홍대용 한번 객관客館에 가서 몽고 추장酋長을 보았습니다. 관직은 1품에 이르렀는데 생긴 것이 무디고 추하여 거의 금수禽獸와 같았습니다. 다만 잠자리에 온돌을 사용하지 않았고 또 천한 자는 겨울밤에 수레 위에서 노숙하는데 서리와 눈이 의복과 모자를 뒤덮어도 근심하거나 괴로운 기색이 없었습니다. 과연 그 사납고 강인함은 진실로 두려워할 만했습니다.
세손 동지사였으니 새해 첫날도 북경에서 맞았을 텐데 상원上元(대보름날. 1월 15일) 관등觀燈놀이도 보았는가? 어땠는가?
홍대용 등燈을 장대에 매달지 않고 처마 밑에 주렁주렁 매단 것이 우리나라와 달랐습니다. 다만 여러 사찰과 묘우廟宇에서는 모두 장대에 달았습니다. 우리나라 제도는 여기에서 나온 듯합니다.

세손 우리나라에서는 상원에 하지 않고 사월 초파일에 하는 것은 무슨 까닭인가?

조선의 연등 행사가 어째서 4월 8일에 열리는지는 삼척동자도 알 만한 것이었다. 그런 것을 묻는 세손의 의도가 어디 있는지 몰라 홍대용은 순간 당황했다. 그간의 경험으로 보아 세손이 이렇게 물을 때는 다른 의도가 있기 십상이었다. 홍대용이 머뭇거리자 임득호가 나서서 대답했다. 당연히 '불교의 영향으로 생긴 풍속이며 4월 8일은 석가모니의 생일'이라는 답이었다. 그러자 세손이 다시 물었다. '과거 조선의 유명한 학자, 관료들도 관등놀이를 했느냐'는 것이었다. 그제야 홍대용은 질문의 의도를 이해할 수 있었다. 이날은 3월 29일로 사월 초파일이 얼마 남지 않은 때였고 대궐에서도 연등 행사를 준비하고 있었다. 홍대용이 우리나라의 관등놀이가 중국의 사찰 풍습에서 유래한 것 같다고 말하자 세손은 대궐 행사가 폄하되는 듯한 느낌을 받은 것이다. 그러므로 '과거 유현儒賢들도 관등놀이를 하지 않았더냐?' 하고 물은 것 같았다.

홍대용 확실한 증거는 없으나 관등놀이를 하지 않아야 할 의리는 없을 것 같습니다. '노魯나라 사람들이 사냥 놀이를 하면 공자님 또한 사냥 놀이를 했다'고 하였듯이 풍속으로 된 지 이미 오래되었으니 그대로 두어도 무방할 것입니다. 다만 그 근원이 불교에 있어 바르지 못하고 소모되는 비용도 적지 않으니 이 또한 왕정王政이 반드시 금해야 할 것입니다.

홍대용의 말이 꽤나 묘했는데 이래서는 관등놀이를 하라는 것인지 말라는 것인지 알 수 없게 되어버렸다. 이것은 사실 홍대용 특유의 사고방식이었다. 그의 사유는 늘 풍속으로 표현된 현실과 왕정으로 표현된 이상理想 사이에 있었다. 그는 이상만을 좇아 현실을 거슬러 막는 것은 불가능할뿐더러 오히려 혼란만 심화하는 일이라 여겼다. 그래서 '시대가 바뀌고 풍속이 이루어져 금지하여 막을 수 없을 때 그것을 거슬러 막으려 하면 어지러움이 더욱 심해져 성인聖人의 힘으로도 붙잡을 수 없게' 된다며 '시대와 풍속을 따라야(인시순속因時順俗)' 한다고 말하면서도 '공자는 주周나라 사람이다. 공자로 하여금 바다 건너 구이九夷에 살게 하면 그가 화하華夏(중국)로써 오랑캐를 바꾸어 역외域外에서 주나라의 도道를 일으켰을 것이니 그러면 안팎의 구분과 높이고 물리치는 의리가 스스로 마땅한 역외춘추域外春秋가 있었을 것이다. 이것이 공자가 성인이 된 까닭'이라고 말함으로써 성인은 어떤 환경에서도 도道, 즉 이상을 추구하는 사람이라는 것을 분명히 하였다.[3]

관등놀이 같으면 이미 풍속이 되었으므로 금할 수 없고 다만 불교와의 관련성이나 지나친 비용이 문제가 되는 것이니 사월 초파일이 아닌 다른 날로 바꾼다거나 비용을 절감하는 방법을 쓸 수 있을 것이었다. 세손은 홍대용의 말을 관등놀이를 금지해야 한다는 쪽으로 알아들었던지 곤란하다는 기색으로 답하였다.

세손 유래가 오래되었는데 금지하는 것은 지나치지 않겠는가? 연등 한두 개 만드는 비용이 무어 그리 대단하겠는가?

잠시 뜸을 들이던 세손은 혼잣말 비슷하게 "하긴 난간등欄干燈 같은 것은 비용이 적지 않겠군" 하더니, 또 잠시 후에 북경에 가져다주는 세폐미歲幣米는 얼마였는지 물었다. 비용 이야기를 하다 보니 생각이 거기에 미친 모양이었다.

홍대용　명나라 때에는 1만 석石이었다가 순치順治(청나라 세조世祖의 연호, 1644~1661) 때 9,000석, 옹정擁正(청나라 세종世宗의 연호, 1723~1735) 때 또 줄어 지금은 사오십 포包 정도일 뿐입니다.

세손　그처럼 세폐미를 줄였으니 우리나라 경비가 필시 넉넉해졌겠구나.

홍대용　줄어든 쌀을 해마다 따로 두었다면 반드시 그런 효과가 있었을 것입니다. 그러지 아니하고 경비에 혼입해버렸으니 한두 해 뒤에는 더해졌는지 덜해졌는지 깨닫지도 못할 것입니다.

세손　근래에 경비가 부족하여 매양 걱정이라 하던데 이것이 과연 무엇 때문인가?

이야기가 밑도 끝도 없이 번져나갔다. 이보행이 답하였다.

이보행　백성들 농사짓는 땅에서 거두는 세금은 이리저리 빠지는 것이 반이 넘어 거두는 것이 줄었고 씀씀이는 더욱 많아지니 형세가 그러합니다.

세손　당상관堂上官이 사용司勇의 월봉까지 챙긴다 하던데 이것은 전에 없던 일이다.* 궁중에서도 나인 등의 경비가 한 부분을 차지하고 있어서 사도시司導寺에 물어보니 월봉이 늘기만 하고 줄어드는 것은 없다 하던데 어찌 지

---

* 사용司勇은 오위五衛에 속한 무관직으로 정9품직이다. 문관이 관직에서 물러나면 임시로 오위의 관직을 맡아 별달리 하는 일 없이 월봉을 챙기고는 하였다. 세손은 관직에서 물러난 당상관이 오위의 정9품 사용이 되어 그 월봉까지 챙기는 체면 모르는 현실을 지적하고 있는 것이다.

탱하며 감당할 것인가?

임득호 서울과 인근 백성이 농사짓지도 장사하지도 않으면서 입에 풀칠하며 연명하는 것은 대개 이런 후한 녹봉에서 흘러 나가는 것들에 연유합니다. 국가의 교화와 은택 아님이 없습니다.

임득호의 말에 홍대용은 깜짝 놀랐다. 그가 제일 싫어하는 소리였다. 관료라면 가져서는 안 되는 생각이었다. 좀처럼 다른 사람의 말에 박절하게 대하지 않는 그도 이번에는 참지 못하였다.

홍대용 생산하는 자가 많고 소비하는 자가 적은 것이 나라를 다스리는 큰 줄거리입니다. 이른바 노는 백성과 요행히 자리나 바라는 사람들이 국가를 소모시키고 백성을 병들게 합니다. 마땅히 깊이 생각하셔야 합니다.

세손 계방의 말이 지극히 옳다.

세손도 임득호의 말이 불쾌했던지 망설임 없이 즉각 홍대용의 손을 들어주었다. 어찌 아니랴. 사실 홍대용은 양반도 일하게 해야 한다고 생각하고 있었으나 그렇게 말했다가는 어찌 될지 몰라 그저 그 정도로만 이야기하고 말았다.

사실 이런 이야기는 홍대용으로서도 매우 조심스러웠다. 그 자리에서 입을 떼었다가 욕을 본 임득호만 탓할 일도 아니었다. 그는 그저 양반 관료들 대다수의 생각을 대변한 것에 지나지 않았다. 그런 형편에 홍대용이 좀 더 강하게 발언한다면 무슨 일이 벌어질지 알 수 없는 노릇이었다.

앞에 나왔던 북경에 관한 이야기도 마찬가지였다. 홍대용의 북경 여행과 청나라 선비들과의 사귐, 청나라에 대한 긍정적 평가 등은 당시에 큰 논란거리였다. 박지원이나 박제가, 이덕무 같은 사람들은 그의 행적을 찬양하고 그를 본받아 뒤를 이으려 하였지만 상당수의 사람들이 그의 행위를 지탄해 마지않았다. 특히 그와 떼려야 뗄 수 없는 관계의 사람들, 스승의 아들이자 6촌 형인 김이안이나 열아홉 살이라는 어린 시절부터 사귀어온 김종후 같은 사람들의 강한 질타는 그에게 정신적, 심리적 고통을 안겨주었다. 그래서 홍대용은 자신의 생각을 강하게 피력할 수 없었고 연행 일기의 존재도 드러내놓고 말할 수 없었다.

세손의 질문이 워낙 중구난방이어서 자연히 홍대용의 답변도 토막이 나지 않을 수 없었지만 이 정도의 이야기만이라도 잘 연결하여 곰곰이 생각해 보면 꽤 그럴싸한 개혁론이 아닐 수 없었다. 우선 언급된 국내 문제는 광산 개발과 소금 전매를 통한 국부의 증대, 놀고먹는 사람을 줄이고 생산하는 자를 늘리는 것 두 가지였다. 놀고먹는 사람에는 '요행히 자리나 바라는 사람', 즉 양반층도 포함되어 있었다. 따라서 여기에는 과거 제도, 관료 제도, 신분 제도의 개혁 구상이 포함될 수밖에 없었다.

청나라에 대해서는 상업과 농업이 고르게 행해지고 있다는 것, 서점의 규모로 보아 학술의 수준도 높이 평가되어야 한다는 것, 강희제는 훌륭한 황제였다는 것, 군주의 검소함은 국가의 흥망성쇠와 관련된다는 것, 청나라 선비들의 재능이 뛰어나다는 것 등을 이야기하였다. 대개 이용후생에 관한 것이었다. 이 정도면 적어도 청나라와의 교류를 확대하고 산업을 균형 있게 발전시킬 이유가 충분하고도 남았다. 토막 난 대화 속에서도 홍대용은 국내외적으로 상당한 변화를 일으킬 만한 이야기를 하고 있었던 것이다.

사회적 분위기는 그런 그의 생각에 부정적이었다. 그래서 그의 생각이 정책에 반영되기 위해서는 임금의 이해와 보호가 절대적으로 필요했다. 그런 희망이 아예 없는 것은 아니었지만 불행히도 세손은 그의 북경 이야기를 호사가의 일이나 흥밋거리로만 받아들이고 있었다. 홍대용으로서는 안타까운 일이 아닐 수 없었으나 그에게 조금 더 시간이 주어진다면 세손을 설득할 수 있을지도 모를 일이었다. 그러나, 홍대용도 세손도 알지 못했지만 그들에게 주어진 시간은 그리 많지 않았다.

3월 30일 이튿날인 3월 30일 낮, 홍대용은 소대에 입시하였다. 전날과 마찬가지로 겸필선 이보행, 겸사서 임득호와 함께였는데 주강이어서 《성학집요》를 진강하였다. 이즈음 세손은 낮에는 《성학집요》, 저녁에는 《주서절요》를 함께 읽고 있었다. 조만간 임금이 세손과 함께 홍문관弘文館에 나아가 경연을 열어 《성학집요》를 강하면서 세손의 학문을 신하들에게 보이려 한다는 이야기가 있었다. 다행스럽게도, 전에 홍대용이 《성학집요》의 부주를 빼놓지 말고 읽을 것을 강력히 주장한 이래 세손이 부주까지 세밀히 읽은 덕분에 별문제 없이 큰 행사를 치를 수 있을 것 같았다. 이날의 서연도 진도를 나가기보다는 일종의 시험공부처럼 진행되어 예상 문답을 하고 마쳤다.

* * *

　홍대용의 당숙 홍자는 이때 병조참판이었다. 홍자는 누이의 아들인 김이안이 이미 아버지 김원행의 삼년상을 마쳤으므로 이제 벼슬을 하였으면 하는 바람이 있었다. 마침 홍대용도 계방에 있으니 같이 계방에서 근무했으면 싶었다. 그래서 다른 사람을 시켜 자신이 아프다며 결근한 날 슬그머니 김이안을 계방 익위翊衛로 추천하게 하였다. 그러나 애초에 될 일이 아니었다. 외삼촌이 병조에 있는 동안 병조에서 추천하는 관직에 조카 이름을 올리는 것은 상피제相避制에 걸리는 일*이었다.[1] 게다가 김이안 자신도 아직은 벼슬에 나올 생각이 없는 듯했다. 홍대용으로서야 스승의 아들이자 사형師兄이요, 6촌 형제인 김이안이 계방에 와준다면 좋은 일이었으나 아직 좀 더 시간이 필요할 듯했다.

---

* 조선시대에는 친인척이 서로 관련된 업무에 종사하지 못하게 하는 상피제相避制가 있었고 탄핵 등의 혐의가 있는 경우 피혐避嫌이라 하여 관직에 나와 일을 보지 않는 관례가 있었다. 문관은 이조에서, 무관은 병조에서 추천받아 임명되었는데 세자익위사는 무관직으로 병조의 추천을 받아야 했다. 홍자는 김이안의 외삼촌이자 병조참판이었으므로 그가 김이안을 세자익위사의 관원으로 추천하는 것은 상피제를 어기는 일이 된다.

　1 임지환, 〈유안의 재경개혁에 대한 연구〉, 《전북사학》 15(전북사학회, 1992).
　2 사마천, 《사기》, 〈손오열전〉.
　3 《담헌서》 내집 권 4, 보유, 《의산문답》.
　4 《승정원일기》 영조 51년(1775) 4월 1일.

최명룡(1567~1621), 〈월야주옥도〉

강 속의 달을 지팡이로 툭 치니 / 결 따라 달그림자 조각조각 일렁이네
어라, 달이 다 부서져버렸나 / 팔을 뻗어 달 조각을 만져보려 하였네
물에 비친 달은 본디 비어 있는 달이라 / 우습다, 너는 지금 헛것을 보는 게야
물결 잔잔으면 달은 다시 둥글 거고 / 품었던 네 의심도 저절로 없어지리
한 줄기 휘파람 소리에 하늘은 드넓은데 / 소나무 늙은 등걸 비스듬히 누워 있네
— 강희맹, 〈작묵희재기액 증강국윤〉

초여름 밤의 꿈
세손과 홍대용, 길을 달리하다

4월 8일 어느새 사월 초파일이 되었다. 야대할 테니 모두 대기하라는 명령이 있었다. 계방에서는 낮에 하는 소대를 담당하고 있던 사어^{司禦} (세자익위사의 종5품 벼슬) 김근행^{金謹行}과 야대 당번인 홍대용이 둘 다 퇴근하지 못한 채 대기하고 있었다. 날이 저물자 들어오라는 명이 있었다. 춘방에서는 필선 이진형과 사서 홍국영이 들어왔다. 모두 네 사람이었다. 존현각에 들어서니 처마에 여러 개의 양각등^{羊角燈}과 옥등^{玉燈} 네댓 쌍을 매달아 안팎이 훤하였다. 며칠 전 야대에서 중국은 우리나라와 달리 등을 장대에 달지 않고 처마 밑에 달더라는 이야기를 한 탓에 그리 한 것인지 원래 그리 했던 것인지는 알 수 없는 노릇이었다. 다 함께 나아가 부복하자 세손이 말하였다.

세손 오늘은 등 다는 날이다. 전하께서 때마침 먹을거리를 내려주셨고 또 옥등도 하사하신 까닭에 계방 주야 당번을 함께 부른 것이니 같이 구경함이 좋겠다. 혹시 이미 등을 보았는가?

홍국영 야대하라는 명령이 계신 까닭에 감히 멀리 떠나지 못했습니다.

세손 계방은 보았는가?

김근행 못 보았습니다.

홍국영 계방 또한 야대하라는 명을 받았기 때문에 자리를 지키느라 못 본 것입니다.

세손 북경에서 본 등은 어떻게 만든 것이었는가?

이진형이 답하려 했으나 세손이 이진형을 제지하면서 말하였다.

세손 홍시직에게 물었다.

세손은 얼마 전 나눈 북경에 대한 대화를 염두에 두고 있었다. 세손은 어쩐지 청나라에 대해 묘한 경쟁심을 느끼는 것 같았다. 비록 청나라에 대하여 사대 예절을 갖추고 있기는 하였지만 아직까지는 조선이 유일한 중화요, 청나라는 오랑캐의 나라라는 인식이 있었다. 세손은 바로 그 유일 중화인 조선의 국왕이 될 사람이었다.

홍대용 대개 양각등이 많고 혹 사등紗燈에다 그림을 그려 채색한 것도 있었습니다.

세손 유리등琉璃燈도 보았는가?

홍대용 못 보았습니다.

못 보았다는 홍대용의 말에 세손은 기분이 좋아졌는지 자랑하는 말을 하였다.

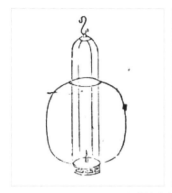
양각등(좌)과 유리등(우)

세손 궁중에 진주등眞珠燈이 있는데, 이것은 인원성모仁元聖母*께서 손수 만들었다. 난간등에 비하여 비용은 아주 조금 들었는데 번쩍임이 보통 아니어서 아주 볼만하다. 창덕궁 어수당魚水堂**은 혹 보았는가?

홍대용 못 보았습니다.

세손 어수당 관등이 자못 좋다. 몇 해 전까지만 해도 등석燈夕 때가 되면 매번 옥당玉堂(홍문관)에서 많이 입시하였다. 후원後園 연못에는 용주龍舟가 있는데 평소에는 쓰지 않다가 등석에 간혹 쓰고는 했으니 내 어릴 때 한 번 본 적이 있다. 또 수면水面에 등을 켜놓은 것이 가장 볼만하다.

세손은 홍대용이 북경에서도 못 본 유리등이며 진주등을 자랑하느라 바빴다. 특히 진주등은 세손의 증조모가 되는 인원왕후仁元王后가 직접 만들었을 뿐 아니라 비용도 적게 들었다며 더욱 뿌듯해하였다. 전날 홍대용이 비

---

* 숙종의 세 번째 왕비인 인원왕후仁元王后(1687~ 1757)를 가리킨다. 장희빈張禧嬪과의 갈등으로 유명한 인현왕후는 숙종의 두 번째 왕비이다. 인현왕후가 죽은 후 인원왕후가 왕비가 되었다. 경주 김씨로 김주신金柱臣의 딸이다.

** 어수당魚水堂은 창덕궁 애련지愛蓮池 옆에 있던 건물로 현재는 남아 있지 않다.

용 운운한 것을 의식하였던 것이다. 왕실에 대한 자부심을 마음 한가득 안은 채 세손은 궁료들에게 음식을 권했다.

세손 나도 오늘 소찬小饌(약간의 음식)을 준비하여 춘방과 계방 여러 사람에게 각각 한 상씩 주려 하였는데 마침 전하께서도 춘방과 계방에 음식을 하사하셨으니 그것부터 먼저 회식하는 것이 좋겠다.

세손이 명을 내리자 내관들이 상을 들고 들어왔다. 임금이 내린 것은 평평하고 둥근 칠반柒盤에 나왔는데 십여 개의 그릇에 음식이 담겨 있었다. 또 작고 다리가 짧은 상도 나왔는데 이는 세손이 주는 것으로 예닐곱 개의 작은 그릇에 음식이 담겨 있었다. 한 사람 앞에 두 상씩 내려진지라 혼자 먹기에는 양이 많았다. 더욱이 홍대용은 본래 많이 먹는 사람도 아니고 먹는 모습도 점잖아 남들이 보기에는 별로 먹지 않는 듯 보였다. 그 모습을 보고 세손이 "홍시직은 어서 많이 들라" 하며 열심히 권했다. 어쩔 수 없이 좀 더 속도를 내어 먹는 시늉을 하지 않을 수 없었다. 홍대용이 열심히 먹자 세손도 마음이 흐뭇했던지 은근한 말을 건넸다.

세손 계방은 지난번 빈객에게 음식을 내렸을 때 참석하지 않았던가?
홍대용 그렇습니다.
세손 이처럼 좋은 날 춘방과 계방의 여러 사람이 한자리에 모이기는 참으로 쉽지 않은 일이다.

먹으며, 이야기하며, 어둠을 수놓는 갖가지 빛을 내는 등을 바라보며 초여름의 밤은 그렇게 깊어갔다. 세손이 내관에게 음식을 더 내오라 하자, 그만 모두 먹기 곤란한 지경에 빠졌다. 세손도 많이들 먹었다 싶었는지 더는 권하지 않고 상을 각각 춘방과 계방으로 가지고 가 좀 쉬었다 먹고, 다른 사람들과 나누어 먹도록 하였다. 이미 받은 두 상에도 먹을 것이 남아 있었고 새로 받은 상은 손도 대지 못한 채였다. 눈도 입도 배도 마음도 만족스럽고 따뜻한 초여름의 밤이었다.

4월 9일 다음 날인 4월 9일의 야대에도 홍대용은 필선 이진형, 사서 홍국영과 함께 입시하였다. 《주서절요》의 〈유성지游誠之에게 답한 편지〉*를 읽었다. 주로 독서와 공부, 깨달음과 수양에 대해 논한 편지였다. 필선 이진형과 사서 홍국영이 나누어 읽은 다음 이진형이 글의 뜻을 아뢰었다.

이진형 일을 올바르게 잘 처리하는 사람은 마음이 침심沈深(매우 차분함)하지 않음이 없고 일을 옳지 못하게 처리하는 사람은 마음이 조포躁暴(성급하고 사나움)하지 않음이 없습니다. 저와 같은 사람도 일상생활에서 경험해보면 그렇지 않은 적이 없습니다. 착한 마음을 붙잡아 보존하려면 반드시 침심을 귀하게 여기고 조포함을 경계해야 하는 것입니다.

마침 홍대용도 세손에 대해 하고 싶었던 말인지라 부연하였다.

홍대용 춘방의 말이 매우 좋습니다. 또 그 말은 직접 체험한 데에서 나온 것이지 구차스럽게 입으로만 떠드는 것이 아닙니다. 저하께서도 헛되이 좋다고만 하지 마시고 실제로 받아들이신다면 저하의 덕에 도움 되는 바가 적지 않을 것입니다.

세손 아뢴 것이 좋구나. 다만 성품이 너무 차분하기만 한 사람은 떨쳐 일어나기보다는 줏대 없는 경우가 많아서 성품 굳센 자가 좋게 변하여 일 잘하는 것만 못하지 않은가?

홍대용 그렇기는 합니다. 사람의 기질이란 것이 본래 그러합니다. 굳센 것을 고쳐 부드럽게 하기는 쉬워도 부드러운 것을 고쳐 굳세게 하기는 어렵습니다. 항간에서도 어려서 온순한 사람은 커서 성취하는 경우가 드물다고들 말합니다. 집에 있을 때 강직했던 사람이 조정에 들어가면 위엄과 절개를 세우는 경우가 많이 있습니다.

세손 나 역시 조포하고자 함이 아니라 대개 침심이 고명高明만 못하다는 것을 말한 것이다. 매번 고요한 밤에 깨어 있을 때면 심기가 아주 좋아져서 착한 마음이 무성해지다가(선단애연善端藹然) 아침과 낮에 일을 처리하다 보면 그만 마음이 어지럽혀지니 이것이 가장 고민스럽다.

홍대용 착한 마음을 붙들어 보존한다는 뜻의 '조존操存' 두 글자는 예로부터 마음공부(심학心學)에서 가장 중요한 말이 되어왔습니다. 일이 있을 때나 없을 때나 가릴 것 없이 항상 조존 공부를 더 하여 움직일 때나 고요히 있을 때나 한결같이 마음이 안정된 연후에야 마음이 비워지고 밝아져 일의 처리가 이치에 맞게 될 것입니다.

홍국영이 말을 받았다.

홍국영 계방이 아뢴 것이 매우 좋습니다. 이것이 편지에서 말한 이른바 '경敬은 동정動靜과 통한다'라는 것입니다.

세손 참으로 그러하다. 고요함을 위주로 하는 것이 실로 배움의 요점이 된다.

홍국영 저희 같은 사람들도 아랫사람에게 죄가 있을 때 분노를 억제하고 천천히 살펴보면 용서할 만한 것이 많고 심기도 편안하게 늦추어집니다. 분노를 억제하는 공부는 빠뜨릴 수 없는 것입니다.

세손 효종대왕께서는 아랫사람들에게 죄줄 일이 있을 때면 반드시 하룻밤을 지낸 후에 결단하셨다고 한다. 성스러운 임금의 성찰하는 공부를 여기서도 볼 수 있는 것이다. 계방도 이런 이야기를 들은 적 있는가?

홍대용 신도 또한 들은 적 있습니다.

홍국영 어제 심부름하는 중관中官을 처벌하신 일 같은 것 또한 지나친 일이었습니다. 빨리 풀어주는 것이 합당하다 할 것입니다.

세손 이 일은 밤에 생각해보니 조금 지나쳤음을 깨닫게 되었다. 그대의 말이 매우 좋다. 내일 마땅히 선처하겠다. 계방은 어찌 생각하는가?

과연 홍국영은 기민했다. 대화를 그런 쪽으로 끌고 가더니 세손의 입에서 반성하는 말이 나오자 처음부터 아뢰고자 했던 말을 꺼냈다. 세손은 그의 말을 받아들이면서도 대화를 여기까지 끌고 오는 일에 홍대용도 가담한 것인지 확인하려 했다. 그런 사실이 없으므로 홍대용은 부인했다.

홍대용 신이 그 일의 전후 사정을 알지 못하니 감히 함부로 대답할 수 없습니다만 다만 춘방이 아뢴 바를 옳다 말씀하셨으니 내일까지 기다릴 것 없이 즉시 놓아주시면 간언을 따르는 데 용감하다 할 것입니다.

세손 나는 잘못이 있을 때마다 후회하지 않은 적이 없다. 다만 이 후회하고 자책하는 생각이 끊임없이 일어나 마음속에서 떠나지 않으니 고민스럽다.

홍대용 아예 잘못이 없는 것보다 잘못을 고치는 용기를 내는 것이 더 나은 것입니다. 허물 고침을 과감하게 하는 것이 허물 없는 것보다 나으나, 허물을 이미 고친 다음에는 자연 마음이 후련해지는 법인데, 어찌하여 가슴속에 남겨두고 뉘우칠 것이 있습니까?

대개 세상에는 잘못을 저지르고는 이것을 감추려고 더 큰 잘못을 범하는 경우가 많으니 처음부터 잘못 없는 것과 잘못을 고치는 용기를 내는 것 사이의 우열을 논한다는 것이 별 의미 없는 일이 될지도 모르겠다. 그러나 아무리 훌륭한 사람이라 해도 아예 처음부터 잘못이 없을 수는 없으므로, 잘못이 없는 것보다 잘못을 저질렀을 때 바로 고칠 수 있는 용기가 더 중요한 것이다. 또 잘못을 저지르지 않으려고만 하면 전전긍긍하여 아무 일도 할 수 없게 된다. 그보다는 차라리 사려 깊게 생각하여 행동하되 잘못이 있을 때는 바로 고치는 것이 더욱 귀한 것이다. 홍대용의 말은 그런 뜻이었다.

세손 계방의 말이 매우 좋다. 정자程子가 '자신을 죄주고 자책함을 버릴 수 없으나'[1] 운운하였던 바로 그 말이로구나.

홍대용의 말을 듣고서야 세손은 《근사록》에 나오는 정이천의 말을 떠올렸다. 잘못을 고친 다음에는 지나간 잘못을 오래 마음에 머무르게 하는 것이 오히려 옳지 않은 일이 된다는 말이었다. 흐뭇했던지 세손이 칭찬하였다.

세손 오늘 강론은 매우 좋았다. 한 사람은 논의할 주제를 끄집어냈고 한 사람은 이를 펴서 넓혔으며 또 한 사람은 총괄해서 매듭지었다.

처음 말을 꺼낸 사람은 이진형이었고 펴서 넓힌 사람은 홍국영이었으며 총괄해서 매듭지은 사람은 홍대용이었다. 이때 이진형이 다른 말을 꺼냈다.

이진형 오늘 심염조가 마침 춘방에 왔었습니다. 그리고 신들에게 '장황스럽게 글 뜻 아뢰는 것이 긴요한 일이 아니다. 오직 한 가지 민망스러운 일이 있는데 저하께서 궁료들의 잘못을 덮어두심이 너무 지나치다' 하였습니다.
홍국영 그 말이 본데없지는 않습니다. 가까이에서 모시는 궁료 누구인들 저하께 충성스럽지 않을 것이며 저하를 사랑하지 않겠습니까만 혹 저하의 엄숙한 위엄이 부족할까 봐 한 말일 것입니다.
세손 그러하다. 이 자리에 있는 두 사람과 같은 궁료들은 얻기가 쉽지 않다. 그동안 망령되이 아뢴 것은 그저 물리쳐버리면 그만일 것이다. 다만 서연의 체통은 임금의 경연과는 아주 다른지라 함부로 말하더라도 죄주거나 할 수 없는 것은 그 형세가 또한 그러한 것이다. 계방은 어찌 생각하는가?
홍대용 저하의 말씀이 지당합니다. '거친 것도 덮어주고 더러운 것도 품어

준다(포황함예包荒含穢)'² 하였으니 임금의 덕량德量은 마땅히 이와 같아야 합니다. 하물며 저하이겠습니까? 다만 신이 보기에 저하께서는 어질고 밝으심은 충분하지만 어쩌면 위엄과 중후함(위중威重)은 부족한 듯합니다. 위엄과 중후함 두 가지는 배움에서 급선무가 되는 것입니다. 포의(베옷. 벼슬 없는 선비를 비유적으로 이름)의 선비에게도 그러하거늘 하물며 제왕의 학문이겠습니까? 또한 앉거나 일어서거나 하는 모든 행동에서 중후함에 힘쓰는 것은 단지 덕을 기르는 터전이 될 뿐 아니라 귀천貴賤과 수요壽夭도 그에 따라 갈리기 때문입니다. 신이 매번 저하께서 거둥(나들이)하실 때나 혹 저하를 모시고 앉아 있을 때 저하의 위의威儀를 우러러보았는데 편안하면서 중후한 모습이나 단정하면서 엄숙한 모습과는 매우 거리가 있었습니다. 옛사람들은 단정히 앉으면 흙으로 만든 소상塑像처럼 손발을 움직이지 않았다고 합니다. 이런 일들을 좀 더 체념體念하심이 어떻겠습니까?

홍대용은 조금도 에둘러 말하지 않았다. 당황한 것은 세손이었다. 자신의 너그러움이 화제가 되지 않고 갑자기 위엄과 중후함이 부족하다는 엄한 비평을 들었기 때문이었다. 잘못을 지적받았으니 시인을 하든 변명을 하든 화를 내든 해야 했다.

세손 경계하는 말이 나의 병통에 절실하게 적중하니 매우 좋구나. 나 역시 알지 못하는 것은 아니나, 요즘에는 매양 스스로 수양하며 다스려 전에 비해 많이 나아졌다 여겼는데 이와 같음을 면하지 못하는구나.

홍대용 타고난 기질을 변화시키는 것이 어찌 하루아침에 이룰 수 있는 일이겠습니까? 때에 따라, 장소에 따라 잊지 않고 공부하는 것이 가장 중요한 방법입니다.

세손 소위 공부라는 것을 감히 아주 안 할 수야 없지만 족히 말할 만한 것이 없고 다만 흉내만 내었을 뿐이다.

홍대용 그것은 저하께서 스스로 겸손하게 하시는 말씀인 것으로 알아듣겠습니다만, 흉내만 내었다 하시면 그것이 어찌 진실하게 공부하는 절도節度이겠습니까?

세손은 겸손하게, 자책하는 말도 하고 변명도 하였다. 그런데도 홍대용은 말꼬리까지 잡으면서 더욱 강하게 몰아붙였다. 세손은 웃음을 터트렸지만, 은근히 부아가 났던지 농담처럼 한마디 했다.

세손 흉내만 내도 꾸준히 하면 되는 날이 있지 않겠는가?

웃으며 하는 말이었지만 분명 어깃장 놓는 소리였다. 그때 홍국영이 나섰다.

홍국영 지난번 저경궁儲慶宮에 거둥하실 때 여기 있는 계방 또한 수행하였습니다. 저하께서 말을 타실 때 편안하고 조용하게 고삐를 잡았기 때문에 백성들이 함께 기뻐했다고 합니다.

홍국영은 세손에게 이렇게 아뢰고는 홍대용을 바라보며 말했다.

홍국영　그런데 이번 육상궁에 거둥하실 때에는 전하께서 재촉하셨기 때문에 조금 달리지 않을 수 없었던 것입니다.

요컨대 홍국영은, 홍대용의 박절한 말은 지난번 저경궁 거둥 때와 달리 이번 육상궁 거둥 때 세손이 조금 말을 달린 것을 걱정한 데서 비롯되었음을 세손에게 아뢰는 한편, 홍대용에게는 세손이 말을 달릴 수밖에 없었던 사정을 설명한 것이었다. 세손도 납득하였는지 한마디 변명을 더 보탰다.

세손　혹 교외郊外로 거둥하게 되면 어찌 달리고 싶은 마음이 없겠는가마는 본래 감히 기분대로 할 수 없는 것이다. 이번 능행陵幸 때는 대가大駕가 이미 떠난 뒤에 따라가는데 뒤따르는 여러 관원들로 길이 꽉 막혔다. 그 후 천천히 혁교革橋(돈의문敦義門. 서대문 밖 만초천을 건너기 위해 만든 다리)를 건너와서 보니 이미 대가와 멀리 떨어져 빨리 달려 쫓아가지 않을 수 없었으니 그때 형세가 그러했던 것이다.
홍국영　저희야 본래 그런 것을 알지만, 모르는 백성들은 다들 저하께서 말 달리기 좋아한다 할 것입니다.

홍국영의 말에 세손은 고개를 끄덕였다. 임금이거나 임금이 될 사람이거나 간에 행동이 조급하고 말달리기나 좋아한다는 소문이 백성들 사이에 돌면 좋을 것이 없었다. 홍대용의 말도 그런 차원에서 이해되었다. 세손은 책을 덮더니 청나라 《진신편람縉紳便覽》을 꺼내 보이며 말했다.

세손 계방은 이 책을 본 적이 있는가?

홍대용 본 적 있습니다. 저들의 관직 제도는 대개 명나라 제도를 따른 것으로 천하의 큰 규모를 대략이나마 볼 수 있습니다.

세손 관직의 수효가 어찌 이리 적은가?

홍대용 신은 오히려 많다고 여깁니다. 우리나라에 비하면 열 배도 훨씬 넘습니다.

세손 우리나라에 비하면 많지만 천하의 크기로 보면 많다고 할 수 없다. 우리나라 관직 수효는 내직과 외직을 다 합하여 얼마나 되는가?

아무도 아는 사람이 없었다. 하긴 누가 그걸 셀 것이며 또 외우고 다닐 것인가? 세손은 어지간히 궁금했는지 내시를 시켜 관안官案(현재 관직에 있는 자의 이름을 적은 책자로 관직명 아래 관원의 이름이 적힌 종이를 덧붙여 기록함)을 가지고 오게 하였다. 홍국영이 내직을, 홍대용이 외직을 헤아렸다. 모두 헤아

진신편람첩과 관안

러보니 내직에 있는 사람이 900여 명, 외직에 있는 사람이 670여 명이었다. 모두 합하면 1,500명이 넘었다. 800명 언저리일 것이라고 예상했었으나 그보다 훨씬 많은 셈이었다. 다들 놀랐고 세손도 혀를 찼다. 홍대용이 말했다.

홍대용 신도 진실로 관원 수효가 이토록 많을 줄 몰랐습니다. 경비가 부족할 것은 의심할 것도 없겠습니다.

세손 참말로 쓸모없는 관원도 많구먼.

홍대용 북경은 천관千官이라 하고 우리나라는 백관百官이라 하는데 무슨 까닭에 이토록 늘어났는지 알 수가 없습니다.

세손 우리나라도 천관이라 부르는 게 합당하겠다. 북경에서는 만주인 관료와 한인 관료를 어찌 분별하는가?

홍대용 각각의 이름 아래 거주지를 쓰는데 '만주모기인滿洲某旗人'이라 한 자는 만주인이고 '봉천모기인奉天某旗人'이라 한 자는 한군漢軍입니다. 한군이란 통일되기 전에 복종한 자들의 후손입니다. 다 같이 팔기군八旗軍에 예속되어 있다가 봉천에 소속된 자들입니다. 봉천이란 심양瀋陽입니다.

도무지 무엇 하나 대충 알고 마는 법이 없는 사람이었다. 모르는 것이야 모르겠지만 아는 것은 누구나 납득시킬 수 있을 만큼 훤히 알고 있었다. 그러니 세손의 물음이 홍대용에게 집중되는 것은 당연지사였다.

세손 관직이야 본래 바뀌는 것이지만 우리나라 관안은 어찌 이리 자주 고

처졌는가?

　이즈음의 관안은 자주 고쳐진 정도가 아니라 아예 누더기에 가까웠다. 사간원司諫院의 수장인 대사간大司諫 자리만 하더라도 작년(영조 50, 1774) 한 해에만 21명이 거쳐 갔고 한번 바뀐 사람이 다시 임명되는 경우가 다섯 차례 있어 모두 26차례 사람이 바뀌었다. 한 달에 두 번 이상 관안이 고쳐진 셈이었으니 누더기에 가깝다 해도 될 만했다. 워낙 속담에 '조선의 공사公事는 3일'이라는 말이 있기는 하였다. 조정의 명령이 하도 자주 바뀌어 하는 말이었다.
　임진왜란 때의 일이다. 당시 도체찰사였던 유성룡柳成龍이 전령을 불러 여러 군영에 긴급한 명령서를 발송하려 했다. 이틀 후 명령을 고쳐야겠다는 생각이 들어 전령을 불러 고친 명령서를 주었더니 전령이 지난번 것도 떠나지 않았다고 답하였다. 어찌하여 급히 발송하지 않았느냐고 유성룡이 역정을 내자 전령이 하는 말이, '속담에 조선의 공사는 3일이라 하기에 3일 후면 또 바뀔 것 같아 떠나지 않았다'는 것이었다. 이에 유성룡은 하도 어이가 없어 울지도 웃지도 못하였다고 한다.
　그렇다고는 해도 이즈음의 인사는 해도 너무한다 싶을 정도였다. 모두 임금의 변덕이 심한 탓이었다. 그렇다 보니 다들 좀 더 확실한 연줄을 잡으려 했고 덕분에 힘을 얻는 것은 홍인한 같은 외척들이었다. 세손은 그런 문제를 인식하고 있는 듯했다.

　홍대용　북경의 관제官制는 9년마다 바뀌므로 아침에 옮기고 저녁에 바뀌는 우리나라와는 다릅니다. 그러므로 관안을 매년 초에 한 번 고쳐 간행한 후 1년 동안 사용하게 됩니다. 그사이 바뀌는 것은 많지 않습니다.

세손 북경에서 당보塘報(중국의 조보朝報로, 조정에서 일어난 일을 기록하여 관료들에게 배포함)도 보았는가?

홍대용 보았습니다만 우리나라와는 달리 옥안獄案(재판 때 쓰던 조서로, 옥사를 기록한 서류)이 많을 뿐이며 또한 인본印本입니다.

세손 우리나라 조보朝報도 인쇄해서 사용하는 것이 어떻겠는가?

홍대용 일찍이 선조대왕 때 인쇄하여 사용한 적이 한 번 있으나 곧 금지했습니다. 이 일은 선정신先正臣 율곡 이이의 《경연일기》에 실려 있습니다만 인쇄하여 사용한다면 무척 비용이 절약될 듯합니다.

세손 무방할 듯하다.

조보는 조정의 명령이나 관직의 변동을 알리는 신문 같은 것이었다. 홍대용이 말한 대로 선조 때 일시적으로 인쇄하여 반포한 적이 있었으나 국내의 기밀이 외국으로 유출된다 하여 다시금 인쇄가 금지되었다.[3] 이때를 제외하고는 변형된 초서체로 기록하여 아무나 읽을 수 없게 하였다.

조보의 인쇄에 관한 이날의 이야기도 머지않은 장래에 곧 현실이 되었다. 이듬해에 세손이 임금이 되어 가장 처음으로 한 일 가운데 하나가 바로 조보를 인쇄해서 반포하는 것이었다.[4] 실은 청나라와 조선을 비교하면서 나눈 이날의 대화 전체가 즉위 후 할 일, 국정의 방향 등을 점검하는 것이었다. 홍대용은 그것까지야 알아채지 못하였겠지만 마음을 다하고 있었다.

세손 북경 관료들의 녹봉이 너무 적은 것 아닌가?

홍대용 신 역시 그 까닭을 알 수가 없습니다. 다만 여러 왕들의 녹봉은 매년 쌀이 만 곡斛에 은이 만 냥이니 도리어 지나치게 후한 것 같습니다.

세손 그것도 어찌 지나치게 후하다 할 수 있겠는가? 우리나라 같으면 세금 면제되는 땅을 수천 결結씩 깔고 앉았으니 이보다 더 후할 수 있겠는가?

세손이 말한 '세금이 면제되는 땅'이란 흔히 궁방전이라고 불리던, 왕실 친인척들에게 주어진 것이었다. 대군, 공주, 옹주 등에게는 백성 소유의 토지에서 나오는 세금을 떼어주기도 하고 그들 소유의 토지에 대해 세금을 면제해 주기도 했는데 그 규모가 엄청나 수백 결을 오르내렸다. 1결의 면적은 일정치 않으나 3,000평에서 1만 2,000평 사이이니, 대략 평균 잡아 1결을 5,000평으로 칠 때 1,000결이라면 무려 500만 평이었다. 그들은 이를 바탕으로 하여 사치스러운 생활을 하고 세력을 키우기도 하였다.* 최근에는 세손의 고모 화완옹주와 그녀의 양자인 정후겸이 임금의 총애에 힘입어 가장 많은 폐단을 일으키고 있었다. 세손은 청나라에 빗대어 인사 문제며 궁방전 문제를 이야기했으나 실은 외척의 세력을 줄일 계획을 털어놓고 있는 것이나 다름없었다.

이런 이야기를 주고받고 있을 때 세손이 앉아 있는 곳에서 구슬 같은 것 몇 알이 떨어져 굴러 왔다. 처음 강론을 시작할 때부터 세손은 무엇인가 씹고 삼키고 하는 소리를 내고 있었다. 궁료들로서는 내색할 수 없었지만 기분 좋은 일일 수 없었다. 조금 전 홍대용이 세손의 태도에 대해 조금 과격하

---

* 훗날 세손은 즉위 직후 궁방전 환수 조치를 취하였다. 《정조실록》 권 1, 즉위년(1776) 4월 10일.

게 말한 데에는 이 일도 한몫했을 터였다. 굴러떨어진 것을 홍국영이 얼른 주위 맛보더니 '다주茶珠'라고 하였다. 차 맛이 나는 일종의 사탕이었는데 보통 사람은 구경조차 할 수 없는 귀한 것이었다. 홍국영이 말했다.

홍국영 이것은 다주입니다. 다주를 너무 많이 진어進御하시니 무슨 까닭이 옵니까?

세손 식체食滯 때문이고 그 단맛과 향기도 좋아하기 때문이다.

세손도 민망했는지 어쩔 수 없어 먹는다는 핑계를 대고는 얼른 홍대용을 바라보며 다른 말을 했다.

세손 북경에서는 어떤 차茶를 최고로 여기던가?

홍대용 보이차를 최고로 칩니다. 보이는 운남雲南 땅에서 나는데 상당히 귀합니다. 신 역시 본 적이 없습니다. 다주는 온전히 용뇌龍腦의 기운을 가진 것으로 성질이 차서 기氣를 조화시키기에 마땅한 것이 아닙니다. 또 차는 쓴맛을 귀하게 여기는 것입니다. 단것은 입에는 좋을지 몰라도 뒷맛이 쓴 것을 마신 것만 못합니다. 다만 계화차桂花茶는 달고 향기로움이 다주만큼 강하지는 않지만 기를 내리는 데 적합합니다. 체증滯症으로 고생하는 사람들이 많이 마셔서 효과를 봅니다. 다주는 너무 많이 드실 필요가 없습니다.

세손 계화차가 체증에 좋은가? 내가 본래 체증이 없었는데 어릴 때 체증 있는 사람을 보고 마음속으로 몰래 부럽게 여겨 트림하면서 따라 했더니 최근에 실지로 체증이 생겨 아주 고생스럽다.

홍대용 체증은 책 읽는 사람들이 많이 겪는 증세입니다. 독서에 가장 방해가 되니 몸을 잘 살피셔야 합니다.

글 읽는 사람들은 앉아 있는 시간이 많고 어릴 때부터 소리 내어 책을 읽는 일이 많다 보니 위장에 문제가 생기는 경우가 많았다. 트림이 나고 가슴에 뭔가 걸린 것 같은 증상을 체증이라 했다. 심해지면 만성 위염이나 식도염으로 발전하는데 상당히 괴로운 병이고 잘 낫지 않고 재발하기 쉬웠다. 어떤 일이 시원하게 해결되었음을 빗댄 '십 년 묵은 체증이 내려갔다'라는 속담이 있을 정도였다. 세손은 다주를 먹다 들킨 것이 무안했던지 슬그머니 화제를 돌리며 홍대용에게 물었다.

세손 세상 풍속이 점점 변하더구나. 밥상에 올리는 그릇 같은 것도 예전과 지금(고금古今)이 다르니 무슨 까닭에 그런 것인가?

홍대용 때에 따라 숭상하는 것이 여러 번 변함은 본래 그러한 것입니다. 다만 그 변화를 보면 역시 세상의 운이 오르는지 내리는지 점칠 수 있습니다. 밥그릇 같으면 예전(고제古制)에는 주둥이를 반드시 넓게 만들었지만 지금은 배를 넓게 하고 주둥이는 오히려 줄여 좁게 합니다.

세손 그러면 어느 것이 나은가?

세손의 취향을 아는 홍국영이 얼른 나서서 대답하였다.

홍국영 줄여서 좁히는 것이 넓게 하느니만 못함이 분명합니다. 신의 집에서는 아직 옛 그릇을 사용합니다.

세손 계방은 집에서 어떤 것을 사용하는가?

홍대용 신의 집에서는 지금 것을 사용합니다.

홍대용의 대답에 세손은 계방이 요즘 것을 좋아한다며 웃었다. 그러더니 다시 홍대용에게 물었다.

세손 외간 음식은 사치스러운가, 검소한가?

홍대용 승평^{昇平}한 시절이 오래되어 옷과 음식이 날로 사치해지고 있습니다. 그 때문에 식자^{識者}들이 우려하고 있습니다.

세손 계방의 집은 음식이 어떠한가?

홍대용 신과 같이 한미한 사람은 사치하려고 해도 할 수가 없습니다.

이때 이진형이 한마디 했다.

이진형 일찍이 주서^{注書}*로 있을 때 인원왕후께서 내리신 음식을 먹어보았는데, 맛과 품격이 하나하나 진귀한 것이 여항^{閭巷}(여염. 백성의 살림집) 음식에 비교할 바 아니었습니다.

세손 인원성모께서는 재주와 인품이 아주 남달랐는데 음식 역시 그러하였다. 또 본방^{本房}(왕비의 친정) 사람들도 음식을 잘한다고들 하였다.

---

* 주서^{注書}는 정3품 아문인 승정원^{承政院}의 정7품 관직으로 《승정원일기》의 작성자이다. 춘추관^{春秋館} 기사관^{記事官}을 겸하였으니 사관^{史官}이기도 하였다.

이날의 서연은 세속의 사치스러운 풍속에 대하여 좀 더 이야기를 나누다 끝이 났다. 계방에서는 당번이 바뀌어 홍대용은 한동안 서연에 들어가지 않아도 되었다. 춘방에는 박상갑朴相甲이라는 자가 겸보덕이 되어 왔는데 전부터 설서, 사서 등의 직책으로 서연에 드나들던 자였다. 우부승지右副承旨로 간 서유신과 절친하였는데 세손은 어쩐지 박상갑을 신뢰하지 않는 눈치였다. 은근히 사도세자의 복수를 부추겼기 때문이었다. 세손이 임금을 모시느라 바쁘기도 하였지만 박상갑이라는 자가 서연에 드나드는 꼴이 보기 싫은 탓도 있었던지 서연이 뜸해졌다.

* * *

4월 19일에 세손이 임금과 함께 홍문관에 가서 경연에 참석한 뒤 5월 들어서는 서연이 아예 열리지 않게 되었다. 그 덕분에 홍대용도 편해지기는 하였지만 마음만은 편안하지 않았다. 그러는 중에 동서인 홍문영洪文泳, 1732~1791이 5월 하순에 있을 정시에 응시한다고 하여 마음이 더 복잡해졌다. 과거에 대한 마음을 접은 지 이미 오래였지만 막상 한 살 아래 동서가 응시한다고 하니 잠시나마 마음이 흔들렸다. 기왕에 관료 생활을 하게 되었으니 과거를 보는 편이 어떨까 해서였다.

홍대용은 길지 않은 고민 끝에 이내 마음을 다잡았다. 세손이 임금이 된 뒤 중앙 정계에서 세손을 도우려면 과거에 합격해야 했다. 그러나 세손은 영특했지만 그와는 지취志趣가 달랐다. 그가 격물치지며 실심, 실학 같은 것을 힘써 아뢰었지만 세손은 별 관심을 보이지 않았다. 그보다는 그의 학문적 배경이나 박학다식함에만 주목했다. 그의 진정한 내면세계를 세손은 이해하지 못하고 있었다. 그렇다면 그의 능력이 쓰일 자리가 없어 보였다. 글쓰기나 명분 다툼 따위는 그가 능히 할 수 있는 것이 아니었고 하고 싶지도 않았다. 그에게 익숙해진 세손과 친숙하게 대화할 수 있었지만 그것은 초여름 밤에 좋은 꿈 한번 꾼 것과 다르지 않았다.

며칠 뒤 동서가 합격했다는 소식을 들었지만 지저분한 소문과 함께였다. 영의정 신회가 시관試官을 맡았고 조엄趙曮, 서유신, 박상갑, 홍국영, 유의양 등이 역시 시관으로서 참여했는데[7] 홍인한과 정후겸에게 빌붙는 무리들이 다수 합격했다는 것이었다. 홍국영을 통해 소식을 접한 세손은 매우 불쾌하게 생각했고 홍대용 역시 혀를 찼다. 홍문영은 누가 끌어주어서 합격한 것이 아니었지만 소문이 나쁘게 나자 스스로 합격을 취소하고 다시 시험을 보겠다고 했다.[8] 누추한 일은 돌아보지 않는 품이 과연 홍대용의 동서다웠다.

7월에 들어서 영의정 신회가 파직되었다. 다른 일로 파직된 것이었지만, 이번 과거에서 제 마음대로 사람을 뽑았고 이전부터 뇌물 받는 일이 많았기 때문에 다들 통쾌하게 여겼다.[9] 그 대신에 한익모가 영의정에, 홍인한이 좌의정에 각각 임명되었다.[10] 한익모는 신회보다는 나았지만 대가 약해 홍인한의 등쌀을 견디어낼지 모를 일이었다. 영의정은 세자사世子師, 좌의정은 세자부世子傅를 겸직하니 홍인한은 세손의 스승이 된 셈이기도 하였다. 물론 5월 이후로 서연은 열리지 않았고 열리더라도 소대일 뿐 법강이 아니었으니 실제 서연에 참여한 것은 아니었지만 그래도 명목상으로는 세손의 스승이었다.

8월에 또 한 번의 정시가 있었다.[11] 이번에는 크게 잡음이 일지는 않았으나 여전히 명문가의 자제들이 합격했다. 물론 홍대용은 이번 과거에도 응시하지 않았다. 과거 자체에 뜻이 없었지만 이런 식의 과거라면 더더욱 관심 밖의 일이었다.

1 《근사록近思錄》 권 5.
2 《주역전의周易傳義》 상권, 권 5, 泰 92.
3 《선조실록》 권 11, 10년(1577) 11월 28일.
4 《정조실록》 권 1, 즉위년(1776) 5월 25일.
5 《승정원일기》 영조 51년(1775) 3월 7일.
6 《정조실록》 권 2, 즉위년(1776) 8월 6일.
7 《승정원일기》 영조 51년(1775) 5월 25일.
8 《정조실록》 권 4, 1년(1777) 11월 15일.
9 《영조실록》 권 125, 51년(1775) 7월 1일.
10 《영조실록》 권 125, 51년(1775) 7월 7일.
11 《영조실록》 권 125, 51년(1775) 8월 16일.

〈분서갱유도(분서)〉

혼돈이 뚫어지자 대박이 흩어졌고 문치가 승하자 무력이 쇠하였다.
처사들이 이리저리 강론하니 주나라의 도가 날로 움츠러들었고
진시황이 책을 불사르니 한나라의 왕업이 조금 편안해졌다.
— 홍대용, 《의산문답》

분서
책을 불살라 세상을 편안하게 하다

　8월 하순에 접어들자 궁궐이 갑자기 바쁘게 돌아가기 시작하였다. 조정 관료 중 공신의 자손들을 모두 모아 잔치를 열라는 늙은 임금의 명이 떨어진 까닭이었다. 잔치에 참석할 사람들의 명단을 만들고 참석을 통보하느라 부산했고 음식이며 음악 준비로 분위기가 들뜨고 있었다.

　8월 26일　8월 29일의 잔치를 앞두고 갑자기 소대하라는 세손의 명이 있었다. 춘방에서는 겸필선 이보행과 겸사서 임득호가, 계방에서는 홍대용이 입시하였다. 《주서절요》 제12권* 중 〈정정사程正思에게 답한 편지〉와 〈왕자문汪子文에게 답한 편지〉, 〈왕성가汪聖可에게 답한 편지〉를 가지고 강론하였다. 뒤의 두 편지는 두서너 줄에 불과한 것이어서 주로 맨 앞의 편지를 가지고 토론하였다. 별다른 이야깃거리는 없었다. 다만 주자가 한때 불교에 빠졌던 일과 양묵楊墨 등 이단異端에 대하여 논하였다. 춘방에서 문의를 아뢰고 나자 세손이 말하였다.

　세손　무릇 이단의 학문이라도 반드시 그 까닭(소이연所以然)을 밝힌 연후에

---

*《담헌서》에는 제7권으로 되어 있으나 권수로는 12권, 책수로는 6책이다.

야 배척하여 물리칠 수 있을 것이다. 그렇지 않으면 어찌 그 마음을 복종시킬 수 있겠는가?

이런 점이 세손과 홍대용의 다른 점이었다. 세손의 말대로 자기와 의견이 다르면 대뜸 이단으로 몰아붙이거나 사문난적斯文亂賊 운운하는 풍속은 과연 잘못된 것이었다. 잘못되었다면 잘못된 까닭을 밝혀 배척해야 한다는 세손의 논리는 언뜻 보면 옳은 듯하지만 그것이 더욱 강한 압력일 수 있었다.* 불교를 공부하는 사람은 불교가 옳다고 여길 것이고 유교를 배운 사람은 유교가 옳다고 여길 것이다. 불교를 공부하는 사람에게 불교가 이단이라며 까닭을 밝힌다 한들 먹혀들 리 만무하고 유교가 올바른 것이라고 강요된다면 강요당하는 입장에서는 그처럼 괴로운 일이 없을 것이다.

세손과 달리 홍대용은 서로 견해가 다르면 다른 채로 그저 내버려둘 뿐이었다. 세손처럼 나라를 다스려야 하는 입장에 있는 사람은 무엇이 이단이고 무엇이 올바른 학문인지 판단해 그것을 강제할 필요가 있을지 모르나 홍대용의 신념과는 영 걸맞지 않은 태도였다.

이어 세손은 주자가 한때 불교를 추종했던 것에 대해 말하였다.

세손 예로부터 고명高明한 사람이 불교에 물드는 일이 많은 것은 무엇 때문인가?

주자도 그러했지만 조선에서도 율곡 이이가 어머니를 여읜 뒤 상심한 나

---

* 세손, 즉 정조의 이러한 태도는 훗날 서학西學이 유행할 때 취한 태도이기도 했다. 정조는 "나의 생각에는 우리 도(오도吾道)와 정학正學을 크게 천명한다면 이런 사설邪說은 일어났다가도 저절로 없어질 것으 로 본다. 그러니 그것을 믿는 자들을 정상적인 사람으로 전환시키고 그 책을 불살라버린다면 금지할 수 있을 것"이라고 말하였다. 《정조실록》 권 26, 정조 12년(1788) 8월 3일.

머지 불교에 깊이 빠진 적이 있었다. 남인들은 이때 율곡이 머리까지 깎았었다고 주장하며 공격하고 서인들은 그렇지 않다고 맞서는 등 이는 한때 다툼의 빌미가 되기도 하였다. 유학자들 가운데 은밀히 불교를 믿는 사람도 없지 않았고 그중에는 뛰어난 유학자도 더러 있었다. 홍대용이 답하였다.

홍대용 불서에서 사람의 마음을 논할 때 그 말이 기이하고 놀라워 읽는 사람이 자신을 성찰하고 깨달음을 얻기 쉽습니다. 그래서 어진 사람이 마음수양에 지나치면 그 학설에 빠져드는 경우가 많습니다.
세손 《능엄경楞嚴經》 같은 것은 그 말이 아주 좋다 하고 또 듣건대 선비들 가운데도 읽는 자가 많다 하던데 믿을 만한 이야기인가?
이보행 고 재신宰臣 이덕수李德壽 *가 불서를 많이 읽었다고 합니다. 그 외에는 듣지 못했습니다.
세손 계방도 본 적이 있는가?
홍대용 《능엄경》,《원각경圓覺經》 등 여러 경을 어렸을 때 대략 보았습니다만 선비 된 자가 몇 번 읽었는지 헤아려가며 읽었다는 이야기는 듣지 못하였습니다.

사실 유학자에게는 불경 읽은 것이 자랑거리가 못 되고 오히려 감출 일이건만 홍대용은 아주 떳떳하게 불경 읽은 사실을 밝혔다. 요컨대 무턱대고 불교를 이단으로 보는 것이 아니라 불경을 읽어보았고 장점도 인정하나 자신은 유학자라는 것이었다. 불경을 읽어보았다는 홍대용의 태도가 어찌

* 이덕수李德壽(1673~1744)는 본관이 전의全義, 자는 인로仁老, 호는 벽계蘗溪 또는 서당西堂이었고 대사성, 대제학, 대사헌, 공조판서, 형조판서 등을 지냈다.

나 당당했던지 세손도 그에 대해서는 더 말하지 못하고 다른 말을 했다.

세손 불경 또한 우리나라에서 인쇄한 것인가?

홍대용 승도^{僧徒}들이 사용하는 것은 모두 국내에서 인쇄한 것입니다. 소위 팔만대장경^{八萬大藏經}이라는 판본은 그들이 중보^{重寶}라 일컫는 것입니다.

세손 듣자니 여러 차례의 실화^{失火}에도 끝내 불타지 않았다던데 믿을 만한 이야기인가?

홍대용 팔만대장경은 경상도 해인사^{海印寺}에 있습니다. 절에 여러 번 불이 났는데 이것이 소장되어 있는 장경각에는 끝내 불이 미치지 않았다 합니다. 또 들으니 까마귀나 참새도 그곳에는 감히 집을 짓지 않는다고도 하고, 해가 다 가도록 청소를 하지 않아도 먼지가 들지 않는다 합니다. 승도들의 과장하는 말이라 하더라도 자못 신기하고 괴이한 일입니다.

세손 그 판본은 어떠한가?

홍대용 보지 못했습니다만 대개 불서 판본은 유가 경전보다 훨씬 나으니 승도들의 정성에 미칠 수 없습니다.

세손 듣자니 승도들이 불서를 높이고 보호하는 것이 선비들보다 낫다던데 그러한가?

홍대용 높이 받들고 애호함이 대단하여 유가에서 미칠 수 없습니다. 유자로서 매우 부끄러운 일입니다.

세손 대장경 판본은 칠을 입혀 만들어 정밀하고 특이하다 들었는데 그러한가?

홍대용 역시 듣지 못했습니다.

세손 도교道教는 우리나라에 전해지지 않았는가?

홍대용 도교는 비록 삼교三教라 일컬어지나 선仙 · 불佛의 나머지 말을 주워 모은 부적符籍과 주문呪文으로 기도하는 술법이니 족히 말할 만한 학설도 없고 더욱이 우리나라에는 전해지지도 않았습니다.

세손 중국에서는 지금도 성행하는가? 계방은 중국에 가보았다니 과연 어떻던가?

홍대용 중국에서도 성행하지는 않습니다. 용호산龍虎山 장천사張天師의 가문 같은 것을 도가道家의 종주宗主로 여깁니다. 관 내외에 운유雲遊니 전진全眞이 니 하는 자들이 간혹 있으나 모두 무식하고 배운 게 없어 말할 거리도 되지 않습니다.

세손 용호산은 어디 있는 것이며 누가 사는 곳인가?

홍대용 장도릉張道陵이 살던 곳입니다. 어느 지역에 있는지 기억하지 못합니다만 자손들이 대대로 천사天師 자리를 지켜 이적異跡이 극히 많고 풍수가에서는 대단한 길지吉地로 여겨진다 합니다. 들으니 장도릉은 장량의 후손이라고도 합니다.

세손 송효종은 도교를 숭상한 사람이었는가?

홍대용 휘종徽宗도 스스로를 도군道君이라 칭했으니 말할 나위 있겠습니까? 다들 도교에도 죄인일 뿐입니다.

대궐 안에는 세손의 아버지인 사도세자가 한때 도교 경전인《옥추경玉樞

經》을 읽고 공부하다가 병이 심해졌다는 소문이 돌고 있었다.[1] 홍대용의 대답하는 품이 이 일을 전혀 알지 못하는 사람 같았다. 세손은 잠시 뜸을 들이더니 다시 입을 떼었다.

세손 이 편지에서 '성시省試(중국에서 치러진 성省 단위의 과거 시험)의 득실을 다시 마음에 두지 말라' 하였으니 이로 미루어 이때에도 과거에 붙고 떨어지는 것을 필시 큰일로 여긴 것 같다.

이보행이 '정정사程正思가 과거에 합격하지 못했기 때문에 주자의 말이 이와 같았을 것'이라 답하자 세손이 혼잣말처럼 "과거 그만두는 것이 이처럼 어려운 일인가?" 하더니 다시 홍대용을 돌아보며 물었다.

세손 계방은 이미 과거를 그만두었는가?

세손은 지난 5월의 과거를 불쾌하게 여기고 있었다.[2] 그러고 보니 홍대용이 5월의 과거에도, 8월의 과거에도 응시한 적이 없다는 사실이 떠올랐다. 음직으로 계방의 관료가 되고 나면 과거에 응시하는 것이 보통이었다. 저만한 학문에 가문 배경도 괜찮은 듯한 사람이 과거를 보지 않는 것은 아마도 과거를 그만둔 때문이리라 여겼다. 내심 짐작하는 바가 있었으나 그래도 세손은 다시 묻고자 하였다.

〈평생도(삼일유가, 소과응시)〉

홍대용 그만둔 지 사오 년 되었습니다.

세손 과거 그만두기가 어찌 어렵지 않겠는가?

홍대용 신은 재주와 지식이 부족하고 더욱이 정문程文(과거 시험에 쓰이는 문장 형식)은 익히지도 못했습니다. 그런 까닭에 기꺼이 스스로 그만둔 것이지 달리 고상한 뜻이 있어서 그런 것은 아닙니다.

세손 계방의 조예를 내 깊이 알지는 못하지만 계방 같은 재주로 어찌 과거를 못하겠는가? 이는 분명 옳게 여기지 않아서일 것이다.

세손의 말에 서운함이 묻어났으나 홍대용은 달리 대답할 말을 찾지 못했다. 긍정도 부정도 할 수 없었다. 사실 세손의 말대로 과거를 탐탁지 않게 여기고 있었으나 세손 앞에서 그리 말할 수는 없는 노릇이었다. 그로서는 과거가 탐탁지 않을 뿐 아니라 이제는 나이도 있고 연행록이며 중국 친구들과 주고받은 편지며 쓰고 있는 책이며 정리해야 할 일들이 태산 같았다. 공연히 과거 공부나 하며 시간을 보내고 싶지도 않았고 무엇보다 높은 벼슬자리를 바라지도 않았다. 홍대용이 답할 말이 없어 침묵을 지키자 이보행이 나섰다.

이보행 계방이 과거를 그만둔 것은 참으로 대단히 어려운 일입니다. 옛사람들은 일찍이 과거에 대해 공부에 방해가 되고 뜻을 빼앗기는 것이라 했고 과거 공부하는 자들 가운데에는 방탕하거나 제멋대로인 자가 많습니다. 계방이 과거를 그만둔 것은 실학에 전념하고 내면 공부에 주력(전실향리專實向裏)하기 위해서인 것으로 생각됩니다.

이즈음의 선비들 가운데에는 과거에 눈도 돌리지 않은 채 산림처사의 삶을 지향하며, 어쩔 수 없어 관직을 맡더라도 음관으로 지방관이나 조금 하다 마는 사람들이 여럿 있었다. 그런 경향이 거의 하나의 풍속이 되어가고 있었다. 홍대용은 별로 고상한 뜻이 없다고 말했으나 세손은 홍대용도 그런 사람 가운데 하나라 여겼다.

세손은 문득 얼마 뒤에 있을 공신 후손들을 위한 잔치의 참석자 명단에 홍대용도 있던 것을 떠올렸다.

세손 계방은 누구의 자손인가?

홍대용 정사공신 남양군南陽君 홍진도洪振道의 6대손입니다.

세손 어제의 거안擧案(어떤 일에 특정 인물을 추천하는 것, 또는 그 문서)에 계방을 추천한 것이 어찌 그리 많은가? 다른 시직 또한 공신의 후손이라 하던데. 계방의 선조는 어떠한 사적이 있는가?

며칠 뒤에 있을 공신 후손들의 잔치에서 임금과 세손을 수행할 사람으로 홍대용이 여러 차례 천거된 모양이었다. 세손이 다른 시직이라고 언급한 사람은 조진관趙鎭寬으로 그의 5대조 조흡趙潝이 역시 정사공신이었다. 겨우 두 달 전 시직이 된데다 그사이 서연이 없어 세손은 미처 그의 이름을 기억하지 못한 모양이었다.

홍대용 별로 사적이 없습니다. 신의 선조는 곧 구사맹具思孟의 외손으로 인조대왕과는 이종사촌이 됩니다. 신의 종가는 매우 높은 곳에 있었던데다가 누각이 있어서 그곳에 올라가면 성안을 내려다볼 수 있었답니다. 그래서 거의擧義(의병을 일으킴)하던 때 여러 집안 부녀자들이 그 누각에 모여 약속하기를, '대궐 밖에서 화광이 일어나면 대사가 성공한 것이요 그렇지 않으면 실패한 것이니 부녀들은 장차 자결하리라' 하였답니다. 가문에 전해오는 것이 이와 같습니다.

세손 그 집은 어디 있는가?

홍대용 남산 아래 암리문동暗里門洞에 있습니다.

세손 그때 불빛으로 약속했다는 말을 나도 일찍이 들은 적 있는데 과연 그 집이로구나. 또 각자 명주 한 필씩 가지고 있다가 스스로 목을 맬 계획이었다는 이야기도 들은 적 있다.

홍대용 그 이야기도 전해오고 있습니다.

세손 그 누각이 아직도 있는가? 거의루擧義樓라 부르는 것이 좋겠다. 정사공신은 중종中宗 때의 정국공신靖國功臣* 처럼 잡되지 않았는가?

홍대용 신의 선조이니 신이 감히 말할 수 없으나 연평延平 이귀李貴, 승평昇平 김류金瑬, 완성完城 최명길崔鳴吉, 계곡谿谷 장유張維 등 모두 유문에서 강학講學한 무리이니 정국공신과는 크게 다릅니다.

세손 이귀 또한 유문의 사람인가?

홍대용 이귀는 율곡 이선정의 문인으로, 여러 차례 상소하여 이선정을 모함하는 것에 대해 변명한 일이 있습니다.

세손 이귀는 간혹 이조판서, 병조판서를 자청했다 하니 다른 사람들이 배울 바는 못 되지만 그 사람됨이 충성스럽고 진실하니 귀하다 할 만하다.

홍대용 참으로 예교와 같습니다. 허물을 보면 어짊(인仁)이 어떠한지 알 수 있다 할 수 있습니다. 또한 그의 가법家法도 심히 엄하여 아들들을 옳게 가르쳤고 그의 두 아들 모두 귀하게 되었습니다. 연성延城 이시방李時昉이 술에 취해서 예절을 어기자 그의 형 연양延陽 이시백李時白이 아버지 연평에게 아뢰고 막 매질을 하려 하는데 연평이 웃으면서 자기 뒤에 숨겨주어 겨우 면했다 합니다. 명문가들 사이에서 아름다운 이야기로 전해집니다.

세손 그의 가법이 그러했구나!

---

* 정국공신靖國功臣은 중종반정中宗反正 공신으로 무려 103명이나 되었다. 훗날 조광조趙光祖의 위훈삭제僞勳削除 주장에 따라 76명이 제외되었고 이는 기묘사화己卯士禍의 한 원인이 되었다.

홍대용 이시백이 수원부사가 되었는데 참소하는 말이 두렵고 꺼려져 감히 갑옷과 병기兵器를 수선하지 못했다 합니다. 그러자 그의 아버지 이귀가 크게 노하여 매질을 하면서, '너는 이미 나라에 몸을 바쳤으니 국가를 위해 마음을 다할 뿐이지 어찌 참소하는 말을 돌아보느냐?' 하였답니다. 그의 충성스럽고 진실한 가법을 볼 수 있습니다.

세손 이괄李适이 반란을 일으켰을 때 이귀가 살아 있었는가?

홍대용 이괄의 난이 갑자년(인조 2, 1624)에 있었으니 반정反正하고 얼마 지나지 않았던 때입니다.

세손 돈화문敦化門(창덕궁의 정문)에 아직도 이괄의 도끼 흔적이 있는데 그때 인조대왕께서 개수改修하지 말라 명하셨으니 이는 편안할 때도 위태함을 잊지 말라는 뜻이었다.

그러고는 여러 이단의 잡서들에 이야기가 미쳤다. 이야기 끝에 세손이 '진秦이 통일하기 이전에도 아마 잡서가 많았을 것이니 진시황秦始皇이 분서焚書한 것을 괴이하게 여길 필요가 없을 것'이라고 말하였다가 심했다 싶었던지 이내 웃으며 말을 취소하였다.

세손 이 일은 말하기 어렵겠다. 만일 '진시황의 분서가 당연한 것'이라 말했다고 바깥에 잘못 전해진다면 말이 되겠는가?

그러지 않아도 세손은 이즈음 서연 중에 있었던 말이 밖으로 전해지는 것에 민감해져 있었다. 서연 중에 한 말이 돌고 돌아 다시 세손의 귀에 들어오는 일도 더러 있었다.[4] 대개는 없던 말이 더 붙어 돌아왔다. 방금 한 말도 바깥에 어찌 전해질지 몰랐다. 조만간 임금 될 사람의 입에서 진시황을 변호하는 말이 나온다면 꽤나 시끄러울 것 같았다. 그래서 취소하는 것이 낫지 싶었다. 그러자 홍대용이 대답했다.

홍대용 진시황이 잡서를 불태우지 않았다면 제자백가諸子百家의 말이 세상에 아무 보탬도 없이 다만 이목만 어지럽혔을 것이니 불태워 없앤들 거리낄 것이 무엇이겠습니까?*

세손은 서연 중의 말이 밖으로 새어 나갈 것을 걱정하였지만 홍대용은 오히려 세손을 편들어 말하였다. 만일 세손의 이 발언이 밖에서 문제가 된다면 이에 동의한 홍대용의 발언도 문제가 될 것이니 함께 책임지겠다는 의사 표시였다.

무엇보다도 홍대용 자신의 생각이 워낙 그렇기도 하였다. 그는 세손의 저 말이 충분히 할 수 있는 말일 뿐 아니라 오히려 옳은 말이라 생각하였다. 이때에는 많은 사람들이 중국이 망한 이유를 문승文勝에서 찾고 있었다. 문文 자는 글이나 글자를 가리키지만 넓게는 무늬, 꾸밈, 아름다움 등을 뜻하기도 한다. 문승에서의 '문'은 넓은 의미로 이런 모든 뜻을 포함한다. 결국, 중국이 지나치게 꾸미고 아름다움을 추구하고 무예보다 글을 중시하였기에 오랑캐에게 멸망했다는 것이었다. 그것이 아니고는 수억 명이나 되는 중국이 수 만 명에 불과한 여진족에게 정복당한 원인을 찾기 어려웠다. 그래서 홍대용은

---

* 홍대용의 《계방일기》는 여기까지만 기록되어 있다. 《일성록》에도 이후 홍대용이 참석한 서연 기록은 보이지 않는다.

다음과 같은 글을 남겼다.

> 혼돈(混沌)이 뚫어지자 대박(大樸)이 흩어졌고 문치가 승하자 무력이 쇠하였다. 처사(處士)들이 이러저러 강론하니 주나라의 도가 날로 움츠러들었고 진시황이 책을 불사르니(분서焚書) 한나라의 ??업이 조금 편안해졌다. 석거각(石渠閣)에서 논쟁이 일어나니 신(新)나라 왕망(王莽)이 찬탈하였다. 정현(鄭玄)과 마융(馬融)이 경전을 부연(敷衍)하니 삼국이 분열하였고 진(晉)나라에서 청담(淸談)하고 ??이 ?행하자 신주(神州)가 망하였다.[5]

　혼돈은 《장자莊子》에 나오는 중앙의 임금이다. 남해의 임금 숙儵과 북해의 임금 홀忽이 혼돈의 땅에서 만나 대접을 잘 받자 그에 보답하기 위해 혼돈에게만 없던 눈, 코, 입, 귀의 일곱 구멍(칠규七竅)을 뚫어주기로 하였다. 매일 한 구멍씩 뚫어주었는데 칠 일째 되는 날 일곱 번째 구멍까지 뚫리자 혼돈은 그만 죽고 말았다. 혼돈은 아무런 꾸밈과 욕망이 없는 상태를 나타낸다. 눈으로 보고, 입으로 먹고, 귀로 듣고, 코로 숨 쉬니 욕망이 생겨나는 것이다. 대박大樸이란 태초의 원초적 질박함이다. 혼돈이 죽었다는 것은 곧 태초의 순수함이 사라지고 일곱 구멍에서 비롯되는 좀 더 나은 것에 대한 추구, 즉 욕망이 생겨났음을 의미한다.

　문치가 성행하자 무력이 쇠한 것은 이것과 비슷하다. 문치는 강론과 논쟁, 경전 주석, 청담 따위도 성행하게 하였고 이것이 나라를 망하게 하는 원인이 되었다. 그나마 진시황이 책을 불살라 오히려 다음 왕조인 한나라의 왕업이 조금이나마 편안해졌다는 것이다.

그러므로 홍대용은 '망령되이 성명性命이나 이야기하고 질펀하게 불로佛老나 배척하며 참다움을 가장하고 거짓을 파는 것은 우리의 학문에 이로움이 없다. 어찌 저 익은 잡곡[피]이 오히려 족히 흉년을 구제할 수 있는 것과 같겠는가'⁶ 하였다. 잡곡은 먹기에 나빠도 사람을 먹여 살릴 수 있지만 고상함만 지나치게 추구하는 것은 학문에도 이로움이 없다 여긴 것이다. 그래서 그가 추구하는 것은 실심實心, 실사實事, 실학實學이었다. 그가 세손에게 말한 것은 단지 분서에 관한 것뿐이었지만 그 속에는 이처럼 실實에 대한 지향이 갖추어져 있었다.

이것을 세손이 어떻게 받아들일지는 세손의 문제였다. 홍대용은 '납약자유'의 의미대로 세손이 차츰차츰 깨달아가게 하려 노력하였다. 그러나 이렇게 마친 이날의 서연이 두 사람이 만나 강론하는 마지막 서연이었음을 두 사람 다 알지 못하였다.

1 《한중록》 권 2.
2 《정조실록》 권 4, 1년(1777) 7월 25일.
3 《승정원일기》 영조 51년(1775) 6월 20일.
4 《정조실록》 권 1, 즉위년(1776) 6월 23일.
5 《담헌서》 내집, 부록, 〈의산문답〉.
6 《담헌서》 내집 권 3, 발, 〈일동조아발日東藻雅跋〉.

세손의 시대 · 별리

서연문답 그 후

겸재 정선, 〈장안연월〉

달은 하나뿐이고 물의 종류는 수만 개다.
물이 달빛을 받으면
앞의 시냇물에도 달이 있고 뒤의 시냇물에도 달이 있어
달의 수가 시냇물의 수와 같아진다.
시냇물이 수만 개면 달 역시 그러하다.
그러나 하늘에 뜬 달은 오직 하나일 뿐이다.
— 정조, 〈만천명월주인옹자서〉

세손의 시대
하늘에 뜬 달은 오직 하나

　마지막 서연 사흘 후인 8월 29일, 임금은 경복궁 경회루에서 공신의 자손들을 모아 잔치를 열었다. 정사 3등 공신 충목공忠穆公 홍진도의 자손인 홍대용 집안사람들도 참석했다. 세손을 수행하는 홍대용에게는 잔치라기보다는 일이었지만 그래도 일가붙이들과 눈인사 정도 나눌 틈은 있었다.

　이날의 잔치도 세손이 주도하다시피 하였다. 늙은 임금의 건강이 점점 악화되고 기억마저 오락가락하는 상황이라 대부분의 공식 행사는 세손이 섭행하고 있었다. 그러자 권력의 저울추는 차츰 세손 쪽으로 기울었다. 그런 세손을 옹위하고 있는 것은 춘방과 계방의 궁료들이었다.

　9월 22일은 세손의 탄일이었다. 세손이 스물넷을 꽉 채웠으니 왕위를 계승하기에도 결코 적은 나이가 아니었다. 궁중 대소사의 경우에는 이미 세손이 늙은 임금을 대리하는 일이 많았지만 임금은 정사도 세손에게 맡기려는 마음을 먹고 있었다. 10월 10일에는 임금이 《팔순유곤록八旬裕昆錄》이라는 책을 만들었다. 제목은 '나이 여든에 이르러 후손에게 주는 교훈' *이라는 뜻이었다. 탕평과 균역均役을 비롯한 정책과 마음가짐을 잘 계승해주기 바란다는 내용의 책이었다.

　11월 20일. 늙은 임금은 아침부터 대신들을 불러 모았다. 그리고, 마음

---

*《서전》 권 4, 상서, 중훼지고仲虺之誥, "수유후곤 垂裕後昆".

같아서는 전위傳位하고 싶으나 세손이 놀랄까 봐 그리 못하고 대리청정하게 하려 한다고 말했다.[2] 신하들 입장에서 이런 명령은 늘 위험했다. 경종 임금에서 지금의 임금으로 바뀔 때 노론의 대신 네 명이 목숨을 잃은 것도 대리청정 때문이었다. 신하들 입장에서는 쉽게 받아들이면 지금 임금에 대한 신하의 도리를 다하지 못하는 것이 되고 끝까지 거부하면 다음 임금에 대한 불충이 되기 쉬웠다.

신하들은 이구동성으로 늙은 임금의 명령을 거부했다. 임금의 건강이 좋아졌으며 신하로서 받들 수 없는 명령이라고들 말했다. 배웠달 것 없는 홍인한의 실수는 바로 이때 저질러졌다.

임금이 말하였다. "나랏일 때문에 잠이 오지 않는다. 어린 세손이 노론, 소론, 남인을 아는가? 이조판서나 병조판서에 누가 적당한지 아는가? 국사를 아는가?" 이어 임금은 "나는 세손이 이런 일들을 알고 또 하는 것을 보고 싶으니 대리청정을 시키겠다" 하였다. 이에 홍인한이 답하였다. "세손이 그런 것들을 알아서 무엇하오리까?" 매우 애매한 말이었다. 어찌 들으면 임금이 건강하니 아직 세손은 몰라도 된다는 말 같기도 했고, 임금이 당론을 금지한 까닭에 세손이 노론, 소론 같은 것에 관심을 가지고 있지 않다*는 말 같기도 했으며, 나쁘게 들으면 세손이 아직 어려서 알 필요 없다는 말 같기도 했다. 그런데도 홍인한은 같은 말을 반복했다. 무슨 심사인지 알 길이 없었다. 문제는 세손이 이러한 일들을 옆에서 다 보고 듣고 있었다는 것이다.

바로 그날 늙은 임금은 이례적으로 춘방과 계방의 궁료들을 따로 불러 자신이 지은 《어제자성편御製自省編》을 진강하게 하였다. 그 자리에서 임금은

---

* 《한중록》 권 5에서 혜경궁 홍씨가 보인 해석이다.

'대신大臣을 믿을 수가 없다'며 세손에게, "내가 세제 시절에 춘방과 계방의 궁료들에게 힘을 얻은 바 많았다. 너도 그들을 벗을 사귀는 도리로 대접하고 조용히 강설講說하라"라고 권유하였다.³ 믿을 수 있는 것은 대신도, 외척도 아니고 춘방과 계방의 궁료들이라는 것이었다. 마치 비밀 지령 같기도 하고 암호 같기도 하였다.

할아버지의 암호와도 같은 말에 세손은 홍인한을 제거하기로 결심하였다. 세손은 홍국영과 정민시로 하여금, 이조참판을 지내다 행行 부사직副司直*이 되어 한가하게 지내고 있던 서명선徐命善이라는 사람을 만나 이날 있었던 일을 그에게 알려주게 하였다. 그리하여 그가 홍인한을 탄핵하는 상소문을 올리게 하였다. '세손이 대리청정하게 하라는 임금의 명령은 나라를 위한 결단이었는데 대신이 함부로 세손이 알 필요 없다고 말한 것은 방자하고 무엄한 일이었으니 그 대신을 죄주어야 하며 대신의 잘못을 지적해야 할 삼사三司가 침묵하고 있는 것도 처벌해야 한다'는 내용이었다.⁴

상소의 내용을 들은 늙은 임금은 세손의 뜻을 충분히 알 수 있었다. 아무리 홍인한이 오랫동안 부려온 신하요 세손의 외가 사람이라 해도 왕실과 왕권의 존엄함에 비할 것은 아니었다. 세손이 외가를 버리고 갈 작정이라면 그렇게 해주어야 했다. 홍인한의 권력은 확실히 너무 비대해져 있었다.

임금의 처분이 내려졌다. 영중추부사 김상복金相福과 판중추부사 이은李溵은 다시 서용하지 못하게 하였고 영돈령부사 김양택金陽澤은 해임하였다. 대사헌 송형중宋瑩中과 영의정 한익모, 좌의정 홍인한은 삭탈관직하였다. 반면 상소를 올린 서명선은 가자加資(품계를 올려줌)하였다.

---

* 부사직副司直은 오위에 속한 종5품의 무관직이다. 문관이 문관직에서 해임되면 오위의 군직을 차지하여 하는 일 없이 녹봉을 챙겼다. 자신의 품계보다 낮은 관직을 지닐 때 품계와 관직 사이에 '행行'을 칭하였다. 반대의 경우에는 '수守'를 쓴다.

다음 날 임금은 김상철金尙喆을 영의정에, 이사관李思觀을 좌의정에 임명했고 이로써 사태를 마무리 짓고자 하였다. 임금의 논리는 이러했다. 자신이 처음 의도한 바는 단지 궁궐을 숙위하는 순감군巡監軍을 세손이 고르게 하려는 것이었다. 이를 세손도 대신들도 대리청정으로 오해하여 사달이 나게 되었다. 홍인한의 '알 필요 없다'는 말은 과도한 말이었다. 세손은 세손대로 대리청정을 사양하는 상소를 올리면서 홍인한의 이 말을 인용하여 자신이 어려 감당할 수 없다고 하였다. 세손의 의도는 그런 것이 아니었으나 결과적으로 사부인 영의정과 좌의정의 죄안罪案이 되고 말았다. 이에 대한 서명선의 상소는 충성심에서 나온 것이었고 당연하고도 올바른 것이었다. 이 사건은 더 이상 확대되어서는 안 된다.[5]

늙은 임금의 이러한 사태 수습에 힘입어 세손의 대리청정이 확정되었다. 대리청정 준비는 일사천리로 진행되어 12월 10일 드디어 세손의 대리청정이 시작되었다. 절목節目에 따라 몇몇 중대사를 제외하고는 모두 세손이 처리하게 되었다. 그러자 춘방과 계방의 궁료들이 세손을 에워쌌다. 호위와 보좌를 위한 것이었다. 도승지都承旨 이택진李宅鎭은 당하관인 궁료들이 당상관만이 오를 수 있는 당 위에 올라간 것을 두고 죄주어야 한다고 주장했으나 세손은 무시했다.[6]

대리청정을 시작한 세손은 먼저 《승정원일기》부터 정리했다. 누구보다 기록의 중요성을 잘 알고 있는 사람이 바로 세손이었다. 세손은 기주관記注官이었던 박상집朴相集이 기록한 11월 20일의 《승정원일기》가 임금의 명령을 누락한 것이라 지적하고 그를 잡아다 문초한 뒤 일기를 다시 낱낱이 적어 올리게 하였다. 특히 임금이 "세제에게 시키는 것이 옳은가? 내시나 다른 사람에게 시키는 것이 옳은가?" 하였던 말을 적으라 하였다. 이 말은 경종 임금이 지금의 임금에게 대리를 시키며 한 말이었는데, 임금은 이를 인용하며 세손에게 국사를 맡기려 하였던 것이다. 며칠 후 가주서 김두상金斗象이 이를 다시 고쳐 올렸는데도 역시 마땅치 않다며 김두상 역시 종중추고從重推考(벼슬아치의 죄과를 캐물어 엄중히 밝힘)하게 하고 또다시 정리하게 하였다.

곧 해가 바뀌었다. 반대 세력은 어느 정도 정리되었지만 즉위에 앞서 반드시 처리해야 할 일이 하나 더 있었다. 모든 사람이 염려하는 바로 그 일이었다. 세손의 대리청정이나 즉위를 탐탁지 않게 생각하는 사람들은 세손이 사도세자를 위하여 복수한다는 명목으로 한바탕 살육을 벌이지나 않을까 걱정하고 있었다. 연산군의 살육도 따지고 보면 폐출된 생모에 대한 그리움에서 비롯된 것이 아니었던가?

이러한 우려는 어제오늘의 일이 아니었다. 14년 전에 있었던 임오화변(1762) 당시 사도세자의 장인이었던 홍봉한부터가 이런 걱정을 하고 있었다. 사도세자를 장사지내고 얼마 지나지 않아 홍봉한은 임금에게 글을 올렸다. 훗날 누군가가 세손에게 생부의 죽음에 대한 책임을 물어야 한다고 부추겨 세손이 이를 받아들이게 되면 당시의 모든 신하들이 일망타진될 것이라는 걱정을 피력한 글이었다. 사적으로는 사위이고 공적으로는 왕위 계승자인 사도세자가 부왕에 의해 죽음을 당했는데도 장인이자 영의정인 사람이 이처럼 아주 먼 훗날의 일까지 생각하고 있었다는 것은 도무지 이해하기 어려운 일이지만 달리 보면 나름대로 심모원려深謀遠慮라 할 만도 하였다. 늙은 임금의 생각도 여기에 미쳤다.

늙은 임금의 큰아들은 효장세자였다. 효장세자는 열 살이 되던 해에 죽었고 두 번째로 낳은 아들이 세손의 생부인 사도세자였다. 사도세자는 다섯 아들과 세 딸을 두었다. 큰아들은 세 살에 죽은 의소세손懿昭世孫으로 세손의 친형이었다. 세손 뒤로 후궁들에게서 은언군 인, 은신군 진, 은전군 찬이 태어났다. 딸들은 혜경궁과의 사이에서 청연清衍, 청준清瀋 두 군주郡主가, 후궁에게서 청근현주清瑾縣主가 태어났다.*

사도세자가 죽은 뒤 임금은 세손을 효장세자에게 입양시켜 그의 뒤를 잇게 했다. 따라서 왕위의 계통은 효장세자를 거쳐 세손에게 이어지는 것이었다. 임금은 이 점을 명확히 하고자 했다. 그래서 효장세자의 명호를 효장승통세자孝章承統世子로, 효순세자빈孝純世子嬪을 효순승통세자빈孝純承統世子嬪으로 고치게 했다. 정통을 계승하였다는 뜻으로 '승통承統'이라는 두 글자를 더 집어넣은 것이었다. 유치하리만큼 노골적이었지만 그만큼 확실한 의사 표시이기도 했다. 즉 자신이 죽은 후 세손이 왕위를 이어받되 효장세자를 왕으로 추숭하고 세손은 그 왕위를 이어받는 형식을 취하게 한 것이다. 사도세자가 들어갈 자리는 어디에도 없었다. 사도세자는 세손의 생부이지만 계통으로 보면 작은아버지가 되는 것이었다. 이로써 세손 즉위 후 효장세자에의 입양을 파양하고 사도세자를 왕으로 추숭하여 사도세자의 죽음에 책임 있는 자들을 역적으로 몰아 죽이는 것은 있을 수 없는 일이 되었다.

세손은 임금의 뜻을 알았다. 그는 먼저 효장묘孝章廟에 나아가 새로 만든 옥인玉印과 죽책竹冊을 바치는 예절을 행했다. 그리고 며칠 뒤 다시 생부인

---

* 세자의 정궁에서 낳은 딸을 군주郡主라 하고 후궁에서 낳은 딸을 현주縣主라 한다. 임금의 적녀를 공주公主, 서녀를 옹주翁主라 하는 것처럼 적서嫡庶 간에 차별을 두었다.

사도세자의 무덤인 수은묘垂恩廟에 나아가 제사를 지냈다. 그는 여러 대신들을 불러 자신의 슬픔과 고통을 이야기했다. 눈물이 비 오듯 했다. 그는 또한 임금에게 대리청정을 거두어달라는 상소를 올리겠다고 했다. 상소의 내용을 요약하면 이러했다.

사도세자를 죽게 한 임오년의 처분은 종묘 사직을 위해 불가피한 것이었다. 사도세자에 대한 추숭 같은 것은 있을 수 없는 일이다. 다만 임오년에 있었던 사실을 기록한 《승정원일기》에는 자식 된 도리에서 차마 그대로 두고 볼 수 없는 기록이 많으니 세초 하여 달라.[8]

간절한 세손의 상소를 접한 임금도 그 마음을 이해했다. 자신의 임오년 처분이 정당한 것이었음은 역사에 기록하였고, 세손 스스로도 사도세자에 대한 추숭은 없다고 약속했으니 다른 걱정은 없을 것이었다. 그래서 임금은 당시 기록된《승정원일기》를 세초하라 명령했다. 신하들 입장에서도 사도세자에 대한 추숭은 없다는 세손의 약속과《승정원일기》의 세초가 나쁠 것 없었다. 그 시절에 대한 기록이 줄면 줄수록 책임이 적어지지, 많아지지는 않을 터였다. 세손의 입장에서도 자신에 대한 의구심을 줄이고 왕위 계승권을 탄탄히 할 명분을 확보하는 동시에 생부에 대한 나쁜 기록을 지울 수 있다는 실익이 있었다. 이리하여 조선 왕조 초유의《승정원일기》세초라는 사태가 일어났다. 당연히 아무런 저항도 없었다. 이로 인해 사도세자의 죽음과 관련된 많은 의문점 또한 역사 속에 묻혔다.

그로부터 한 달 남짓한 3월 5일 새벽녘에 임금이 승하하였다. 세손의 대리청정이 시작된 지 석 달쯤 된 때였다. 대리청정의 기간이 짧지도 길지도 않은 알맞은 시기였다. 이때 임금의 나이는 83세였고 재위 기간은 52년이었다. 역대 어느 임금보다 오래 살고 오래 재위한 임금이었다. 아주 오랜 옛날 고구려의 장수왕長壽王을 제외하면 단연코 최장수였다. 임금의 묘호는 영종英宗으로 정해졌다. 시호는 익문선무희경현효翼文宣武熙敬顯孝라 하였다.* 얼마 후 청나라에서는 장순莊順이라는 시호를 내렸다.[9] 이어 세손이 경희궁의 숭정문에서 즉위했다. 드디어 그의 시대가 열리고 있었다.

젊은 임금은 차례차례 명분과 권력 주변을 정리했다. 자신이 계통을 이은 효장세자를 진종대왕眞宗大王으로, 효순현빈孝純賢嬪을 효순왕후孝純王后로 추숭했다.[10] 생부인 사도세자에게는 '장헌莊獻'이라 존호를 올리고 그의 묘소를 '영우원永祐園', 사당을 '경모궁景慕宮'이라 했다.[11] 자신이 세도세자의 아들이지만 효장세자, 즉 진종대왕을 계승한 것임을 분명히 했다. 사도세자를 왕으로 추숭하자는 논의는 엄격히 금지했다.

이렇게 즉위의 명분과 계통을 밝힌 임금은 권력 주변을 청소하기 시작했다. 우선 정후겸과 그의 일당을 유배했다.[12] 그리고는 홍인한의 죄를 논박하지 않았다 하여 사헌부司憲府, 사간원司諫院, 홍문관弘文館 삼사의 관원들의 벼슬을 갈고 그들을 도성 밖으로 내쫓았다.[13] 그러자 당장 홍봉한, 홍인한 형제의 죄를 논하는 상소가 빗발쳤다. 임금은 못 이기는 체하며 홍인한을 여산부礪山府로 귀양 보냈다.[14] 이미 죽은 김상로金尙魯도 무사하지 못했다. 그의 관작官爵이 추탈되고 그의 자식과 조카들이 유배되었다. 영조 임금과 사

---

* 《정조실록》 권 1, 즉위년(1776) 3월 12일. 1890년 1월 5일 고종은 영종의 묘호를 영조로 고치고 시호를 추가로 올렸다. 《고종실록》 권 27, 27년(1890) 1월 5일. 이하에서는 관례에 따라 영조로 호칭한다.

도세자 부자간을 이간했다는 이유에서였다. 영조의 후궁이었던 문씨와 문성국文聖國이라는 자도 쫓겨났다.[15] 신회는 목숨만은 부지하였으나 정치적으로는 죽은 것이나 다를 바 없었다.

영조 임금 때의 권력자들이 험한 꼴을 당하자 그들과 조금이나마 친분이 있던 사람들은 앞다투어 고백과 반성의 글을 올렸다. 심지어 세손의 대리청정 때 홍인한을 공격하는 상소를 올려 공을 세웠던 서명선까지도 한때 정후겸과 친했던 사실을 고백하고 용서를 빌어야 했다.[16] 이렇게 권세는 새 임금의 수중으로 함빡 되돌아왔다.

임금이 권력 주변을 정리하는 동안 춘방과 계방의 관료들은 이리저리 흩어졌다. 동궁 자리가 비게 된 까닭에 춘방과 계방이 혁파된 것이었다.[17] 홍대용은 4월 7일에 통례원通禮院 인의引儀로 임명되었다가 4월 21일에 예빈시禮賓寺 주부主簿로 고쳐 임명되었다. 인의도 주부도 종6품직이니 종8품인 세자익위사 시직에서 단숨에 네 계단이나 뛰어오른 셈이었다. 홍대용은 예빈시 주부로서 늙은 임금의 장례를 위해 임시로 설치된 혼전도감魂殿都監의 이방낭청二房郎廳 일을 맡았다.[18] 6월 18일에는 삼방낭청三房郎廳의 일까지 겸하게 되었는데 모두 홍국영이 아뢰어 된 일이었다.[19]

그사이 임금은 세손 시절 홍대용들과 나눈 이야기들을 하나하나 실천에 옮겼다. 홍인한, 정후겸 등 외척 세력을 제거한 것도 세손 시절부터의 정치구상에 따른 것이었다. 임금은 여기에서 그치지 않고 외척 세력 전체의 경제적 기반을 빼앗기 시작했다. 궁방宮房의 토지를 다시 조사하여 회수할 것은 회수하고 세금을 부과할 것은 부과했다.[20] 역대 임금의 비빈妃嬪이나 공주, 옹주 등에게는 전답에 대한 면세 특권이 있었는데 그 규모가 엄청났다. 이들이 특권을 이용하여 백성들로부터 함부로 곡식을 거두어들이는 일이 비일비재했다. 임금은 궁방 소속 토지의 규모를 줄이는 한편 이들이 일으키는 갖가지 폐단도 금지하도록 여러 차례 명령했다.[21]

외척 제거의 다음 순서는 탕평에 반대하는 노론 산림 세력을 끌어들이는 것이었다. 이것이 임금이 새로 구상한 의리탕평의 정치적 초석이었다. 반탕평의 산림 세력을 끌어들이는 일은 홍인한과 그의 일당에 대한 숙청이 노론을 겨냥한 것이 아님을 보여주기 위해서도 꼭 필요하였다.

임금은 소론의 원조라 할 수 있는 윤선거尹宣擧와 윤증尹拯의 관작을 추탈하고 그들의 문집 또한 훼손하라 명했다. 유생들의 상소에 따른 것이었지만 홍국영이 뒤에서 작용하고 있었음은 물론이다.[22] 이어 송시열의 효묘 배향을 지시했다. 이 역시 유생들의 상소를 따르는 형식이었지만 상소의 배후는 짐작되고도 남음이 있었다.[23]

송시열의 효묘 배향은 숙종 때 정호鄭澔가 주장한 이래, 홍대용의 할아버지 홍용조도 상소를 올린 적이 있을 만큼 노론에게나 홍대용에게나 중요한 일이었다.[24] 숙종 이래 역대 임금은 송시열이 효종 때 죽지 않았다는 이유를 들어 그의 효묘 배향을 거부해왔는데, 이제 막 그것이 성취된 것이었다. 임금은 송시열의 후손인 송환철宋煥喆과 송환억宋煥億을 불러《양현전심록》을 꺼내 보여주면서 만동묘의 편액도 직접 써서 내려주리라 약속하였다.[25]

《양현전심록》의 '양현'이란 주자와 송시열을 가리키고 '전심'이란 마음에서 마음으로 전해졌다는 뜻이다. 임금이 지은 이 책의 이러한 제목은 송시열을 주자의 적통으로 인정한다는 의미였다. 임금이 세손 시절 서연에서 홍대용에게 화양서원 이야기를 꺼내며 주자와 송시열을 비교했던 의도가 드러나는 순간이었다. 임금은 이를 통하여 탕평에 반대하는 노론 산림 세력을 끌어들여 탕평 정치를 안정시키려 한 것이다.

이렇게 의리탕평을 위한 정치적 기반은 마련되었지만 아직 부족한 점이 있었다. 탕평이 자리 나눠 먹기식 탕평이 아니라 의리와 명분에 입각한 탕평이 되기 위해서는 공정한 인재 선발이 이루어져야 했다. 그래야만 '탕평당'이라는 비아냥거림에서 벗어날 수 있을 터였다. 이를 위해 임금은 과거 제도의 폐단도 개혁하고자 했다.

이때의 과거에서는 쓸 만한 인재보다는 권세가의 자제들이 뽑히기 일쑤였고 명목도 너무 번잡했다. 또한 학문적 수준이 낮아졌을 뿐 아니라 옛날의 육덕六德*, 육행六行**, 육예六藝*** 의 학문과는 아예 길이 달라져버렸다. 당장 계방에 있던 홍대용만 해도 과거에 뜻이 없어 보였다. 이에 임금은 과거제 개혁의 길을 모색하려 했다.[26]

하지만 거기까지였다. 궁방이 일으키는 폐단의 근원은 왕권에 기댄 특권이었고 과거 제도의 폐단은 왕권과 양반 계층의 타협에 뿌리를 두고 있었다. 임금의 강력한 의지와 지속적인 관심이 없다면 그 개혁은 요원할 수밖에 없었다.

홍대용과 논의한 적이 있는 조보를 인간印刊하는 일만 해도 시행하기가 쉽지 않았다.[27] 이처럼 작은 일마저 그러했다. 하기는 알쏭달쏭한 글자로 조보를 베껴내는 것도 따로 직업 삼아 하는 자들이 있었으니 이해관계가 얽혀 있

---

* 사람이 갖추어야 할 여섯 가지 덕목으로 지知 · 인仁 · 성聖 · 의義 · 충忠 · 화和, 또는 예禮 · 인仁 · 신信 · 의義 · 용勇 · 지智를 가리킨다.

** 사람이 실천해야 할 여섯 가지 행위로 효孝 · 우友 · 목睦 · 인姻 · 임任 · 휼恤을 가리킨다.

*** 군자가 익혀야 할 여섯 가지 학문으로 예禮 · 악樂 · 사射 · 어御 · 서書 · 수數를 가리킨다.

영조 원릉

는 일이었다. 권력의 재편은 순조로웠으나 복잡하게 얽혀 있는 이해관계의 조정은 쉬운 일이 아니었다. 개혁 작업은 지지부진함을 면치 못하게 되었다.

그러는 사이 영조 임금의 인산일因山日이 다가오고 있었다. 젊은 임금은 할아버지와 함께 그 시대의 권력자들도 함께 묻으려 하였다. 7월 5일, 홍인한과 정후겸이 결국 사사賜死되었다. 이에 결정적 역할을 한 것은 그 전날에 올려진 유생들의 상소였다.[28] 이 상소가 올라오자 임금은 모든 관료들과 유생들까지 다 같은 마음이라고 언급했고, 이튿날 그들을 사사하라는 명을 내렸다. 모든 사람이 그들의 죽음을 바라는 모양새가 이루어진 뒤에야 마침내 그들을 죽인 것이었다.

늙은 임금의 죽음과 옛 권력자들의 비참한 최후 위에 새로운 권력이 들어섰다. 권력의 빈자리는 홍국영이 채우는 것으로 보였다. 새 임금이 즉위하자 그는 승정원 동부승지가 되더니, 이조참의를 거쳐 홍인한과 정후겸이 사사된 바로 다음 날 드디어 승정원의 도승지가 되었다. 보기 드문 승진이었다. 그뿐만 아니라 임금은 입만 떼면 홍국영 한 사람만이 자신을 보호했고 한 손으로 나라를 떠받쳤다고 공언했다. 사람들은 홍국영의 시대가 왔다고 수군거렸다.

권력의 원천이 임금의 총애요, 임금이 준 것이라면 임금이 도로 뺏을 수도 있다는 것을 어찌해서 생각하지 못하는지 알 수 없는 노릇이었다. 바로 얼마 전에 무상無上의 권력을 누리던 홍인한과 정후겸이 죽어 나가는 것을 보고서도 사람들은 홍국영의 시대라 여겼다. 사실 홍국영은 임금에게는 안전장치 같은 것에 불과했다. 즉위 초의 임금의 과감한 정치적 행위들 가운데에서 큰 문제가 발생하게 된다면 그 책임을 짊어져야 할 사람은 바로 홍국영이었다. 결코 홍국영의 시대가 아니었다. 이제 막 임금이 된 세손의 시대였다.

1 《영조실록》 권 125, 51년(1775) 10월 10일.
2 《영조실록》 권 125, 51년(1775) 11월 20일.
3 《영조실록》 권 125, 51년(1775) 11월 20일.
4 《영조실록》 권 126, 51년(1775) 12월 3일.
5 《영조실록》 권 126, 51년(1775) 12월 4일.
6 《승정원일기》 영조 51년(1775) 12월 10일.
7 《영조실록》 권 100, 38년(1762) 8월 26일.
8 《영조실록》 권 127, 52년(1776) 2월 4일.
9 《정조실록》 권 2, 즉위년(1776) 8월 18일.
10 《정조실록》 권 1, 즉위년(1776) 3월 19일.
11 《정조실록》 권 1, 즉위년(1776) 3월 20일.
12 《정조실록》 권 1, 즉위년(1776) 3월 25일.
13 《정조실록》 권 1, 즉위년(1776) 3월 27일.
14 《정조실록》 권 1, 즉위년(1776) 4월 7일.
15 《정조실록》 권 1, 즉위년(1776) 3월 30일.
16 《정조실록》 권 1, 즉위년(1776) 4월 1일.
17 《정조실록》 권 1, 즉위년(1776) 3월 10일.
18 《승정원일기》 정조 즉위년(1776) 4월 29일.
19 《승정원일기》 정조 즉위년(1776) 6월 18일.
20 《정조실록》 권 1, 즉위년(1776) 4월 10일.
21 《정조실록》 권 2, 즉위년(1776) 8월 22일, 9월 1일, 9월 5일, 11월 3일, 11월 20일.
22 《정조실록》 권 1, 즉위년(1776) 5월 22일.
23 《정조실록》 권 1, 즉위년(1776) 5월 24일.
24 《숙종실록》 권 64, 45년(1719) 8월 23일.
25 《정조실록》 권 1, 즉위년(1776) 5월 24일.
26 《정조실록》 권 1, 즉위년(1776) 5월 28일.
27 《정조실록》 권 1, 즉위년(1776) 5월 25일.
28 《승정원일기》 정조 즉위년(1776) 7월 4일.

이흥효(1537~1593), 〈산수도〉

긴 웃음 한 소리에 가뭇없이 가버리는 것인데
예로부터 편히 죽은 사람 몇이나 되는지
— 홍대용, 〈회도산해관등망해정유회진당제인〉

별리

가뭇없이 가버리는 것

그러는 중에 홍대용은 사헌부 감찰^{監察}로 자리를 옮겼다. 정6품직이니 한 계단 승진한 것이기도 했고 문벌가의 자제가 음직으로 관직에 나올 경우 한 번씩 거치는 자리에 가게 된 것이기도 했다. 사헌부의 관직을 거치면 그 아들까지도 음직을 받을 수 있게 되는 까닭이었다. 그래도 하는 일은 여전히 혼전도감^{魂殿都監}의 낭청 일이었다.

영조 임금의 인산일이 지나갔다.¹ 무사히 장례를 마친 덕에 혼전도감에서 일한 사람들은 모두 상을 받게 되었다. 홍대용도 어린 말 한 필을 받았다.[*] 《혼전도감의궤^{魂殿都監儀軌}》²에 그의 이름이 오르고 그의 공훈이 기록되었다.

공훈 덕이었던지 홍대용은 이듬해인 정유년(1777) 1월 24일에 의빈부^{儀賓府} 도사^{都事}로 임명되었다.³ 의빈부는 왕실에 장가든 사람들로 구성된 관청이고 도사는 실무를 담당해야 하는 자리로 종5품직이었다. 이전 관직이 정6품직인 사헌부 감찰이었으니 다시 한 계단 승진한 셈이었다.

의빈부 도사는 워낙 한가한 자리였으나 홍대용은 한가함을 즐기지 못하고 다시 수리도감^{修理都監}에 차출되어 실무를 맡아야 했다. 임금은 생모 혜경궁 홍씨를 위하여 창덕궁 내에 자경당^{慈慶堂}을 새로 짓게 하였고 공사하는 김에 대궐 곳곳을 수리하게 했다. 수리도감은 그 일을 맡기 위해 임시로 설

---

* 《일성록》 영조 52년(1776) 7월 28일. 이미 세손이 즉위하였으나 《일성록》은 영조 52년에서 계속 이어 쓴 것이라 그대로 표기하였다.

치된 관청이었다. 홍대용은 셈도 빠르고 온갖 기구에 대해 잘 알고 있어 수리도감에 차출되었고 공사는 순조롭게 진행되었다. 건물의 건축과 수리가 완료되자 임금은 결과가 만족스러웠던지 수리도감에서 일한 관원들에게 상을 내렸다. 홍대용도 반쯤 자란 말 한 필을 받았다.[4]

갑오년(1774)에 처음 관직에 나와 3년도 채 안 되는 사이에 종5품에 이르렀으니 나름대로 빠른 승진이었다. 과거에만 합격한다면 당상관 자리도 코앞에 있다 할 만했으나 그에게는 그럴 뜻이 전혀 없었다. 그저 하루라도 빨리 지방관으로 나가 '어려서 배우고 커서는 행한다'는 유자로서의 뜻을 펴보고픈 생각뿐이었다.[5]

수리도감에서의 일을 마친 지 한 달도 채 안 된 7월 2일 홍대용은 드디어 뜻을 이룰 수 있었다. 전라도 태인현奉仁縣의 현감縣監으로 임명된 것이다.[6] 다음 날 홍대용은 새로 임명된 다른 지방관들과 함께 입궐하여 흥정당興政堂에서 임금에게 사은숙배謝恩肅拜하고[7] 곧 태인으로 내려갔다.

홍대용이 태인현감 일에 익숙해질 무렵 박제가와 이덕무로부터 편지가 왔다. 무술년(정조 2, 1778) 3월에 북경으로 떠나는 사신을 따라 북경에 가게 되었다는 내용이었다. 그들은 북경에서 홍대용을 본받아 청나라 선비나 학자들과 사귀어보려 하니 소개하는 글을 써달라는 부탁도 덧붙였다. 비록 서자 출신들이었으나 박식하고 글재주가 있어 진심으로 그들을 아끼던 홍대용은 기꺼이 편지를 써주었다. 이로써 홍대용의 청나라 인맥을 기반으로 교류가 확대될 수 있는 전기가 마련되었다. 그가 북경에 다녀온 지 12년 만의 일이었다.

홍대용은 박지원과도 계속 편지를 주고받았다. 이즈음 박지원은 개성開

城 인근에 있는 연암협燕巖峽에 들어가 은거하고 있었다. 박지원의 오랜 친구인 유언호兪彦鎬의 충고 때문이었다. 홍국영이 박지원을 노리고 있으니 피하라는 충고였다.[8] 이 소식을 들은 홍대용은 고개를 갸웃했다. 홍국영의 권세는 날이 갈수록 커져 재상들까지도 홍국영의 눈치를 본다고 했다. 그런 사람이 어째서 벼슬도 없고 과거조차 보지 않은 백면서생 박지원을 노린다는 것일까?

홍대용은 의아하기 그지없었으나 그냥 그대로 두어도 나쁘지 않다고 생각했다. 공연히 험악한 시기에 한양에서 미관말직微官末職이나 차지하고 있다가 욕을 보느니 산중에 들어가 책을 읽고 저술을 하는 것이 더 나으리라 여겼기 때문이다. 박지원의 글재주는 다른 사람들의 시기심을 일으키기에 충분했고 그의 날카로운 언변은 비방을 불러오기 십상이었다. 박지원이 겪고 있는 일은 거기에서 비롯되었으리라 홍대용은 짐작했다.

어차피 홍국영의 권세도 그리 오래가지는 못할 것이었다. 남의 신하 된 사람으로서 권세가 지나치게 크니 결코 길게 갈 수 없는 운명이었다. 아니나 다를까 얼마 지나지 않아 홍국영은 무리한 짓을 저질렀다. 자신의 여동생을 임금의 후궁으로 들여보낸 것이다. 그러고는 칭호를 원빈元嬪이라 하게 하였다.[9] 일개 후궁의 명호에 감히 으뜸이라는 뜻의 '원元' 자를 넣는 것은 아무리 좋게 보려 해도 무엄하기 짝이 없는 짓이었다. '후궁 중에서 으뜸'이라는 뜻으로 보아줄 수도 있으나, 정궁인 왕비가 있는데도 으뜸이니 버금이니 하는 것은 은연중 겨루는 마음이 있다는 의미였다.

지난날 춘방 시절에 세손 앞에서 '친척에게 후하게 하는 것이 친절하지 못한 것보다 더 나쁘다'며 외척을 공격했던 홍국영이었다. 그런 그가 스스로 외척이 되었다. 그동안 해온 말과는 모순되는 행동이었다. 이것은 알게 모르게 홍국영이 자신의 지위에 불안을 느끼고 있었다는 의미이기도 했다. 그는 여동생을 후궁에 밀어 넣어 자신의 위치가 단단해지기를 바랐을 것이다. 그러나 그것이 오히려 더 깊은 수렁으로 빠져들게 되는 길임을 그는 깨닫지 못하고 있었다.

파국은 생각보다 이르게 닥쳤다. 생때같던 홍국영의 누이 원빈이 입궐한 지 불과 1년 만에 죽어버렸다. 그녀의 죽음이 비통하고 억울했던 홍국영은 장례에 왕비에 준하는 예절을 사용했다. 어찌나 기세가 등등했던지, 누군가 나서서 말리기는커녕 당대의 명사名士들이 글을 지어 조상弔喪했다. 이휘지李徽之가 표문表文을, 황경원이 지장誌狀을, 송덕상이 지명誌銘을, 채제공蔡濟恭이 애책哀冊을, 서명선이 시책諡冊을 지었다.[10] 하나같이 당대에 첫째, 둘째를 다투던 문장가요, 명망가였다.

안타깝게도 홍국영은 이 정도에서 그치지 않았다. 젊은 임금의 이복동생인 은언군 이인의 아들 상계군常溪君 이준李濬의 이름을 이담李湛으로, 작호爵號를 완풍군完豊君으로 고치게 하고는 그를 죽은 원빈의 아들로 삼으려 했다. '완完'이라는 글자는 완산完山이니 곧 임금의 본관인 전주全州를 의미하는 것이었고 '풍豊'은 홍국영의 본관인 풍산豊山을 뜻하는 것이었다.[11] 임금에게 자식이 없자 완풍군으로 하여금 임금의 뒤를 잇게 하려는 의도를 띤 작호였다. 이때 임금의 나이 28세여서 아직 자식을 낳을 가능성이 있음에도 불구하고 그와 같이 하였으니 역적질이라 해도 무방한 행위였다.

사태가 이에 이르자 임금도 더는 참지 못하였다. 5월 7일에 원빈이 죽고 얼마 지나지 않은 9월 28일에 임금은 홍국영을 도승지에서 사직시켰다. 이로써 길지 않았던 홍국영의 화려한 날은 쉬이 저물었다. 알 만한 사람이라면 목숨만이라도 건진 것을 다행히 여겼으련마는 철없는 홍국영은 재기의 꿈을 버리지 않았던 모양이다. 춘방 시절의 동료요 홍국영과 의형제나 다름없다던 정민시가 완풍군 이담과 자기 딸의 혼사를 거절한 것으로 미루어 보면 그도 홍국영의 위태로움을 감지하고 있었다고 볼 수 있다. 오직 홍국영만이 자신의 위태로움을 알지 못하고 있었다. 권력의 독은 사람의 이성을 그렇게 마비시키고 있었다.

홍국영이 권좌에서 물러나자 임금의 마음을 정확히 알 수 없었던 관료들은 홍국영을 구원하기 위한 상소를 올렸다. 혹여 그것이 일시적 퇴진이어서 훗날 홍국영이 다시 권좌에 오르게 된다면 그를 구원하는 말 한마디 없었던 것이 죄안이 될 수도 있기 때문이었다. 홍국영의 사퇴에 반대하는 상소를 올리거나 말을 한 사람은 황경원, 유언호, 송덕상, 김종후 등 쟁쟁한 인물들로부터 대간臺諫에 이르기까지 이루 헤아릴 수 없을 정도였다. 박지원으로 하여금 연암협에 숨게 하였던 유언호나 산림을 자처하며 '명의名義' 두 글자를 입에 달고 살던 김종후까지도 그 모양이었으니 권력 앞에서 인간이 어디까지 초라해질 수 있는지 잘 보여준 셈이었다.

홍국영은 자신의 마지막 날을 향해 치닫고 있었지만 홍대용과는 관계없는 일이었다. 중앙 정계에서 멀리 떨어져 지방으로 내려온 덕이었다. 얼마 후 홍대용은 자리를 옮겼다. 경상도의 영천군수榮川郡守로 고쳐 임명된 것이다.[12] 군수는 종4품직이어서 홍대용으로서는 승진이었다. 영천은 무엇보다도 그의 아버지 홍력이 군수를 지낼 때 함께 머무른 적이 있는 추억 어린 곳이었다. 홍대용의 나이 스물다섯 되던 을해년(영조 31, 1755)의 일이었으니 벌써 25년 전의 일이었다.

영천군은 군수를 지낸 사람이 곧바로 부사府使나 목사牧使로 나가게 되는 자리이기도 하였다. 그의 부친도 그곳에서 군수를 지낸 뒤 곧바로 해주목사海州牧使로 자리를 옮겼다.[13] 부사면 종3품이요, 목사면 정3품이니 그만큼 출세가 보장된 자리였다. 이때 홍대용은 이미 품계가 정3품 당하관인 통훈대부通訓大夫[14]였고, 영천군이 안동진관安東鎭管의 소속인지라 영천군수는 병마동첨절제사兵馬同僉節制使를 겸하게 되어 있었다. 그러므로 홍대용의 공식적인 직함은 통훈대부 행行 안동진관병마동첨절제사 영천군수였다.

홍대용이 영천군의 현황을 대략 파악하고 군수로서 자리를 잡아갈 즈음 홍국영은 더욱 나락으로 떨어지고 있었다. 그저 목숨이나 보전하며 편안하게 살다 가려 했다면 어땠을지 모르겠으나 홍국영은 재기를 꿈꾸고 있었다. 경자년(정조 4, 1780) 2월 26일, 임금은 드디어 홍국영을 횡성으로 쫓아 보내라는 명령을 내렸다.[15] 홍국영과 찰떡처럼 붙어 지내던 김종수의 상소에 따른 것이었는데 실은 임금이 시킨 일이었다.[16] 세손 시절에 만나 10여 년간 그토록 좋아 지냈던 임금과 홍국영. 이것이 두 사람의 영원한 별리였다.

홍국영이 쫓겨나자 박지원은 한양으로 돌아왔다.[17] 때마침 그의 삼종형三從兄인 금성위錦城尉 박명원朴明源이 진하겸사은정사進賀兼謝恩正使로 북경에 가게 되어 그도 따라가게 되었다.[18] 박지원이 편지로 이 소식을 전하자 홍대용은 이덕무, 박제가 때와 마찬가지로 청나라 친구들에게 박지원을 소개하고 자신의 안부를 전하는 편지를 써 보냈다.

북경으로 가는 사신 행렬을 따라 청나라를 구경한 사람은 홍대용 이전에도 많았지만 오랑캐라 여겨지던 청나라 선비들을 벗으로 삼고 편지를 주고받으며 교류를 지속한 사람은 그가 처음이었다. 이 일로 홍대용은 상당한 비방에 시달려야 했지만 15년이 지난 이때에 와서는 청나라 선비들과의 교류가 마치 유행처럼 번져갈 조짐을 보이고 있었다. 후배들이 청나라 관료, 선비들과 교류를 확대해가는 것은 홍대용에게도 당연히 기분 좋은 일이었다. 다만 자신은 청나라 사람들과 대등하게 도의로써 사귀어 벗이 되었지만 후배들은 어쩐지 그들에게 점차 몸을 낮추고 있는 것은 아닌가 하는 의구심도 없지 않았다. 홍대용은 후배들을 위해, 또 후손들을 위해 자신의 연행록과 편지를 정리하고 새로운 글도 쓰기 시작했다.

벼슬살이에는 흥미가 떨어진 지 오래였다. 지방의 수령 벼슬만은 직접 백성을 다스리는 일이니 해볼 만하다고 여겼었으나 새로운 시도는 위에서 가로막고 아래에서 저지하여 아무것도 할 수가 없었다. 그저 정해진 규칙이나 지키는 도리밖에 없었다.[19] 그 나머지 여유 시간에는 오직 저술에만 몰두하였다.

그해 10월, 박지원이 북경에서 돌아왔다는 소식과 함께 김종후의 부음이 전해졌다.[20] 김종후는 홍대용보다 10년 연상이었으니 이해에 나이 예순이었다. 30년 전에 처음 만나 교분을 나눈 이래 줄곧 서로 어렵게 여기며 존경하던 사이였다. 홍대용이 북경에서 청나라의 한족 선비들과 사귄 일 때

문에 서로 괴롭게 다투기도 하였으나 이후에도 두 사람은 편지를 주고받으
며 관계를 이어갔다.* 10여 년 전부터 김종후는 예서禮書를 편찬하고 있었는
데 간행은 하지 못하였으나 죽기 전에 다행히 완성은 해둔 모양이었다.**
지금의 임금이 즉위한 이후에는 홍국영에게 휘둘리고 이용당하여 후배들
의 비웃음을 사기도 하였지만 그래도 산림의 풍도를 간직한 사람이었다.
그의 아우 김종수가 중앙 정계에서 승승장구하고 있었던 덕에 더 큰 욕은
보지 않은 것이 다행이라면 다행이었다.

　이듬해(정조 5, 1781) 4월에는 횡성에서 강릉으로 옮겨져 유배나 다름없
는 생활을 하던 홍국영이 죽었다는 소식이 전해졌다.²¹ 이때 그의 나이 겨우
서른넷이었다. 자신의 욕심 때문에 유일한 동기同氣인 여동생을 잃고 자신
마저 유배나 다름없는 삶을 살던 홍국영은 삶의 마지막 때에 강릉의 바다를
바라보며 무슨 생각을 했을까?

　돌이켜보면 홍국영은 그저 잘생기고 민첩한 청년에 지나지 않았다. 세손
의 궁료가 되면서는 세손의 눈치를 잘 알아차리고 그를 위해 이리 뛰고 저
리 뛰며 신뢰를 얻었다. 그는 세손의 외가인 풍산 홍씨 가문의 일원이면서
도 홍봉한, 홍인한에 대해 좋지 않은 감정을 가지고 있었다. 임금이 즉위한
후에는 도승지로서 군사권까지 손에 쥐고 궁궐을 숙위하여 권력의 정점에
섰다. 권력에의 욕망은 마치 마시면 마실수록 갈증이 더해지는 짠물과도
같았다. 홍국영은 그 욕망을 이겨내기에는 아직 젊었고 마음공부도 넉넉하
지 못했다. 임금 역시 자신의 권력을 그에게 위임할 생각은 없어 보였다. 그
것이 그를 죽였다. 홍대용은 이렇게 적었다.

---

* 《담헌서》에 실린 〈여인서 이수〉는 모두 김종후에　** 김종후는 《가례집고家禮集考》(奎 4217) 8책을 저
게 보낸 편지로, 1768년에서 1769년 사이에 쓰인　술하였고 이는 그의 사후에 출간되었다.
것이다.

영천군수로 지낸 지 3년이 꽉 차고 어느 정도 저술이 마무리되어 한가해
질 무렵, 홍대용의 어머니가 급작스레 쓰러졌다. 아버지가 외직으로 나가
오랫동안 집을 비웠을 때 홀로 가정을 지킨 어머니요, 아버지가 첩을 들였
을 때에도 묵묵히 바라보기만 하던 어머니였다. 홍대용은 관직을 버려둔
채 한양으로 올라왔다. 조정에서는 다시 내려가라 성화였지만 그는 눈곱만
큼도 그럴 생각이 없었다.

해를 넘겨 계묘년(정조 7, 1783)의 봄, 여름을 지나며 어머니의 병환은 한
결 나아졌다. 그 덕분에 여러 벗들과도 간혹 어울릴 수 있었다. 오랜만에 찾
아온 이송과는 하룻밤을 같이 보내며 조만간 가까운 산사에라도 놀러 가자
고 약속하였다.

그러나 그 약속은 헛된 것이 되어버렸다. 10월 23일 저녁, 홍대용이 쓰
러졌다.* 중풍이었다. 그것이 그의 마지막 길이었다. 이때 그의 나이 쉰셋
이었다.

---

* 《남양홍씨세보》에는 홍대용이 10월 22일에 죽은
것으로 되어 있으나 박지원의 〈홍덕보 묘지명〉에 따
르면 10월 23일의 일이다.

1 《정조실록》권 1, 즉위년(1776) 7월 27일.
2 《(영조英祖)혼전도감의궤魂殿都監儀軌》(奎 13584의 2).
3 《승정원일기》정조 1년(1777) 1월 24일.
4 《일성록》정조 1년(1777) 6월 7일.
5 《담헌서》부록, 〈담헌 홍덕보 묘표〉.
6 《승정원일기》정조 1년(1777) 7월 2일.
7 《승정원일기》정조 1년(1777) 7월 3일.
8 박종채, 《역주 과정록》, 김윤조 역주(태학사, 1997), 55~57쪽.
9 《정조실록》권 5, 2년(1778) 6월 21일.
10 《정조실록》권 7, 3년(1779) 5월 7일.
11 《정조실록》권 7, 3년(1779) 9월 26일.
12 《승정원일기》정조 3년(1779) 12월 25일.
13 《영천군읍지》(奎 17465), 〈선생안〉참조.
14 《사마방목》, 순조 4년(1804) 갑자甲子 식년시式年試 진사進士 홍원洪薳.
15 《정조실록》권 9, 4년(1780) 2월 26일.
16 《한중록》권 5.
17 박종채, 《역주 과정록》, 72쪽.
18 《정조실록》권 9, 4년(1780) 3월 20일.
19 《담헌서》에 실린 이송의 〈담헌 홍덕보 묘표〉참조.
20 《정조실록》권 10, 4년(1780) 10월 11일.
21 《정조실록》권 11, 5년(1781) 4월 5일.
22 《담헌서》내집, 보유, 《의산문답》.

書遊問答

월야단금

에필로그

백은배(1820~?), 〈월야탄금도〉

보는 것은 청산이요 듣는 것은 거문고 소리라

세상사 무슨 일이 내 마음 사로잡을쏘냐

뱃속 가득한 호기 알아주는 이 없으니

한 자락 미친 노래, 나 홀로 불러보네

— 윤선도, 〈악서폐우음〉

월야탄금

달 외로이 빛나고 거문고 다시 울지 않다

계묘년(1783) 10월 23일, 임금은 이날 죽은 신하들의 명단을 다시 집어 들었다.

통훈대부 행 안동진관병마동첨절제사 영천군수.

홍대용의 마지막 직함이었다. 품계는 정3품 당하관이고 관직은 정4품 군수였다. 같은 날 죽은 것으로 보고된 유언집兪彦鏶은 비록 벼슬자리에 나오지는 않았으나 정3품 이조참의 벼슬에 임명된 적이 있었고 산림으로서 명망 있던 사람이었으니 김종후가 죽었을 때처럼 나라에서 제사를 돕도록 임금이 지시하였다. 홍대용의 경우는 산림도 아니었고 벼슬도 당하관에 머물렀으니 임금이 따로 조의를 표할 필요가 없었다.

그의 죽음 때문인지 규장각의 분위기도 가라앉아 있었다. 이즈음 규장각에는 이덕무, 박제가, 유득공, 서이수, 이렇게 네 명의 검서관이 있었다. 서자들 가운데 글재주 있는 사람을 가려 뽑은 결과였다. 흔히 볼 수 있는 재주들이 아니어서 임금도 눈여겨보던 참이었다. 이들 중 이덕무, 박제가, 유득공 셋은 홍대용을 큰형처럼 따랐다고 임금은 알고 있었다.

이 세 검서관은 홍대용처럼 모두 북경에 다녀왔다. 그곳에서 청나라 사람들과 사귀었고 시나 문장도 청나라풍을 본받고 있었다. 그 때문에 떠들썩한 평판도 얻었지만 그만큼 시기와 비방도 일었다.[2] 임금은 그런 그들의 행동을 이해할 수 있었다. 청나라 사람들은 서자를 차별하는 관습이 없으니 그들을 서자가 아닌 글 잘하는 선비로만 대했을 것이다. 그런 점에서 그들이 청나라 풍습을 사모하고 새로운 글재주를 자랑함은 충분히 이해가 되는 일이었다.*

오히려 이해가 되지 않는 것은 홍대용 쪽이었다. 그는 당당한 명문가의 후예요 노론 최고 산림의 제자였다. 그런 그가 서자들과 어울리는 것까지는 이해할 수 있다 하더라도 거기서 그치지 않고 청나라 사람들과 사귀고 청나라 문물의 수입을 주장하는 것만은 참으로 이해하기 어려웠다.

서연에서 본 그의 모습은 전형적인 선비에 가까웠다. 어떤 때는 고지식해 보이기까지 하였다. 다른 사람들과 구별되는 점이라면 고집스러운 이론을 좋아하지 않고 격물궁리나 이용후생의 일에 상당한 관심을 가지고 있었다는 것 정도로 기억되었다. 이용후생의 일이라면 임금 역시 관심이 없지 않았고 또 없어서도 안 되었다. 하지만 임금은 여전히 그것이 급선무라고는 생각하지 않았다.**

임금이 급선무라고 생각한 것은 의리를 밝히고 행검行檢을 닦는 일이었다.** 그저 한가하게 입으로만 하는 말이 아니었다. 붕당 간의 다툼은 붕당 간의 의리가 다른 데서 비롯된다. 붕당 간의 다툼을 없애려면 각 붕당의 의리가 아닌 국가의 의리, 왕실의 의리, 보편타당한 의리를 임금이 세워야 했다. 또한 임금부터 이하 양반 사대부에 이르기까지 모두가 행검을 닦아야

---

*《청장관전서》권 71, 부록, 〈선고적성현감부군연보〉하. 이동직李東稷의 문체를 논한 글에 대한 정조의 비답 중에 이러한 내용이 보인다.

**《홍재전서》권 177, 〈일득록〉17, 훈어 4에 다음과 같은 기록이 있다. 연신筵臣이 인중기引重機와 치원거致遠車를 그림으로 그리고 설명을 붙여서 임금의 문집에 싣기를 청하자 임금이 하교하기를, "마침

들으니, 화성華城의 축성 공사 때문에 돌과 흙을 채취하고 운반하느라 사람의 공력을 많이 소비한다기에, 아쉬운 대로 힘을 덜기 위한 자료로 편리하게 사용할 도구를 우연히 만들기는 하였으나, 이는 공예工藝의 말단에 불과하니 어찌 후세에 남겨줄 만한 것이겠는가" 하였다. 연신이 "이용후생은 구공九功의 능사能事로 성인께서도 소홀히 하지 못한 일입니다"

했다. 즉 스스로의 행동을 돌아보아 절제해야 했다. 그리하면 임금은 성군이 되고 선비는 군자가 되며 나라는 잘 다스려질 것이라고 임금은 믿었다.

임금은 사도세자의 아들이다. 할아버지의 명령으로 아버지가 뒤주에 갇혀 죽는 것을 직접 두 눈으로 보았다. 열 살 때 겪어야만 했던 그 일은 임금에게 평생 씻을 수 없는 마음의 상처로 남았다. 어디를 향해 터트려야 할지조차 모를 분노와 복수심이 일었다. 분노와 복수심은 시간이 지나면 옅어지게 마련이지만, 주변에서 '역시 미친 세자의 아들답다'고 수군대고 비아냥거릴지 모른다는 두려움은 현실이고 일상이었다. 조금이라도 가볍게 행동하거나 격식에서 벗어나면 반드시 들려올 소리였다. 지난날 서연 자리에서 홍대용이 '위엄과 중후함이 부족하다'며 보기 드물게 직간한 것도 바로 그 점이었다.

임금은 방문을 열어 밤하늘을 바라보았다. 궁궐 동쪽 담장 위로 큼지막한 하현달이 낮게 걸려 있었다. 날이 흐려 별도 보이지 않았다. 달은 더욱 외로워 보였다. 그래도 세상의 모든 강과 개울에는 저 달이 비치고 있을 것이었다(만천명월萬川明月). 자신이 밝은 달이 되면 뭇별들은 빛을 잃고 달은 더욱 외로워지겠지만 꼭 그렇게 되어야만 했다. 그래야만 자신은 미친 세자의 아들로 남지 않게 되고, 사도세자는 성군의 아버지가 될 것이기 때문이었다.

* * *

하니 임금이 하교하기를, "혼천의와 쟁기가 《시경詩經》과 《서경書經》에 실려 있는 것은 그것이 일상의 쓰임에 절실하기 때문이다. 그러나 급선무가 아닌 것은 성인께서 취하지 않으셨으니 그대로 두도록 하라" 하였다. 인중기라는 것은 곧 거중기로서 다산 정약용이 《기기도설》 등을 참조하여 만든 것이다.

:* 《홍재전서》 권 174, 〈일득록〉 14, 훈어 1. 훌륭한 정치를 이룩하는 도는 명교名敎를 근본으로 한다. 사대부가 평소에 의리를 강명講明하고 행검行檢을 닦는다면 조정에 나가서 일을 할 때 반드시 볼만한 공적이 있을 것이다. 그러나 만약 한갓 장부나 기록하고 세금이나 거두는 능력을 가지고 있다면 보잘것없는 말단이다.

홍대용이 죽었다. 벼슬을 내던지다시피 하고 한양으로 돌아오게 만든 어머니의 병환은 한결 나아졌으나 정작 쓰러진 것은 그 자신이었다.

갑작스러운 죽음이었다. 미루어둔 일과 남겨진 약속, 해야 할 일이 없는 것이 아닌데도 구차함이 싫었던지 작별의 말 한마디 남기지 않았다. 이제 막 스무 살이 된 외아들 홍원은 본래 병약한데다 아버지의 갑작스러운 죽음에 충격이 컸는지 통곡만 할 뿐이었다.

가깝고 먼 친척들과 친한 벗들이 모여들었지만 놀랍고 당황스럽기는 다들 마찬가지였다. 그런 가운데 박지원이 나서서 장례 절차를 주관하였다. 다들 그와 홍대용의 관계를 아는지라 아무도 이의를 달지 않았다.

박지원은 먼저 홍대용의 글을 챙겼다. 10여 권이 되었다.[3] 그는 평소 홍대용의 지론에 따라 반함飯含(죽은 사람의 입에 쌀이나 구슬을 넣는 것)을 하지 않도록 했다.* 그러고는 붓을 들어 청나라에 보낼 부고를 썼다. 아마도 조선 팔도를 통틀어, 아니 앞뒤 세대를 통틀어 임금도 아니면서 외국에 부고가 전해진 사람은 홍대용 단 한 사람뿐일 것이다.

박지원은 그의 묘지명을 썼다. 거기서, '세상에서 홍대용을 흠모하는 사람들은, 그가 일찌감치 스스로 과거를 그만두어 명예와 이익에 뜻을 끊고 한가로이 앉아 향을 사르고 거문고와 비파를 타며 세속 밖에서 놀고자 하였던 것만 알 뿐이다. 사람들은, 그가 세상 많은 사물의 이치를 종합하고 정리하여 나라 살림을 맡거나 먼 곳에 사신으로 갈 만한 사람이었고, 나라를 지킬 기이한 책략을 가진 사람이었음은 알지 못한다'[4] 하였다. 급작스레 홍대용을 잃은 박지원은 슬픔에 겨워 그를 알아주지 않는 세상을 원망하는 마음을 드

---

* 박종채, 《역주 과정록》, 72~73 과 196~197 . 이 일로 박지원은 자신의 사후에도 반함을 하지 못하게 했다.

홍대용 묘와 묘비

러내었다. 그러나 홍대용을 이해하고 있는 이는 박지원만이 아니었다.

　홍대용이 죽기 열흘쯤 전 그를 방문하여 하룻밤 같이 보내고 가까운 산
사에라도 함께 놀러 가자 약속하였던 이송도 홍대용의 진면목을 알아본 사
람 중 하나였다. 그는 홍대용의 묘표에 이렇게 썼다. * "홍대용의 학문은 온
전히 공평하고 실질적인 것을 숭상하여 지나치거나 비뚤어진 데가 없었다.
세상 선비들이 실용實用과 실행實行을 버리니 그는 근심하고 탄식해 마지않
았다……그의 큰마음은 '공평하게 보고 아울러 받아들임(공관병수公觀倂受)과
큰 도道로 함께 돌아감(동귀대도同歸大道)'에 있었다." 이송은 홍대용과 13년
정도 사귄 데 지나지 않았으나 그의 학문과 사상의 핵심을 단박에 짚어내었
다. '실용', '실행', '공관병수', '동귀대도', 이 몇 마디 말은 그를 설명하기에 부
족함이 없었다.

　장례를 마친 박지원은 집에 돌아와 거문고며 가야금이며 생황 같은 악기
들을 모두 남에게 주어버렸다. 더 이상 음악을 연주하지도 즐기지도 않았

---

* 현재 홍대용 묘 앞에 서 있는 비석 뒷면의 글은 이　광온이고 홍대용의 하나뿐인 며느리가 신광온의 딸
송의 글이 아니라 철종 때 영의정을 지낸 안동 김씨　이다. 즉 김흥근은 홍대용의 손자인 홍명후, 홍양후
김흥근金興根의 글이다. 김흥근의 외할아버지가 신　와 외사촌 간이 된다.

다. 예로부터 서로 알아보아 주는 사이를 지음이라 하였다. 홍대용이 가고 없는 지금, 그의 거문고는 다시 울지 않았다.

엄동설한에 홍대용의 시신이 담긴 관은 한양을 떠나 고향인 청주 수촌*의 무덤에 안장되었다. 12월 8일의 일이었다. '이름 없이 살다가 죽어서 빨리 썩어지려던'[7] 사람은 그렇게 세상과 이별하였다. 그의 몸이 누운 무덤가에 그의 노래가 들려오는 듯했다.

문 앞엔 잘난 사람(장자長者)의 수레 없으나
책상에는 멀리서 온 편지가 있네
선생님(선사先師)의 가르침 깊이 품으니
세상 사람과는 날로 멀어지네
겨루지 않으니 비난 소리 쌓임을 면하겠고
재주 없으니 헛된 명예도 끊어졌네
좋은 친구 때때로 문 두드리니
항아리에 술이 있고 깨끗한 나물 안주가 있다네
위태로운 난간에 맑은 거문고 소리
노랫가락 또한 슬피 우네[8]

* 오늘날의 행정구역으로는 천안시 동남구 수신면 장산리 산462-22이다.

1 《정조실록》 권 16, 7년(1783) 10월 23일.
2 《연암집》 권 3, 〈공작관문고〉, 답홍덕보서 3.
3 《담헌서》 부록, 〈홍덕보 묘지명〉.
4 《담헌서》 부록, 〈홍덕보 묘지명〉.
5 《담헌서》 부록, 〈담헌 홍덕보 묘표〉.
6 박종채, 《역주 과정록》, 김윤조 역주(태학사, 1997), 142~143쪽.
7 《담헌서》 내집 권 3, 시, 〈건곤일초정주인〉.
8 《담헌서》 내집 권 3, 시, 〈건곤일초정주인〉.

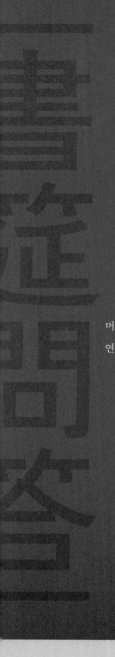

머리말

유교는 흔히 수기치인修己治人의 학문이라고 일컬어진다. 《대학》의 "수신 제가치국평천하"란 바로 이를 나타낸 것이다. '수신'이라는 개인의 인격적 수양이 '제가'라는 가족 공동체의 차원, '치국평천하'라는 사회 · 국가 공동체 의 차원으로 확장되어 실천되고 실현돼가는 논리 구조이다.

유학의 교육에 대하여 주자는 〈대학장구서大學章句序〉에서 "삼대三代에는 8 세가 되면 소학小學이라는 학교에 입학하여 물 뿌려 청소하고 응대應對 · 진 퇴進退하는 예절과 예악사어서수禮樂射御書數의 글, 즉 육예六藝를 배우며, 15세 가 되면 태학大學에 입학하여 궁리窮理 · 정심正心 · 수기修己 · 치인治人의 도道 를 배웠다" 라고 해설했다. 청소로부터 시작해 육예, 궁리, 정심까지가 수 기의 공부이고 그것이 치인으로 이어진다. 말하자면 유학은 전인적 교육을 통해 각 개인의 인격적 완성을 이루고 그들의 개인적 · 사회적 실천을 통해 이상 사회를 만들어가고자 하는 것이다.

유교 국가였던 조선의 지식계는 18세기를 전후해 그 실천성을 현저히 잃어가고 있었다. 한편에서는 인물성동이논쟁人物性同異論爭과 같이 지나치게 수준 높은 철학적 논쟁이 백여 년이나 지속되었고 다른 한편에서는 그저 과거 합격을 위한 공부나 시와 문장 짓기에 몰두하는 형편이었다.

이러한 흐름에 대하여 유학 본연의 실천성을 회복하려는 노력도 없지 않았다. 성호星湖 이익李瀷, 1681~1763은, "무릇 어려서 배우는 것은 장성해서 행하려는 것인데 편히 앉아 나를 알아주지 않는다고 하나, 알려지기를 바란다면 반드시 재구材具의 준비가 있어야 하니 바야흐로 이것이 실학實學인 것"[2]이라 했고 좀 더 훗날의 다산茶山 정약용丁若鏞, 1762~1856 역시, "옛 학문은 일을 행함에 힘써 일을 행함으로써 마음을 다스렸는데, 지금의 학문은 마음을 기르는 데 힘써 마음을 기르느라 일을 폐하기에 이르렀다. 홀로 그 자신만 착하게 되려 하면 지금의 학문도 역시 좋으나 천하를 아울러 구제하려면 옛 학문이라야 가능하다"라고 했다. 간략하고 상세한 차이는 있으나 같은 의미를 담고 있는 말이었다. 배움이란 장차 행할 것을 전제로 하는 것이며 행한다는 것은 천하를 구제하거나 돕기 위해 실천하는 것이었다.

조선 후기를 통틀어 유학 본연의 전인적 학문, 실천적 학문에 가장 근접했던 인물을 꼽으라면 그것은 단연 담헌 홍대용이다. 그는 유학 경전에 해박했을 뿐 아니라 수학, 천문학, 역법, 음악 등 다양한 분야에서 뚜렷한 족적을 남긴 인물이다. 무엇보다, 18세기 말부터 19세기를 풍미한 북학의 문을 열고 그것의 사상적 기초를 놓은 장본인이기도 하다.

그 역시 당대 지식계의 풍토를 비판했다. 그리하여 "옛날의 교육은 어릴 때에 이미 육예를 가르쳤으므로 장성해서는 위로 비록 도를 아는 데까지 미치지는 못하더라도 아래로 적용함에 어긋나지 않았다. 지금 사람은 오로지

글귀에만 힘써 그 근본을 얻으려 하고 그 말예末藝에는 맞지 않아 전폐해버린다. 그러므로 도를 아는 사람을 이미 얻기 어려울 것인즉, 글귀를 외우는 데에는 비록 어긋남이 없더라도 일용日用의 빠뜨릴 수 없는 것에는 도리어 어두워 살피지 못한다"⁴라며 전인적 · 실천적 학문이 되지 못하고 있는 현실을 비판하고, "어려서 배우고 장성해서 행함은 유학자의 본심이 아니겠는가?"⁵라며 실천성을 더욱 강조했다.

이 글은, 이 책의 이해를 돕고자, 홍대용이 살았던 시대의 정치적 상황과 그의 생애와 사상을 간략하게나마 살펴본 것이다.

시대적 배경

숙종의 재위 기간(1674~1720) 동안 서인과 남인 간의 대립은 새로운 국면에 접어들었다. 다섯 차례의 환국換局을 거치면서 정권이 서인에서 남인으로, 다시 남인에서 서인으로 여러 차례 오가게 되었다. 숙종 즉위년(1674)의 갑인환국, 6년(1680)의 경신환국, 15년(1689)의 기사환국, 20년(1694)의 갑술환국, 42년(1716)의 병신환국이 바로 그것이다. 이 과정에서 양측의 주요 인물 다수가 죽임을 당하거나 죄를 입게 되었고 서인은 다시 노론과 소론으로 분열되었다. 이로써 붕당들은 서로를 살부지수殺父之讐와 같은 관계로 여겨, 타협의 여지가 현저히 줄어든 채 이전보다 훨씬 격렬한 권력 투쟁의 양상을 보이게 되었다.

특히 숙종 15년의 기사환국, 20년의 갑술환국은 희대미문의 왕실 가정사와 관련되어 있었다. 노론 출신인 인현왕후仁顯王后 민씨를 폐출하고 남인이 지지하던 희빈 장씨를 중전으로 책봉했다가, 그로부터 5년 만에 인현왕후를 복위시키고 장씨를 희빈으로 다시 강등한 일련의 사건이었다. 결국 세자의 생모인 희빈 장씨를 사사賜死하는 데 이르게 되는 이 사건들로부터 붕당 간의 다툼은 왕실과 외척, 왕위 계승 문제까지 얽히고설킨 복잡성과 정치적 위험성을 띠게 되었다.

반복되는 환국으로 남인 세력은 궤멸하다시피 한 상태였고 서인이라는 같은 뿌리에서 갈라져 나온 노론과 소론의 대립이 두드러졌다. 숙종은 42년의 병신환국을 통해 노론의 정치적 우위를 확고히 한 뒤 세자의 대리청정을 명령하였다. 4년 뒤(1720) 숙종이 죽고 경종이 즉위하였다.

경종이 즉위한 지 얼마 지나지 않아 노론은 경종의 이복동생인 연잉군延礽君의 세제世弟 책봉을 주장하여 경종의 허락을 얻어냈다. 경종은 33세의 나이로 즉위할 때까지 아들은커녕 딸도 낳지 못하여 자식을 낳을 수 없는 것으로 알려져 있었다. 숙종의 세 아들 중 연령군延齡君은 이미 죽고 없었으니 연잉군이 세제가 되는 것이 자연스러웠다. 동생을 후계자로 지명하는 것은 조선 초의 정종과 태종의 전례가 있으니 명분상으로도 문제없는 일이었다. 소론 측에서 다소간의 반발이 없지 않았으나 연잉군은 숙종의 세 번째 왕비인 인원왕후 김씨의 후원에 힘입어 세제가 될 수 있었다.

문제는 그다음이었다. 노론은 내친김에 세제의 대리청정까지 추진했다.[6] 이 역시 정종과 태종의 일을 본뜬 것이었다.[7] 경종은 당일로 대리청정을 명하였다.[8] 이날로부터 소론의 노론에 대한 대대적 공세가 시작되었다. 경종이 젊고 병이 없으니 대리청정을 주장하는 것은 곧 불충이며 역적이라는 논리였다. 이 일을 계기로 신축년(1721)부터 임인년(1722)에 걸쳐 김창집金昌集, 이이명李頤命, 1658~1722, 이건명李健命, 1663~1722, 조태채趙泰采, 1660~1722라는 노론 4대신을 비롯한 노론 주요 인사들이 일망타진되고 소론이 정권을 장악하였다. 이것이 바로 신임옥사*이다.

소론이 정권을 장악하자 이번에는 세제의 위치가 불안해졌다. 세제를 시해하려는 사건도 일어났다.[9] 다행히 인원왕후의 보호로 세제는 위기를 넘기고 무사히 즉위할 수 있었다.

소론의 공세를 견뎌내고 즉위한 영조는 당연히 노론을 편들어주리라 생각되었으나 그렇지가 않았다. 영조는 우선 소론 정권을 그대로 둔 채 차츰 노론의 핵심 인물들을 등용하며 양측의 균형을 맞추어갔다. 영조의 탕평 정치가 시작된 것이다.

숙종 때의 환국 정치는 희생자를 양산했다. 환국 과정에서 신하들만 죽어 나간 것이 아니라 왕실 내부에도 영향이 미쳤다. 영조는 이러한 환국 방식의 정치를 지양하고 붕당 간의 세력 균형을 이루고자 했다. 그리고 세력 균형을 이루는 균형자로서 국왕의 정치적 입지를 확보하려는 것이었다.

이러한 영조의 의지에 찬물을 끼얹는 사건이 발생했다. 영조 4년(1728)에 이인좌李麟佐가 충청도 청주에서 반란을 일으킨 것이다. 이에 호응하여 경상도 안음에서 정희량鄭希亮, 전라도 태인에서 박필현朴弼顯 등도 거병했다. 소론이 중심이 되고 남인의 일부가 연합한 모양새였다. 이들의 주장은 영

---

* 신임옥사는 노론의 입장에서 보면 사화이다. 이 글에서는 중립적인 입장에서 신임옥사라는 용어를 사용했다.

조가 경종을 독살했으니 영조를 타도해야 한다는 것이었다. 그러고는 소현세자昭顯世子의 증손인 밀풍군密豐君 이탄李坦을 왕으로 추대하려 했다. 한창 기세를 올린 반란군은 북상하여 경기도 용인, 안성 부근까지 진출했다.

영조는 이 반란의 진압을 오명항吳命恒, 박문수朴文秀 등 소론에게 맡겼다. 소론으로 하여금 소론을 치게 함으로써 소론의 일부나마 보전하려는 생각이었다. 또한 소론이 진압군으로 나서게 되면 진압군은 마음을 다하여 싸우게 되고 반란군은 사기가 떨어질 수밖에 없다고 여긴 것이다. 아니나 다를까 반란은 쉬이 진압되었다. 경상도의 반란군도 얼마 지탱하지 못하고 토벌되었다.

이렇게 소론으로 하여금 소론을 진압하게 한 이 사건의 진압 방식은 영조의 탕평책이 갖는 정치적 목표를 잘 보여준다. 영조는 노론, 소론과 남인의 세 붕당을 어떻게든 함께 등용하여 서로 견제하게 하고 자신은 조정자, 균형자가 되려 했다. 즉 탕평책은 왕권 강화책이었던 것이다.

이 사건으로 소론은 비록 제 손으로 반역의 꼬리를 잘라낼 수는 있었지만 명분상 노론에 뒤처질 수밖에 없게 되었다. 영조는 노론의 공세를 막기 위해 "〔소론이든 노론이든〕 피차 역적이 나오지 않은 붕당이 있는가?"[10] 하며 양비론을 폈지만 그렇게 쉽게 정리될 수 있는 문제가 아니었다. 신임옥사가 경종에 대한 불충을 벌한 것이라면, 소론이 충忠이고 노론이 역逆이었다. 반대로 이것이 세제였던 영조를 모해하려 한 것이고 그 과정에서 노론 4대신이 죽임을 당한 것이라면, 노론이 충이고 소론이 역이었다. 애매한 절충론이나 양비론으로 덮어버릴 수 있는 문제가 아니었다.

영조는 즉위한 지 5년째 되는 해(1729)에 노론 4대신 중 이건명, 조태채만 겨우 신원伸寃했을 뿐, 소론을 중심으로 한 탕평 정국을 지속시켰다. 노론의 일부는 이러한 탕평책에 반발하여 반탕평파로 결집했다. 노론의 산림으로서 집의執義로 징소徵召된 박필주朴弼周는, "탕평이라는 것은 홍범洪範에 비로소 보이는데……지금 이쪽은 저쪽을 가리켜 '역'이라 하고 저쪽은 이쪽을 가리켜 '역'이라 하니……[전하께서] 명석한 지휘를 내리시어 누가 '역'인지 누가 '역'이 아닌지를 명백하게 알게 하는 것이 좋지 않겠습니까?"¹¹ 하며 대놓고 반탕평론을 개진했다. 즉 탕평은 충역과 시비를 가리지 않은 것이니 다 같이 '역'이 될 뿐이라는 것이었다.

소론 중심의 탕평을 이끌어왔던 영조는 즉위한 지 16년째 되는 해(1740)에, 아직 역적의 이름을 쓰고 있던 노론 4대신 가운데 두 명, 즉 이이명과 김창집을 신원하고 임인년의 옥안을 고치는 경신처분庚申處分을 내렸다. 이듬해(1741)에는 신유대훈辛酉大訓을 내려 신임옥사가 무옥誣獄임을 최종적으로 확인했다. 이로써 노론 중심의 탕평 정국이 시작되었다.

노론의 명분상의 우위가 확인되기는 했지만 양치양해兩治兩解, 쌍거호대雙擧互對의 탕평은 그대로 유지되었다. 양치양해란 다툼이 있을 때 양쪽을 모두 벌하거나 양쪽을 모두 풀어주는 방식이고 쌍거호대는 양쪽에 비슷한 벼슬을 나누어 주는 방식이다. 이러한 방식으로는 시비가 가려지지 않으며 신하들 간의 합의도 이루어질 수 없어 모든 결정권을 왕이 쥐게 된다. 이렇게 강화된 왕권을 바탕으로 영조는 노론, 소론 가리지 않고 탕평에 찬성하는 사람들만 모아 정국을 운영했다. 특히 외척이 그 중심에 있었다.

외척 가운데 가장 힘이 큰 가문은 사도세자의 처가인 풍산 홍씨 홍봉한의 가문이었다. 영조의 두 번째 왕비인 정순왕후의 친정 경주 김씨 김한구 가문도 차츰 세력을 얻기 시작했다. 두 가문 모두 노론이었지만 이들 간의 대립이 점차 격화되었다. 전자를 지지하는 이들을 북당, 후자를 지지하는 이들을 남당이라 했는데 양자의 갈등이 표면에 노출되기도 했다. 이처럼 탕평책은 왕권을 강화하는 데에는 성공했으나 붕당 간의 대립을 완화하지도 못했고 외척 세력의 비대화와 외척 간의 대립을 낳았을 뿐이다. 이는 붕당 간의 대립이 가지고 있던 긍정적 측면*마저 와해시킨 것이라 할 수 있다.

붕당 간의 대립에 탕평파와 반탕평파의 대립, 거기에 외척 세력의 대립까지 더해져 복잡하게 얽히어 다투는 와중에 조선 왕조 초유의 대사건이 발생했다. 임오화변, 즉 영조가 외아들인 사도세자를 뒤주에 가둬 굶어 죽게 만든 사건이었다. 당시의 《승정원일기》가 세손(훗날의 정조)의 요청에 따라 세초되었고 객관적 입장에서 기록된 자료가 없어 이 사건의 실체적 진실을 완전히 구명하기는 쉽지 않다. 분명한 사실은 사도세자가 그 지위에 어울리지 않는 행동을 했고 그것이 영조의 극단적 결단을 불러왔다는 것이다.

그런 만큼 사도세자의 자리를 이어받은 세손**은 일거수일투족을 조심하지 않을 수 없었다. 영조도 자신의 사후에 생길지도 모르는 사달을 방지하기 위해 세손을 효장세자⁑의 양자로 삼아 그의 계통을 잇게 했다. 또한 차후 사도세자의 일을 거론하지 않겠다는 세손의 다짐을 받고 그 다짐을 사관史官에게 기록해두게 했다.¹²

세손은 그로부터 10년 이상을 살얼음판 위를 걷듯 은인자중하며 지내야

These are footnotes.

* 이태진, 〈조선시대의 정치적 갈등과 그 해결〉, 《조선시대 정치사의 재조명》(태학사, 2003), 40쪽. "각 붕당 사이의 공론에 입각한 상호 비판과 견제를 원리로 하는 정치 형태".

** 《영조실록》 권 100, 38년(1762) 7월 24일에 따르면 이날부터 왕세손이 동궁이 되었다.

⁑ 효장세자는 영조의 맏아들로 정빈靖嬪 이씨에게서 태어났다. 나이 겨우 10세에 죽어 후사가 없었다. 후에 정조가 즉위한 후 진종眞宗으로 추숭했다.

했다. 세손은 20세를 넘길 무렵 세자시강원과 세자익위사의 젊은 관료들과 친밀한 관계를 만들어갔다. 그 중심에는 홍국영이 있었다.* 세손은 그들을 중심으로 자신의 치세를 준비해갔다.

영조 51년(1775) 12월 7일, 영조는 세손의 대리청정을 명했다.¹³ 대리청정을 하게 된 세손은 먼저 두 가지 일부터 해결했다. 첫째는 외척 세력의 핵심이요 자신의 외종조부인 홍인한의 축출이었다. 이는 외척 세력 척결의 신호탄이었다. 둘째는《승정원일기》의 수정과 세초였다. 그는 영조가 대리청정을 지시하던 때의《승정원일기》를 낱낱이 고쳐 쓰게 했다.¹⁴ 또한 생부 사도세자의 죽음과 관련된《승정원일기》의 기록을 세초하게 했다.¹⁵ 이렇게 권력 기반을 다진 세손은 대리청정을 시작한 지 3개월 후 영조가 죽자 즉위하여 임금이 되었다. 정조의 시대가 열린 것이다.

정조는 '우현좌척'과 '의리탕평'을 내세우며 24년이라는 짧지 않은 기간 동안 조선을 통치했다. 그 기간 동안 정조는 군사君師라는 이름에 걸맞은 임금이 되고자 했으나 뜻대로 되지는 않았다. 자신의 친위 세력으로 만들기 위해 규장각에서 양성한 관료들마저 그에게 등 돌리는 일이 비일비재했다. 정조는 생애를 마감할 즈음에 세자(훗날의 순조)의 장인이자 자신의 사돈인 김조순金祖淳을 불러 외척으로서의 세도를 담당해줄 것을 당부하지 않을 수 없게 되었다. 안동 김씨 60년 세도 정치의 시작이자 정조 자신이 주창한 '우현좌척', '의리탕평'의 정치적 종말이었다.

* 《승정원일기》 영조 49년(1773) 12월 22일. 홍국
영은 이날 세자시강원의 설서로 임명되었다.

홍대용의 성장 배경과 사상

홍대용은 영조 7년(1731)에 충청도 천안군 수신면 장산리 수촌에서 태어났다. 자를 덕보德保, 호를 담헌湛軒이라 했는데, 석실서원 시절에는 홍지弘之라는 자를 주로 사용했다.＊ 본관은 남양이다. 흔히 남양 홍씨에 당홍唐洪과 토홍土洪이 있다고 하는데 홍대용은 토홍계이고, 청백리와 효자로 이름난 홍담洪曇, 1509~1576을 중시조로 하는 정효공파이다. 인조반정 때 정사공신으로 책봉된 홍진도洪振道, 1584~1649는 그의 6대조가 된다.

당색으로 보면 홍대용의 가문은 서인에서 노론의 맥을 이었고 노론 가운데에서도 낙론 계열에 속했다. 자손이 귀한 편이어서 수적으로 많은 편은 아니었으나 안동 김씨와 여흥 민씨, 청풍 김씨, 한산 이씨, 청주 한씨, 평산 신씨, 기계 유씨 등 노론의 중추적 역할을 한 가문과 혼맥이 닿아 있었다.

그의 외가 역시 청풍 김씨 인백파仁伯派로 여러 대에 걸쳐 정승을 배출한 노론의 핵심 가문 가운데 하나였다. 그의 어머니는 군수를 지낸 김방金枋의 딸로 영의정을 지낸 김재로金在魯와 6촌 간이었으며, 홍대용의 벗이었던 김종후와 정조 때 우의정을 지낸 김종수 형제의 조부 김희로金希魯와도 역시 6촌 간이었다.

홍대용의 증조부 홍숙은 총명이 뛰어나 7세에 이미 산법算法에 능통했고 역사에 밝고 기억력이 비상했다고 한다. 도암陶庵 이재李縡, 1680~1746의 부친 이만창李晩昌과 동갑으로 친한 벗이었다.[16] 충청도관찰사, 병조참의, 호조참

＊ 홍지弘之라는 자는 《십우헌집초十友軒集抄》(奎7747)와 《담헌서》 부록, 〈농수각기〉(김이안) 등에서 보인다. 홍지를 호로 소개한 글들이 많으나 이름의 '大(클 대)'와 '弘(넓을 홍)'이 통하는 글자이고 주로 석실서원에서 사용한 자로 보인다.

홍대용 가계도

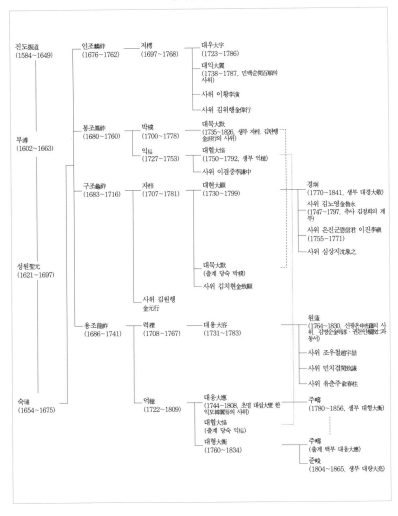

진도振道
(1584~1649)

인조麟祚
(1676~1762)

저栩
(1697~1768)

대우大宇
(1723~1786)

대익大翼
(1738~1787, 민백순閔百順의
사위)

사위 이황李潢

사위 김위행金偉行

부溥
(1602~1663)

봉조鳳祚
(1680~1760)

박樸
(1700~1778)

대묵大默
(1735~1826, 생부 저栩, 김탄행
金坦行의 사위)

익爃
(1727~1753)

대협大協
(1750~1792, 생부 억爃)

사위 이겸중李謙中

경뢰
(1770~1841, 생부 대경大敬)

사위 김노영金魯永
(1747~1797, 추사 김정희의 계
부)

사위 은진군恩信君 이진李禛
(1755~1771)

사위 심상지沈象之

구조龜祚
(1683~1716)

자梓
(1707~1781)

대현大顯
(1730~1799)

대묵大默
(출계 당숙 박樸)

사위 김치현金致顯

사위 김원행
金元行

성원聖元
(1621~1697)

용조龍祚
(1686~1741)

력櫟
(1708~1767)

대용大容
(1731~1783)

원蓮
(1764~1830, 신광온申光蘊의 사
위, 김명순金明淳·권돈인權敦仁과
동서)

사위 조우철趙宇喆

사위 민치겸閔致謙

사위 유춘주兪春柱

억櫶
(1722~1809)

대응大應
(1744~1808, 초명 대섭大燮 한
익모韓翼謨의 사위)

대협大協
(출계 당숙 익爃)

대형大衡
(1760~1834)

주晫
(1780~1856, 생부 대형大衡)

주爀
(출계 백부 대응大應)

준曖
(1804~1865, 생부 대량大亮)

숙璹
(1654~1675)

판 등의 관직을 거쳤고 강원도관찰사를 지내다 벼슬에서 물러났다.

조부 홍용조洪龍祚, 1686~1741는 숙종 때 문과에 급제했고 사헌부 지평持平으로 있으면서 송시열의 효묘 배향을 청했다가 체직되었다.[17] 경종 때의 신임옥사로 온성에 유배되었다가 영조가 즉위한 후 석방되었다.[18] 이후 충청도관찰사, 대사간 등의 관직을 거쳤다.

홍대용의 부친 홍력은 진사 시험에 합격하여 음보蔭補로 영천군수榮川郡守와 나주목사羅州牧使 등의 관직을 역임했다. 모친상을 당했을 때 환곡을 저축하지 않았다는 죄목으로 경상도 예천에 유배되었다.* 3년 후 영의정이던 홍봉한이 영조에게 아뢰어 방면되는 우여곡절을 겪었다.[19]

아버지로서 홍력은 무엇보다도 홍대용의 가장 큰 후원자였다. 나주목사로 재임하던 시절 홍대용이 나경적이라는 이와 함께 혼천의를 만들 때 아낌없이 수만금의 비용을 대주었다.** 혼천의 제작은 당시의 관점에서는 기이한 행동이나 취미에 불과한 것으로 보였을 테지만 홍력은 아들의 마음을 충분히 이해하고 있었던 것이다. 홍대용이 작은아버지 홍억을 따라 북경에 갈 때에도 홍력은 비용을 대주는 것은 물론 그의 북경행에 대해 기대하는 바를 시로 적어주었다. 이처럼 홍대용의 부친과 가문은 그가 다양한 분야에서 학문적 성과를 이룰 수 있는 배경이 되어주었다.

보다 직접적으로 그의 학문과 사상에 영향을 끼친 것은 그의 사문師門이었다. 그의 스승은 당대 노론 산림의 으뜸으로 꼽히던 석실서원의 미호 김원행이었다. 사적으로는 그의 5촌 고모부이기도 했다. 김원행은 몽와夢窩 김창집金昌集, 1648~1722의 손자요 김제겸金濟謙, 1680~1722의 아들이었다. 그는 후

---

* 《영조실록》 권 100, 38년(1762) 12월 19일. 《남양홍씨세보》에 따르면 홍력의 모친 한산 이씨가 죽은 것이 1762년 9월 7일이니 모친상 중에 유배된 것이다.

** 《담헌서》 부록, 〈농수각기〉(육비, 김이안). 이때 만든 혼천의의 일부가 숭실대 기독교박물관에 소장되어 있다.

손이 끊긴 당숙 김숭겸金崇謙, 1682~1700의 양자가 되어 종조부 농암農巖 김창협金昌協, 1651~1708의 뒤를 이었다. 생가 쪽 할아버지인 김창집은 다름 아닌 신임옥사로 죽은 노론 4대신 중 한 사람이었다.

　김원행은 신임옥사 이후 관직에 대한 뜻을 버리고 그의 조부들과 관계 깊은 남양주 석실서원에서 제자 양성에 주력하고 있었다. 명망이 높은 까닭에 조정에서 여러 차례 그를 징소徵召하였으나 모두 사양하고 나아가지 않았다. 그는 사도세자의 서연관으로 임명되었을 때 올린 사직소에서, "지금 산림에는 명유名儒, 숙덕宿德이 아주 많이 있습니다. 진실로 저하께서 큰 뜻에 능히 힘쓰시어 더욱 실학에 근면하시며 정령政令과 도술道術이 순수하게 요순과 삼대를 법 삼아 당대의 어진 선비들을 심복시킬 마음이 있다면 이 시대 뭇 인재들이 누군들 감히 양양하게 기를 펴고 명을 받지 않겠습니까? 신과 같은 사람은 있어도 없는 것이나 마찬가지입니다"[20]라고 하여 실학과 요순, 삼대로 대표되는 고학을 천명했다.

　김원행이 말하는 실학이란 여러 의미를 내포하고 있었겠지만 가장 중요하게는 실천 중심의, 실용 가능한 학문을 의미했다.*

　학문이란 별다른 것이 아니라 곧 민생과 일용의 일인 것이다. 학문이 우활하여 일상에 적용할 수 없다면 진실한 학문이 아니다. 옛날 학문하는 자는 이렇게 실용하는 것을 잘 알았기 때문에 천리가 밝아지고 인심이 바르게 되었으며 떳떳한 윤리가 차례를 갖추어 일상을 다스리게 되는 일이 많았다. 후세에는 진실로 학문하는 자가 적어지고 학문 역시 이름뿐이 되어 실용을 추구하지 않기 때문에 학문이 당무를 밝히

---

* 오늘날 역사학계에서 사용하는 '실학實學'이라는 용어는 확실한 합의는 없다고 생각된다. 이 글에서는 당시 사용되던 단어 그대로의 의미에서 이 용어를 사용하고자 한다. 당대에 실제로 사용되던 용어를 다른 단어로 대체할 수 없고 의미를 혼용해서 사용할 수도 없기 때문이다.

는 정무가 드물고 그 학술 따름이 적어지게 되었나 이것이 어찌 학문하는 폐단이 아니겠는가

위의 인용문에서 보듯이 그에게 진실한 학문이란 민생, 일용, 일상에의 적용이 가능한 학문이었다. 그런 점에서 그는 상고^{上古}의 학자를 모범으로 생각했다. 홍대용도 스승에게 "진실한 마음(실심實心)으로 실용적인 일(실사實事)을 하면 허물이 적고 업을 성취할 수 있다 들었다"고 추억했다. 이처럼 '실實'과 '고古'는 그에게 한가지나 다름없는 것이었으며 그의 학문 경향을 대표하는 두 글자였다.

김원행의 이러한 학문적 경향은 홍대용에게도 그대로 이어졌다. 실학과 고학이 홍대용이 어린 시절부터 뜻을 두었던 학문적 지향이었던 것이다. 그는 인생의 큰 전기가 된 연행에서 돌아오는 길에 산해관^{山海關} 망해정^{望海亭}에 올라 이렇게 읊었다.

동국에 넘치는 헛된 꿈은 끝내 무엇한 것이냐

다만 실심으로 실사를 행하여

긴 웃음 한소리에 가뭇없이 가버리는 것인데

예로부터 익히 죽은 사람 몇이나 되는지

일생일대의 새로운 경험을 하고 돌아오는 길에 북경에서 만난 여러 사람들을 생각하며 지은 시에서조차 실심, 실사를 다짐하고 있는 그의 모습을 확인할 수 있다.

또한 고학 역시 홍대용이 학문적으로 지향하는 바였다. 이송이 지은 홍대용 묘표에 따르면 그는 과거 공부를 그만두고 고학, 육예지학六藝之學에 뜻을 두었다고 한다.[24] 그가 북경에서 사귄 중국인 친구 엄성에게 보낸 편지에서, "고학에 종사할 수 있는 사람이 드물다"[25]고 한탄한 데서도 그의 뜻이 역시 실학과 고학에 있었음을 알 수 있다.

홍대용에게 고학이란, "옛날의 교육은 그 어릴 때부터 이미 육예를 가르쳤으므로 장성해서는 비록 위로 도를 아는 데까지 미치지는 못하더라도 아래로 적용함에 어긋나지 않았다"라는 그의 글에서 보듯이, 단지 옛 방식으로의 회귀를 뜻하는 것이 아니라 현실에의 적용을 의미하는 것이었다. 반대로 실행, 실용이라는 것도 단순히 현실에 필요한 것을 넘어 고학으로 표현되는 유학적 이상이라는 지향을 놓지 않는 것이었다. 따라서 그에게 고학과 실학은 통일되어 있는 하나의 가치요 방법이었던 셈이다.

연행

홍대용의 생애에서 전환점이 된 사건은 영조 41년(1765) 11월 2일에 동지사겸사은사 일행을 따라 북경에 갔던 일일 것이다. 동지사는 신년을 축하하기 위해 파견하는 정기 사행으로 늘 동지 무렵에 출발하는 까닭에 동지 사라 했다. 정사正使는 순의군 이훤, 부사副使는 김선행이었고, 서장관書狀官이 홍대용의 숙부인 홍억이었다.

홍대용 이전에도 북경에 다녀오고 일기를 남긴 사람이 적지 않았다. 노가재 김창업이 대표적인 인물이다. 김창업은 홍대용의 스승인 김원행의 종조부이다. 그가 남긴 《가재연행록稼齋燕行錄》은 홍대용의 《담헌연기湛軒燕記》, 박지원의 《열하일기》와 더불어 여러 연행록 가운데 백미로 꼽히고 홍대용도 이 책을 많이 참고했던 것으로 보인다.* 홍대용의 연행이 그 이전의 연행과 구별되는 것은 그가 연행을 통해서 청淸의 선비들과 친교를 맺고 귀국 후에도 그들과의 관계를 지속했다는 점, 그리고 단지 청의 문물이 신기하고 규모가 크다는 인식에 그치지 않고 배울 것은 배워야 한다는 방향으로 전환되었다는 점에서이다.

그가 군복을 입고 자제군관으로서 연행에 따라나선 것은, 나중에 정조 임금으로부터 '백면서생으로서 군복 차림으로 연행했다 하니 호사가라 할 만하다'고 놀림을 받았던 만큼 그에게도 쉽지 않은 결정이었을 것이다. 그가 연행을 결심하게 된 이유는 무엇이었을까.

그가 남긴 《을병연행록》을 보면 몇 가지 단서가 있다. 그에게는 우선 남아로서 넓은 세상을 보고자 하는 호기豪氣가 있었고, 다음으로는 비록 중원이 오랑캐의 땅이 되었으나 문물은 변해도 인물은 변치 않았으리라는 기대가 있었다. 또한 그는 더러운 오랑캐지만 중원에 웅거하여 백여 년 태평을 누리니 그 규모와 기상이 볼 만할 것이라고 말하고 있다. 그런 뜻이 있던 차에 마침 숙부인 홍억이 서장관으로 차출되어 같이 가자 권하고 양친의 나이가 아직 그리

---

* 홍대용은 다른 사람들과는 달리 두 종류의 연행록을 남겼다. 한문으로 된 《담헌연기》와 한글로 된 《을병연행록》이 그것이다. 내용은 대략 같으나 한글본 이 좀 더 상세하다. 전자는 주제별로, 후자는 날짜별로 작성되었다. 두 책에 관한 해설로는 김태준, 《홍대용》(한길사, 1998)의 해설이 상세하다.

많지 않은 까닭에 부모가 쾌히 승낙하자 그는 떠날 결심을 하게 되었다.[26]

'오랑캐의 땅', '더러운 오랑캐'와 같은 표현을 보면 이즈음에는 홍대용 역시 조선중화주의朝鮮中華主義 *의 영향 아래 있었음을 알 수 있다. 그의 가문과 사문의 내력으로 보아 당연한 일이었겠지만, 그는 미묘한 변화의 가능성 또한 드러낸다. 오랑캐의 땅에 살고 있으나 '변치 않은 인물', '오랑캐라 하더라도 백여 년 태평을 누린 규모와 기상' 등의 표현에서 그것을 엿볼 수 있다. 전자에서 오랑캐 땅에 살고 있더라도 인물은 변치 않았다는 것은 오랑캐 땅에 살더라도 긍정적 가치를 지닌 인물이 있을 수 있다는 것을 암시한다. 후자의 '백여 년 태평을 누린 규모와 기상'이란 오랑캐의 문물에도 긍정적 가치가 있을 수 있음을 내비친 것이다. 이는 조선만이 세상에 남은 유일한 중화라는 조선중화주의의 변화를 예고하는 것이라 할 수 있다.

홍대용 일행은 11월 2일에 한양에서 출발했다. 27일에야 압록강을 건넜고 요동, 심양을 거쳐 12월 27일에 북경에 도착했다. 한양에서부터 계산하면 약 두 달, 압록강에서부터 계산하면 한 달 남짓한 여정이었다.

북경에 도착한 후 해가 바뀌자 숙소 주변부터 방문하기 시작하여 태학太學, 문천상묘文天祥廟 등을 구경했다. 그 가운데 특기할 만한 것은 역시 남천주당南天主堂과 유리창琉璃廠이었다. 남천주당에서는 독일인 신부로서 흠천감정欽天監正이었던 유송령劉松齡, Augustinus von Hallerstein, 흠천감부정欽天監副正이었던 포우관鮑友管, Antonius Gogeisl과 몇 차례 만나 대화를 나누었다. 주로 천문학과 서양 전래의 기구들에 관한 대화였다. 망원경, 자명종, 나경羅經을 직접 체험해보고 파이프 오르간도 연주해보았다. 홍대용이 파이프 오르간을 몇 차례 눌러보다가 이내

---

* 조선중화주의에 대해서는 정옥자, 《조선후기 조선
중화사상연구》(일지사, 1998) 참조.

조선의 음악 한 곡조를 연주하자 유송령이 깜짝 놀라며 이미 한 차례 보고 갔던 사람이라 여기기도 했다. 홍대용은 파이프 오르간을 잠깐 살펴보고는 그것의 구조며 원리까지 대략 터득했던 것이다. 또한 그는 비록 파손된 것이기는하나 그곳의 혼천의를 구경하고 자신이 만든 것과 비교해보기도 했다.

유리창에서는 운명의 세 선비와 조우하게 되었다. 비장裨將 이기성李基成이 안경을 구하기 위해 유리창에 갔는데 그때 안경 쓴 두 사람을 만나게 되었다. 그들이 쓰고 있는 안경을 사고자 했더니 그들은 동병상련이라며 그냥 벗어주고 갔다. 이 두 사람이 바로 엄성과 반정균이었다. 두 사람 모두절강성浙江省 출신으로 이때 과거를 보기 위해 북경에 체류하고 있었다. 이들의 만남에 다시 동향 출신인 육비陸飛도 참여하게 되어 홍대용과 세 명의한인 선비들의 만남이 이루어진 것이었다. 이들은 2월 1일에 처음 만났고25일까지 서로의 거처를 오가며 필담을 나누었다. 짧은 기간 동안이었지만이들의 삶에 영원히 남을 만남이었다.

두 번째 만남이 채 끝나기도 전에 서로 정이 깊게 들어 이들은 어느새 헤어짐을 서러워하며 눈물을 흘렸다. 다음은《건정동필담》에 기록된 한 장면이다.

홍대용 우리는 다만 한하지 기이한 인비를 만나 한번 생각을 나누고자 했을 뿐인데 다행히 두 분을 만나 친하게 되어 큰 소망을 이루었으니, 삶으로 뜻이 있으면 마침내 이루어진다는 말 그대로입니다. 다만 다시 만날 기약이 없으니 한숨입니다. 이 생모의 치을 어느 날인들 잊겠습니까?

엄성 우리는 솔직한 성격으로 아직까지 참된 지기를 만나지 못하였습니다. 오늘 이 모임에서 서로 헤어지게 되니 절로 고가 시리고 마음이 상합니다. 다시 만날 기약이나 있다면 이렇게 슬프지는 않을 것입니다.

홍대용 이렇게 이별해야 하니 처음부터 서로 만나지 않은 것만 못하군요.

반정균이 붓으로 '처음부터 서로 만나지 않은 것만 못하다'고 한 부분에 동그라미를 치고는 서운해서 흐느꼈다. 엄성 역시 몹시 비통한 기색이었다.

홍대용도 마찬가지였지만 엄성과 반정균 쪽이 더 서러워했다. 홍대용이 위로 삼아 거문고를 연주하자 그들은 그 소리를 듣고 더욱 서러워했다. 그만큼 홍대용의 학문적 깊이나 인간적 향기가 남달랐던 것이다.

이들의 사귐은 홍대용의 귀국 이후에도 계속 이어졌다. 특히 엄성은 몇 년 후 죽을 때 홍대용을 그리워하며 그가 남기고 간 먹과 향을 품에 안고 죽었다. 반정균은 과거에 합격해 관직에 오른 후 홍대용의 소개로 박제가, 이덕무 등과 친교를 나누기도 했다.

홍대용은 짧은 기간에 이루어졌지만 평생 지속하게 된 관계를 뒤로한 채 북경을 떠났다. 그리고 귀국 후 이때 나눈 필담들을 정리하여 책으로 엮었다. 지금은 《건정동필담》이라는 제목으로 《담헌서》에 포함되어 있지만, 처음에는 《회우록會友錄》이라는 이름의 세 권짜리 책이었다. 박제가는 이 필담 기록을 읽으며 어찌나 빠져들었던지 "문득 미친 사람같이 밥 먹으면서 숟가락질을 잊었고 세수하면서 씻기를 잊었다"[28]고 할 정도였다.

일생일대의 경험이었던 연행에서 돌아온 홍대용에게 주어진 현실은 그다지 만만한 것이 아니었다. 그가 중국 선비와 사귄 일을 두고 칭송하는 사람도 있었지만 반대로 그를 비난하는 사람들 또한 적지 않았다. 스승의 아들이자 고종 6촌 형이 되는 김이안은 〈화이변華夷辨〉*이라는 글을 지어 홍대용을 비난했고 산림학자로 이름난 김종후 또한 몇 차례나 편지를 보내 논박하며 홍대용을 괴롭게 했다. 논란을 벌이며 주고받은 말들은 편지가 거듭될수록 점점 격해져갔다. 수백 마디 말이 오갔지만, 김종후의 핵심적인 논점은 단 하나였다. 중화인 조선의 선비로서 비록 한족이라고는 하나 변발한 자들과 어떻게 사귈 수 있느냐는 것이었다. 이에 대한 홍대용의 입장은 다음과 같았다.

우리 동방이 오랑캐가 된 것은 지세地勢가 그러하기 때문인데, 또한 무슨 거리낄 것이 있겠습니까? 오랑캐 땅에 태어나서 살아간다 하더라도 진실로 성현聖賢이 될 수도 있고 대현大賢이 될 수도 있어 ... 로 ... 고 우리에게 날린 선비, 무엇을 싫어 ... 겠습니까? 우리 동방은 중국을 ... 아서 오랑캐 소리 면한 지도 오래되었습니다.

위 인용문을 요약해보면 조선은 본래 중국의 동쪽에 있어 '동이東夷'라고 불리며 오랑캐 취급을 받았으나 중국을 본받아 오랑캐 소리를 면하고 '소중화'로 불린 지 오래되었다는 것이다. 이러한 인식 자체는 굳이 조선중화주의를 들먹이지 않더라도 조선 왕조 훨씬 이전부터 상당히 보편화되어 있던 것이다. 여기서 더욱 중요하게 보아야 할 점은, 설령 오랑캐 땅에 살더라도

---

* 김이안, 《삼산재선생문집》(2) 권 10, 잡저, 〈화이변〉(경인문화사, 1989), 261쪽. 김이안에게 찾아와 말을 전한 손님이 홍자洪子라 했는데 이는 홍대용을 지칭한 것으로 보인다. 따라서 이 〈화이변〉이란 글은 홍대용의 연행 시의 행동을 염두에 두고 쓴 것으로 파악된다.

성인도 될 수 있고 현인도 될 수 있으니 중화와 오랑캐의 구분이 중요하지 않게 되었다는 점이다. 이 점이 바로 국가적·집단적 차원의 화이 구분이 개인적 차원의 성속聖俗 구분으로 전환되는 지점이다.

홍대용의 논리는 다시 역외춘추론域外春秋論으로 전개된다. "공자로 하여금 바다 건너 구이에 살게 하면 화하로써 오랑캐를 바꾸어 역외에서 주나라의 도를 일으켰을 것이니, 그러면 안팎의 구분과 높이고 물리치는 의리가 스스로 마땅한 역외춘추가 있었을 것이다. 이것이 바로 공자가 성인이 된 까닭"이라는 것이다. 즉, 공자는 오랑캐의 땅인 구이에 살았다 하더라도 그곳에서 도를 일으켰을 것이고 그것이 바로 공자가 성인 된 이유라는 것이다. 이는 앞의 인용문에서 오랑캐 땅에 살더라도 성인도 될 수 있고 현인도 될 수 있으며 사는 지역이 중요한 것이 아니라고 말한 것과 같은 의미이다. 따라서 홍대용은 지계에 따른 화이의 구분을 개인적 차원의 성속 구분으로 바꾸어놓은 것이다.*

이와 같다면 상대가 오랑캐라 하더라도 현인이라면 사귈 수 있는 것이고 배울 점이 있다면 배워야 하는 것이다. '누구나 요순 같은 성인이 될 수 있다'는 것이 유교의 교훈이므로 유학자라면 자기가 사는 땅에서 도를 일으키려 노력해야 하기 때문이다. 배워야 할 내용은 적어도 그에게는 분명했다. "지금 세상에서 옛 도를 행하고자 하면 어렵지 않겠습니까?……그러하니 율력律曆, 산수算數, 전곡錢穀, 갑병甲兵이 알맞게 세상에 쓰이는 것만 같지 못한 것입니다"[30]라고 했듯이, 배워야 할 것은 세상에 알맞게 쓰이는 것들이었다. 바로 이 지점에서 18세기 말에서 19세기를 풍미한 북학의 문이 활짝 열린 것이다.

---

* 홍대용이 화이를 개인적 차원의 성속으로 바꾸어 놓는 과정에 대해서는 별도의 논문에서 살펴볼 예정이다.

홍대용과 정조

홍대용이 북경을 떠나 다시 고향으로 돌아온 것은 영조 42년(1766) 5월의 일이었다. 이후 그에게는 괴로운 일이 꼬리를 물었다. 김종후와 편지로 논쟁한 것은 차라리 작은 일이었다. 이듬해인 영조 43년(1767)에 가장 든든한 후원자였던 아버지 홍력이 죽었다. 부친의 삼년상을 마치고 얼마 지나지 않은 영조 48년(1772)에는 스승인 김원행이 죽었다.

과거는 그만둔 지 오래되었지만 가장의 책임을 다해야 했던 홍대용은 음사蔭仕로 관직에 나갔다. 영조 50년(1774)에 선공감 감역, 돈령부 참봉에 임명되었으나 나가지 않다가[31] 세자익위사의 정8품 시직에 임명되자 비로소 관직에 나갔다.[32]

홍대용과 세손(훗날의 정조)의 첫 만남은 서로에게 그다지 유쾌하지 못했다. 세손은 《중용》의 주자 서문에 나오는 '형기지사'와 '인욕지사'에서 '사'가 같은 것인지 다른 것인지를 물었고 홍대용은 《중용》의 주자 서문을 읽은 지 오래되어 답하지 못했다. 세손은 세손대로 홍대용을 별 볼일 없는 사람으로 여겼을 테고 홍대용은 홍대용대로 속된 선비처럼 세밀한 것을 따지는 세손의 학문 태도를 불만스럽게 여겼을 것이다. 홍대용은 본래 그의 사촌 동생 홍대응이 추억한 것처럼 경전을 넓게 보아 큰 뜻을 파악하고 실천하는 것을 중요하게 생각했고 구절마다 따지는 것을 싫어했다.[33]

첫 만남에서 겉으로 드러나지는 않았지만 두 사람의 학문적 지취가 영 다르다는 것은 이미 분명했다. 《중용》 13장의 주자주에서 횡거 장재가 한 말,

"다른 사람에게 보통 사람만큼만 기대하면 따르게 하기 쉽다(이중인망인즉이 종以衆人望人則易從)"라는 말을 홍대용은 옳게 여겼고, 생활 속에서도 이를 실천하여, "친척과 오랜 친구들에게 바라는 것이 많고 심하게 책망하면 틈이 생긴다"라며 주변 사람을 돕는 데 인색하지 않았다. [34] 반면에 세손은 장재의 이 말을 끝내 불만스럽게 생각하여 임시방편이나 하자는 말로 여겼다. [35] 다스리는 입장에 있는 사람에게는 중요한 태도의 차이가 아닐 수 없었다.

하지만 만남이 반복되면서 두 사람은 서로에 대해 더 알게 되었고 서로에 대한 이해도 깊어졌다. 홍대용의 막힘없는 답변에 세손은 처음과 달리 그가 그럴싸한 사람임을 알게 되었다. 유의양이 노골적으로 홍대용을 고문으로 갖추어두라고 추천하자 세손은 "몇 차례 보고 이미 그럴 만한 사람인 줄 알고 있었다"고 답하기에 이르렀다.

홍대용 역시 세손의 영민함을 충분히 느낄 수 있었다. 특히 외척을 배척하고 산림을 중시하려는 세손의 태도는 산림의 후예인 홍대용에게도 분명 나쁠 것 없었다. 송시열에 대한 세손의 말은 꺼림칙한 부분이 없지 않았지만 세손이 외척을 멀리하는 임금이 될 것임을 충분히 감지하게 했다. 홍대용으로서는 곧 시작될 세손의 시대에 기대를 걸어보았음 직하다. 그랬기 때문에 홍대용은 진심을 다하기 시작해, 자신이 평생 공부해온 것을 세손에게 간절히 권했다. 실심, 실사, 실행, 실천, 격물치지의 일들이었다. 하지만 세손은 그런 것들을 그저 들어 넘길 뿐 관심을 기울이지 않았다. 두 사람의 길이 달라지는 시작점이 바로 이 지점이었다.

두 사람의 지취가 분명히 다른 것은 을미년(1775) 4월 9일의 서연 장면에서도 확인할 수 있다.

세손 세상 풍속이 점점 변하더구나. 밥상에 올리는 그릇 같은 것도 또한 예전과 지금이 다르니 무슨 까닭에 그런 것인가?

홍대용 때에 따라 숭상하는 것이 여러 번 변함은 본래 그러한 것입니다. 다만 그 변화를 보면 역시 세상의 운이 오르는지 내리는지 점칠 수 있습니다. 밥그릇 같으면 예전에는 주둥이를 반드시 넓게 만들었지만 지금은 배를 넓게 하고 주둥이는 오히려 줄여 좁게 합니다.

세손 그러면 어느 것이 나은가?

세손의 취향을 아는 홍국영이 얼른 나서서 대답했다.

홍국영 줄여서 좁히는 것이 열어서 넓게 하느니만 못함이 분명합니다. 신의 집에서는 아직 옛 그릇을 사용합니다.

세손 계방의 집에서는 어느 것을 사용하는가?

홍대용 신의 집에서는 지금 만든 것을 사용합니다.

홍대용의 대답에 세손은 계방이 요즘 것을 좋아한다며 가볍게 웃었지만 여기에는 중대한 갈림이 가로놓여 있었다. 홍대용은 평생 고학에 뜻을 두었다고 일컬어졌지만 그가 추구한 고학이란 실학과 통일되어 있는 고학이었다. 그에게 '고古'는 가치 지향, 즉 옛것이 가지고 있는 정신을 의미하는 것이지 옛것을 그대로 묵수하는 것이 아니었다. 그래서 그는 "지금 세상에 살면서 고도古道로 돌아가려고 하면 재앙이 그 몸에 미칠 것"[36]이라 했다. 성인도 "시대에 따라 풍속에 따라(인시순속因時順俗) 권도權道로써 다스렸을 뿐"이라는 것이다. 당시 사람들처럼 옛것만을 고집하거나 공연스레 옛것을 높여 고상한 체하는 것과는 거리가 멀었다.

그런 이유로 홍대용은 끝내 세손과 같은 길로 갈 수 없었고, 가지 않았다. 을미년(1775) 8월 26일, 그가 참여한 마지막 서연에서는 이런 대화가 오갔다.

세손 계방은 이미 과거를 그만두었는가?

홍대용 그만둔 지 사오 년 되었습니다.

세손 과거 그만두기가 어찌 어렵지 않겠는가?

홍대용 신은 재주와 지식이 부족하고 더욱이 정문은 익히지도 못했습니다. 그런 까닭에 기꺼이 스스로 그만둔 것이지 달리 고상한 뜻이 있어서 그런 것은 아닙니다.

세손 계방의 조예를 내 깊이 알지는 못하지만 계방 같은 재주로 어찌 과거를 못하겠는가? 이는 분명 옳게 여기지 않아서일 것이다.

홍대용이 계방에 들어온 후 이 대화를 하기까지 두 차례의 과거가 있었고 두 번 모두 정시였다. 이미 관료가 되어 있는 사람에게 유리한 과거였다. 또 그 뒤로도 기회가 얼마든지 있을 것이었다. 그럼에도 불구하고 홍대용은 과거에 응시하지 않았고 앞으로도 응시할 생각이 없음을 분명히 했다. 세손의 시대에 적극 참여하려는 의지가 있다면 그렇게까지 피할 이유가 없었다. 세손은 홍대용의 그런 태도가 과거를 옳지 않게 여기는 데 기인한다고 생각하여 서운해했지만 그것이 전부였다. 이것으로 세손과 홍대용, 두 사람은 영영 다른 길을 걷게 되었다.

훗날 박지원이 홍대용의 죽음을 슬퍼하며 지은 그의 묘지명에서 "세상에서 홍대용을 흠모하는 사람들은, 그가 일찌감치 스스로 과거를 그만두어 명예와 이익에 뜻을 끊고 한가로이 앉아 향을 사르고 거문고와 비파를 타며 세속 밖에서 놀고자 하였던 것만 알 뿐이다. 사람들은, 그가 세상 많은 사물의 이치를 종합하고 정리하여 나라 살림을 맡거나 먼 곳에 사신으로 갈 만한 사람이었고, 나라를 지킬 기이한 책략을 가진 사람이었음을 알지 못한다"라고 했듯이, 그가 나라 살림을 맡을 만한 사람이요 먼 곳에 사신으로 갈 만한 사람이며 나라를 지킬 기이한 책략을 가진 사람이었고, 그런 만큼 그에게 과거는 문제가 아니었을 것이다.

이후 홍대용은 통례원 인의, 예빈시 주부, 사헌부 감찰, 의빈부 도사, 태인현감을 거쳐 영천군수로 있다가 어머니의 병환을 이유로 관직을 그만두었다. 8년을 채 채우지 못했으나 스스로 "공평하고 청렴하였다"고 평가할 수 있었던 관직 생활이었다.

맺음말

홍대용은 병자호란(1636) 이후 백여 년 이상 조선을 가두어두었던 조선 중화주의라는 빗장을 풀고 북학의 문을 활짝 열었다. 청나라 학자들과의 인맥을 구축하고 북학의 사상적 기초를 놓았다.

홍대용의 사상적 변화를 기꺼이 받아들인 사람은 박지원이었다. 홍대용은 박지원을 통해 박제가, 이덕무 등과도 어울리게 되었다. 정조 2년(1778)에 박제가와 이덕무는 홍대용의 소개 편지를 들고 사은겸진주사謝恩兼陳奏使의 사행을 따라 북경 여행에 나섰다. 2년 후인 정조 4년(1780)에는 박지원도 진하겸사은사進賀兼謝恩使의 사행을 따라 홍대용의 뒤를 밟았다. 훗날 역사에 큰 발자취를 남기게 되는 추사秋史 김정희金正喜, 1786~1856 *도 이들에게서 이어 내려온 청나라 인맥을 통해 새로운 학문의 지평을 열었다.

홍대용의 후손들도 크게 다르지 않았다. 홍대용의 외아들 홍원의 아내는 신광온의 딸로, 시아버지 홍대용이 남긴 한글로 된 《을병연행록》을 후대에 남기기 위해 훗날 두 며느리와 함께 수년간에 걸쳐 필사했다.[39]

홍대용의 외아들 홍원은 갓 스무 살에 아버지를 잃었고 건강 또한 좋지 않아 약했다. 그래서인지 오히려 퉁소와 불교에 빠져들었다.** 손자인 홍양후洪良厚, 1800~1879 *:는 반정균의 손자를 찾아내 편지를 주고받기에 이르렀

* 김정희는 홍대용의 사촌 형인 홍대현의 사위이자 박지원의 벗인 김노영金魯永의 양자이다. 어려서 박제가에게 시를 배웠고 청나라 주요 학자들과 교류하며 학문과 사상의 독창적 경지를 이루게 되었다.
** 김려金鑢, 《담정유고澤庭遺藁》 권 2, 〈황성리곡黃城俚曲〉에는 홍원에 대한 이야기가 나온다. 자는 장원長遠이고 기도굴산인耆闍崛山人, 소선蕭仙 등으로 자호를 삼았다고 한다. 기도굴산은 불교의 영취산을 이르는 것이니 불교에 탐닉했던 것으로 보인다.

*: 홍대용에게는 그가 죽은 뒤에 태어난 두 손자가 있었다. 첫째인 홍명후洪明厚(1787~1850)는 서유성徐有聲의 딸과 결혼했고 서산군수를 지냈다. 서유성은 홍대용의 석실서원 시절 친우였던 서직수의 아들이다. 둘째인 홍양후는 예조판서를 지낸 민치성致成의 딸과 결혼했고 호조참판을 지냈다. 홍양후의 장인인 민치성은 홍대용의 부탁으로 《해동시선海東詩選》을 편찬해 중국에 보낸 민백순閔百順의 손자이다. 홍양후는 박지원의 손자인 박규수朴珪壽(1807~1877)와도 교류가 있었다.

다.

　필자가 보기에 홍대용 사상의 핵심은 이런 것이다. 학문은 율력, 산수, 전곡, 갑병과 같이 실생활에 알맞게 적용할 수 있는 것이어야 하고 "행하고 남는 힘이 있으면 글을 배우라"라는 공자의 말처럼 반드시 실천하는 것이어야 한다.

　학문의 방법은 격물치지를 통한 궁리窮理이다. 배움의 대상은 오랑캐이든 그 누구이든 관계없다. 이러한 실용적·실천적 학문을 통해 시대와 장소에 알맞은 '도道'를 일으키는 것이 '성인聖人'의 존재 이유이다. '실심實心', '실사實事', '실용實用', '실행實行' 속에서 '고古', '도道', '성聖'으로 표현되는 가치에 대한 지향을 잊지 말아야 한다. '성'과 '속', '도'와 '인시순속因時順俗'*, '고'와 '실'이 하나로 통일되어 있는 것이다. 천문학, 역법, 수학, 음악, 재정, 군사학 등에 대한 그의 박식함과 재능은 이런 사상 위에서 꽃필 수 있었다.

　홍대용의 눈으로 오늘의 세계를 둘러보자. 실용을 추구하는 사람은 사회적으로 합의된 가치에 대한 지향을 잊기 쉽고, 가치를 지향하는 사람은 실용을 무시하기 쉽다. 여기에 실천과 박학의 노력을 더한다면 또 어떠한가. 실학의 현재성은 바로 이 점에 있는 것이 아닐까?

　홍대용의 삶은, 살아 있는 동안 그를 한 번도 만난 적이 없으면서도 그를 '진고고재振古高才'라 평하며 그리워했던 성대중成大中, 1732~1812이라는 사람의 좌우명을 떠올리게 하는 삶이었다. 그의 좌우명은 이러했다.

　명예는 훗날을 기다리고　　　名待後日

---

*인시순속과 도의 통일에 대해서는 졸저, 《담헌 홍대용 연구》(경인문화사, 2007), 120~122쪽 참조.

이익은 다른 사람에게 주며	利付他人
세상살이는 나그네처럼	在世如旅
벼슬살이는 손님처럼	在官如賓[3]

1 《대학》, 〈대학장구서〉.
2 이익, 《성호전집》 권 17, 〈답조정숙答趙正叔 계유〉.
3 정약용, 《여유당전서》, 제2집 경집 권 2, 〈맹자요의〉.

4 《담헌서》 내집 권 1, 〈소학문의〉.
5 《담헌서》 내집 권 3, 서, 〈여인서 이수〉.
6 《경종실록》 권 5, 1년(1721) 10월 10일.
7 《정종실록》 권 6, 2년(1400) 11월 12일.
8 《경종실록》 권 5, 1년(1721) 10월 10일.
9 이은순, 《조선후기당쟁사연구》(일조각, 1988), 87~88쪽.
10 《승정원일기》 영조 4년(1728) 9월 24일.
11 《영조실록》 권 21, 5년(1729) 3월 6일.
12 《영조실록》 권 103, 40년(1764) 2월 20일.
13 《영조실록》 권 126, 51년(1775) 12월 7일.
14 《영조실록》 권 126, 51년(1775) 12월 11일, 12월 12일.
15 《영조실록》 권 127, 52년(1776) 2월 4일.
16 이재, 《도암선생문집》 권 30, 신도비(4), 〈남계군홍공신도비〉.
17 《숙종실록》 권 64, 45년(1719) 8월 23일.
18 《영조실록》 권 4, 1년(1725) 3월 6일.
19 《승정원일기》 영조 41년(1765) 9월 4일.
20 《영조실록》 권 87, 32년(1756) 3월 12일.
21 김원행, 《미호전집》(여강출판사, 1986), 411쪽.
22 《담헌서》 내집 권 4, 제문, 〈제미호김선생문〉.
23 《담헌서》 내집 권 3, 시, 〈회도산해관등망해정유회전당제인〉.
24 《담헌서》 부록, 〈담헌 홍덕보 묘표〉.
25 《담헌서》 외집 권 1, 〈항전척독〉, 〈여철교서〉.
26 홍대용, 《주해 을병연행록》, 소재영·조규익·장경남·최인황 주해(태학사, 1997), 17~19쪽.
27 《담헌서》 외집 권 2, 〈항전척독〉, 〈건정동필담〉.
28 박제가, 《초정전서》(중), 《정유각문집》 권 4, 서, 〈여서관헌상수〉(아세아문화사, 1992), 266쪽.
29 《담헌서》 내집 권 3, 서, 〈우답직재서〉.
30 《담헌서》 내집 권 3, 서, 〈여인서 이수〉.
31 《승정원일기》 영조 50년(1774) 2월 23일과 3월 16일의 기사 참조.
32 《승정원일기》 영조 50년(1774) 11월 28일.
33 《담헌서》 부록, 〈종형담헌선생유사〉.
34 《담헌서》 부록, 〈종형담헌선생유사〉.
35 정조, 《홍재전서》 권 83, 경사강의 20, 중용 4.
36 《담헌서》 내집 권 4, 보유, 〈의산문답〉.
37 《담헌서》 부록, 〈홍덕보 묘지명〉.
38 《담헌서》 부록, 〈담헌 홍덕보 묘표〉.
39 《주해 을병연행록》 해제 참조.
40 허경진·천금매, 〈홍대용 집안에서 편집한 《연항시독》〉, 《열상고전연구》 27(열상고전연구회, 2008).
41 《논어》, 학이편.
42 《담헌서》 내집 권 3, 서, 〈여인서 이수〉.
43 《청성잡기》 권 4, 〈성언〉.

나가며

　20년 넘어 30년 가까이 역사를 공부해온 사람으로서 약간의 소회가 있다. 그간의 역사 공부는 직업이기도 했지만 그 이전에 재미가 있었다. 과거의 사실을 하나씩 알아가는 일이 즐거웠고 옛사람들의 삶과 생각을 엿보는 일이 흥미로웠다. 더러 무릎을 치며 깨닫게 되는 것이 있으면 그것은 곧 삶 속으로 섞여 들어왔다. 그렇게 역사로부터 배워오는 동안 재미는 점점 늘었지만 어찌 된 일인지 대중과의 소통은 오히려 갈수록 어려워졌다. 그저 역사학자들끼리 자신들만의 언어로 소통하는 것에 만족해야 했다.

　벌써 꽤 오래전부터 역사학자들이 대중과의 소통을 위해 고민해온 것으로 알고 있다. '역사의 대중화'라는 구호도 자주 들을 수 있었다. 일부 문제점이 없는 것은 아니었지만, '역사의 대중화'를 위한 역사학자들의 노력이 상당한 성과를 거둔 사례도 꽤 있었던 것으로 보인다. 그럼에도 불구하고 역사학자와 대중의 사이는 아직도 멀게만 느껴진다.

　그 사이를 파고든 것은 역사를 소재로 한 소설이나 드라마 등이었다. 대략 훑어보았을 뿐이지만 언뜻 보기에도 그 대부분이 1할도 채 안 되는 사실과 9할 넘는 상상으로 채워져 있었다. 재미는 있을지 모르겠으나 역사학자로서 그것들을 보며 느끼는 감정은 단순한 불쾌감에 그치지 않았다. 잘못된 역사상이 대중 사이에 형성되는 것을 옆에서 지켜보기가 적잖이 괴로웠다. 때로는 안타까움과 자괴감이 들기도 했다. 그래서 문득 이런 생각이 들었다. '역사의 대중화' 노력이 부족했던 것일까? 역으로 '대중의 역사화'도 필요한 것 아닐까?

콜링우드라는 영국의 역사학자는 '모든 역사는 사상의 역사'라고 말했다. 이 말은 역사상의 사건이나 특정 인물의 사상은 역사학자의 마음속에서 다시 일어나고 생각되어야 한다는 의미이다. 역사학자들은 과거에 기록된 사료를 읽는다. 콜링우드가 말한 대로 사료가 말해주는 사건은 역사학자의 마음속에서 다시 일어난다. 사료를 기록한 사람의 생각은 역사학자의 마음속에서 다시 사유된다. 그로부터 현 시대에도 의미가 있는, 또는 있다고 생각되는 어떤 결론을 이끌어낸다. 실제 역사학자의 작업은 이보다는 훨씬 복잡하지만 크게 보면 여기에서 벗어나지 않는다. 이 작업에 대중이 참여할 수 있다면 그것이 '대중의 역사화'가 아닐까?

문제는 대중의 사료 접근이 쉽지 않다는 것이다. 언어의 장벽이 첫 번째 난관이 된다. 그 난관을 넘더라도 더 높은 벽이 기다리고 있다. 사료가 작성된 시대의 환경과 기록자의 삶과 생각, 사상 체계 등에 대한 지식 없이는 그것을 온전히 이해하기 어렵다. 하지만 사료와 대중 사이에서 역사학자들이 약간의 통역만 해준다면 대중도 사료로부터 역사학자들이 느끼는 재미나 의미 있는 결론, 유익한 교훈을 얻어낼 수 있지 않을까? 실제로 박지원의 《양반전》이나《허생전》같은 책은 널리 읽히고 있지 않은가? 좀 더 많은 사료를 읽을 수 있도록 제공한다면 이것을 '대중의 역사화'라 부를 수 있지 않을까? 이 책을 구상하고 쓰게 된 이유가 바로 이것이었다.

좀 더 솔직한 이야기를 하자면 이 책의 주인공인 홍대용을 포함한 실학자들에 대한 역사학계의 견해는 크게 둘로 나누어진다. 많이 알려진 견해는 실학이 근대 지향적, 민족 지향적 학문이었다는 것이다. 근대 사상, 민족주의로 진화될 싹을 내포하고 있었던 학문이라는 뜻이다. 그러나 이러한 견해에 대하여 그동안 많은 비판이 있어온 것도 사실이다.

각각의 실학자들에게서 서구 유래의 근대와 유사해 보이는 주장만을 끌어 모아 근대 지향, 민족 지향이라 한 것이라는 비판이 대표적이다(허태용, 2006). 예를 들어 성호 이익의 토지 개혁론, 홍대용의 화이론 비판, 박지원의 신분제 비판, 박제가의 해외 통상론 같은 것을 끌어모아 보면 근대 지향, 민족 지향으로 보이기도 한다. 반대로 이익의 화폐 폐기 및 상업 억제론, 홍대용의 여성 폄하, 박지원이 아들에게 한족漢族의 쌍상투를 틀게 한 모화주의, 박제가의 중국어 공용어화 주장 따위를 모으게 되면 이를 어떻게 평가해야 할지가 문제가 된다. 이렇게 특정 주장을 뽑아 모으는 방식은 실학자 개개인들의 사상을 전체적으로 조망하는 데 방해가 될 뿐 아니라 그들 개개인의 심혈을 기울인 연구와 노력을 폄하하게 되는 경향마저 있다. 은연중 유럽중심주의적 역사관을 확산시키는 면도 없지 않다.

이런 의문들을 떠올려보자. 오늘날 우리가 살고 있는 근대 세계 어디에 실학자들의 사상이 계승되고 있는가? 오늘날의 천문학과 수학이 홍대용의 사상을 계승 · 발전시킨 것인가? 오늘날의 평등사상이 박지원의 사상을, 해외 통상과 영어 공용어화 주장이 박제가의 사상을 계승한 것인가? 이러한 질문에 대한 답이 부정적이라면 약 200년 전의 그들의 그러한 주장이 오늘의 우리에게 어떤 의미를 갖는가? 우리도 우리끼리 잘해볼 수 있었다는 가능성을 확인함으로써 얻는 조그마한 자기 위안, 그것으로 충분한 것인가? 실학사상의 현재성은 과연 무엇인가?

필자가 보기에 실학은, 홍대용과 박지원에 한정하여 말하자면, 백성이 나라의 근본이라는 민본 사상 위에 서 있다. 그 위에서, 답도 안 나오는 이념 논쟁과 결별한 채 백성들의 삶을 풍요롭게 하려는 노력이었다. 이용후생利用厚生이 바로 그 구체적인 표현이다. 그들에게 '실實'은 실제로 행할 수 있는 일이라는 의미의 '실'이었고, 아는 것을 실천한다는 의미의 '실'이었으며, 참된 마음이라는 의미의 '실'이었다.

또한 그들은 이용후생을 말하면서도 정덕正德, 즉 모든 사람이 도덕을 갖추어 사람다운 사람으로 살아가야 한다는 유교적 이상에의 꿈을 놓치지 않았다. 단지 백성이 배부르게 먹는 것을 추구하는 데에서 그치지 않고, 그것을 바탕으로 모든 사람이 예의와 도덕을 갖춘 사람다운 사람으로서 함께 살아가기를 바라는 강렬한 희망의 끈을 결코 놓지 않았던 것이다. 이렇게 본다면 오늘날 우리가 배우고 계승할 수 있는 더 많은 것을 그들에게서 발견할 수 있지 않을까? 그들로부터 우리도 서양 못지않았다는 작은 위안거리 하나를 얻기보다는 더 크고 많은 교훈을 얻을 수 있지 않을까?

이 책은 홍대용의 《계방일기》를 번역·해설하고 그 길지 않은 기간의 역사를 촘촘하게 재구성한 것이다. 이를 통해 홍대용이 정조의 시대에 동참할 수 없었던 사정과 그 시기의 역사상의 단면을 엿보려 하였다. 필자는

《계방일기》가 그의 다른 저작, 《의산문답》이나 《건정동필담》만큼이나 중요한 저작이라 생각한다. 그가 세손 시절의 정조를 만나 대화를 나눈 시간은 우리 역사의 흐름이 바뀔 수도 있는 굉장히 중요한 순간이었기 때문이다. 독자들의 이해를 돕기 위하여 전후 사정까지 설명하였지만 핵심은 약 300일이라는 길지 않은 기간 동안 있었던 열일곱 차례의 만남이다. 바로 그 현장에 들어가 그들의 대화를 귀 기울여 들을 수 있었다는 것을 필자는 대단한 행운으로 여기고 있다. 당대 최고의 지성들이 내뿜는 향기에 흠뻑 취할 수 있었던 것은 덤치고는 꽤 큰 덤이었다.

이 책이 나오기까지 애써주신 여러 분에게 감사의 뜻을 전하고 싶다. 이 책의 출판에 관심을 보여준 책세상 주간 김광식님과 편집장 김미정님, 그리고 이 책을 꼼꼼히 읽고 독자 입장에서 비평하고 편집해준 서지우님, 이 세 분께 감사하다는 말씀을 드린다.

3년 전 어머니를 잃고 몸과 마음에 병이 들었다. 강의하고 연구하는 틈틈이 이 책을 써 내려가며 그리움을 달랠 수 있었다. 어머니 영전에 이 책을 바친다.

참고문헌

도판

《성학집요》표지, 송시열 초상, 평생도 : 국립중앙박물관 소장.
연행도 : 숭실대학교 한국기독교박물관 소장.
월하탄금도 : 고려대학교박물관 소장.
진신편람첩과 관안 : 한국국학진흥원 소장.
회강반차도 : 규장각한국학연구원 소장.

사료

1. 편년 기록
《승정원일기》,《일성록》,《조선왕조실록》.

2. 홍대용 문서
《담헌서湛軒書》.
《담헌연기湛軒燕記》(奎 7126).
《담헌설총湛軒設叢》(奎 4908).
《연항시독燕杭詩牘》(古 3438-7).

《주해 을병연행록》, 소재영 · 조규익 · 장경남 · 최인황 주해(태학사, 1997).
《진신적독搢紳赤牘》(古 3438-6, 古 3438-6A).

3. 문집

권상하權尙夏, 《한수재집寒水齋集》.

김경선金景善, 《연원직지燕轅直指》.

김원행金元行, 《미호집渼湖集》.

김이안金履安, 《삼산재집三山齋集》.

박제가朴齊家, 《초정전서楚亭全書》.

박종채朴宗采, 《역주 과정록》, 김윤조 역주(태학사, 1997).

박지원朴趾源, 《연암집燕巖集》.

성대중成大中, 《청성집靑城集》.

성해응成海應, 《연경재전집硏經齋全集》.

송시열宋時烈, 《송자대전宋子大全》.

원중거元重擧, 《승사록乘槎錄》.

이규경李圭景, 《오주연문장전산고五洲衍文長箋散稿》.

이덕무李德懋, 《청장관전서靑莊館全書》.

정조正祖, 《홍재전서弘齋全書》.

황윤석黃胤錫, 《이재유고頤齋遺藁》.

4. 기타 자료

민백순閔百順, 《해동시선海東詩選》.

윤영선尹榮善, 《조선유현연원도朝鮮儒賢淵源圖》(태학사, 1985 ; 東文堂, 1941).

혜경궁 홍씨, 《한중록》.

《근사록近思錄》.

《남양홍씨세보南陽洪氏世譜》.
《영천군읍지》(奎 17465).
《이정전서二程全書》.
《주서백선朱書百選》.
《주자대전朱子大全》.
《주자서절요朱子書節要》.
《진강책자차제進講册子次第》(奎 717).
《태인현읍지泰仁縣邑誌》古 915.14-T122.

논저

1. 저서

김도환,《담헌 홍대용 연구》(경인문화사, 2007).
김인규,《홍대용》(성균관대학교 출판부, 2008).
金泰永,《實學의 國家改革論 (서울대학교 출판부, 1998).
김태준,《洪大容 評傳》(민음사, 1987).
———,《洪大容》(한길사, 1998).
朴忠錫,《韓國政治思想史》(三英社, 1982).
朴忠錫 · 유근호,《朝鮮朝의 政治思想》(평화출판사, 1980).
裵宗鎬,《韓國儒學史》(연세대학교 출판부, 1974).
愼鏞廈,《朝鮮後期 實學派의 社會思想硏究》(지식산업사, 1997).
우인수,《조선후기 산림세력연구》(일조각, 1999).
劉奉學,《燕巖一派 北學思想 硏究》(일지사, 1995).
———,《朝鮮後期 學界와 知識人》(신구문화사, 1998).

────,《정조대왕의 꿈》(신구문화사, 2001).

유초하,《韓國思想史의 認識》(한길사, 1994).

尹絲純,《韓國儒學論究》(현암사, 1980).

────,《增補版韓國의 性理 과 實學》(삼인, 1998).

李基東,《東洋三國의 朱子學》(성균관대학교 출판부, 1995).

李承煥,《儒家思想의 社會哲學的 再照明》(고려대학교 출판부, 1998).

李完宰,《初期開化思想研究》(민족문화사, 1989).

────,《韓國近代 初期開化思想의 硏究》(한양대학교 출판원, 1998).

이은순,《조선후기 당쟁사 연구》(일조각, 1988).

────,《朴珪壽 硏究》(집문당, 1999).

李離和,《朝鮮後期의 政治思想과 社會變動》(한길사, 1994).

전상운,《한국과학기술사》(정음사, 1975).

鄭奭鍾,《朝鮮後期의 政治와 思想》(한길사, 1994).

鄭玉子,《朝鮮後期 歷史의 理解》(일지사, 1993).

────,《朝鮮後期 朝鮮中華思想 研究》(일지사, 1998).

池斗煥,《朝鮮時代 思想史의 再照明》(역사문화, 1998).

────,《朝鮮時代 思想과 文化》(역사문화, 1998).

陳來,《宋明 性理學》, 안재호 譯(예문서원, 1997).

韓㳇劤,《星湖李瀷研究》(서울대학교 출판부, 1980).

島田虔次,《朱子學과 陽明學》, 김석근·이근우 譯(까치, 1986).

大濱晧,《범주로 보는 朱子學》, 이형성 譯(예문서원, 1997).

浜下武志,《朝貢システムと近代アジア》(東京 : 岩波書店, 1997).

Theodore de Bary, The Liberal Tradition in China(The Chinese University Press of Hong Kong, 1983) ;《중국의 '자유' 전통》, 표정훈 譯(이산, 1998).

2. 편저

姜萬吉·鄭昌烈 外 9명,《茶山의 政治經濟 思想》(창작과비평사, 1990).

계명대학교 철학연구소 編,《實學思想과 近代性》(예문서원, 1998).

대동문화연구원 編,《朝鮮後期 經學의 展開와 그 性格》(성균관대학교 대동문화연구
소, 1998).

歷史學會 編,《實學研究入門》(일조각, 1973).

李基白 外,《韓國思想史方法論》(소화, 1997).

鄭玉子 外,《正祖時代의 思想과 文化》(돌베개, 1999).

韓國思想史研究會 編,《實學의 哲學》(예문서원, 1996).

───── 編,《朝鮮 儒學의 學派들》(예문서원, 1996).

韓國史研究會 編,《近代 國民國家와 民族問題》(지식산업사, 1995).

韓國實學研究會 編,《韓中實學史研究》(민음사, 1998).

3. 논문

姜春華,〈洪大容의 格致說 : 朱子·陽明의 格致說과의 비교를 중심으로〉, 震山韓基斗
博士華甲紀念論文集刊行委員會,《韓國宗敎思想의 再照明》下(이리 : 圓光大出版
局, 1993).

금장태,〈실학사상의 발흥과 전개〉,《韓國學入門》(大韓民國 學術院, 1983).

김도환,〈북학사상과 낙론의 관계〉,《한국학논집》32(한양대학교 출판부, 1998).

───,〈홍대용 사상의 연구〉(한양대학교 사학과 박사학위논문, 2000).

───,〈북벌론과 홍대용의 화이론〉,《한국사상사학》15(한국사상사학회, 2000).

金文鎔,〈洪大容의 實學思想에 關한 研究〉(고려대학교 철학과 박사학위논문, 1995).

김민규,〈洪大容 思想에 관한 研究〉,《홍익사학》2(1985).

金世英,〈朝鮮 孝宗朝 北伐論 研究〉,《백산학보》51(백산학회, 1998).

金龍德,〈朴齊家의 思想〉,《한국사상》(한국사상연구회 5, 1962).

──────, 〈北學派 思想의 源流 硏究〉, 《東方學志》15(연세대학교 국학연구원, 1974).

金容憲, 〈西洋科學에 대한 洪大容의 理解와 그 哲學的 基盤〉, 《哲學》43(한국철학학
　　회, 1995).

金仁圭, 〈朝鮮後期 華夷論의 變容과 그 意義 : 北學派를 中心으로〉, 《儒敎思想과 東西
　　交涉》(道和柳茂相先生華甲紀念論文集刊行委員會, 1996).

──────, 〈洪大容의 人間觀 두 樣相〉, 《東洋古典硏究》9(東洋古典學會, 1997).

──────, 〈洪大容 自然觀의 變貌樣相〉, 《溫知論叢》3(溫知學會, 1997).

──────, 〈北學派의 對外認識과 北學思想〉, 《韓國思想史學》12(韓國思想史學會,
　　1999).

金駿錫, 〈朝鮮後期 國家再造論의 擡頭와 그 展開〉(연세대학교 사학과 박사학위논문,
　　1990).

──────, 〈17世紀의 새로운 賦稅觀과 士大夫生業論─朴世堂의 賦役論과 稼 論─〉, 《歷
　　史學報》158(歷史學會, 1998).

──────, 〈兩亂期 國家再造 問題〉, 《韓國史硏究》101(韓國史硏究會, 1998).

金惠婉, 〈毉山問答을 통해서 본 洪大容의 新學問觀〉, 《首善論集》11(성균관대학교 대
　　학원, 1987).

盧大煥, 〈正祖代의 西器受容 論議─'中國源流說'을 中心으로〉, 《韓國學報》94(一志社,
　　1999).

柳仁熙, 〈實學의 哲學的 方法論(1)〉, 《東方學志》35(연세대학교 국학연구원, 1983).

──────, 〈洪大容 哲學의 再認識〉, 《東方學志》73(연세대학교 국학연구원, 1991).

──────, 〈程朱 理學과 동아시아 哲學의 未來〉, 《韓國思想史學》12(韓國思想史學會,
　　1999).

朴性淳, 〈朝鮮後期의 對淸認識과 '北學論'의 意味〉, 《史學志》31(단국사학회, 1998).

박현규, 〈北京大學藏本 朝鮮 閔百順 편찬 《海東詩選》의 落穗와 補完〉, 《한민족어문
　　학》38(한민족어문학회, 2001).

白承哲, 〈磻溪 柳馨遠의 商業觀과 商業政策論〉, 《韓國文化》22(1998).

서태원,〈壬辰倭亂 및 孝宗의 北伐論이 內政에 끼친 영향―磻溪 柳馨遠의 軍役制改革論을 중심으로―〉,《國史館論叢》80(國史編纂委員會, 1998).

소재영,〈연사연구〉,《민족문화연구》21(고려대학교 민족문화연구원, 1988).

小倉雅紀,〈朴齊家의 北學思想과 性理學〉,《韓國文化》18(서울大學校 韓國文化硏究所, 1996).

小川晴久,〈氣의 哲學과 實學 : 洪大容의 경우〉, 碧史李佑成敎授定年退職紀念論叢刊行委員會,《民族史의 展開와 그 文化》下(창작과비평사, 1990).

―――,〈湛軒 洪大容 實學思想의 近代精神 ; 實心의 要件과 機能〉,《儒學硏究》1(대전 : 충남대학교 유학연구소, 1993).

孫承喆,〈北學의 中華的 世界觀 克服―그 展開過程 理解를 위한 序說〉,《강원대 논문집》15(강원대학교, 1981).

―――,〈朝鮮後期 實學思想의 對外認識〉,《朝鮮學報》122(朝鮮學會, 1987).

愼鏞廈,〈湛軒 洪大容의 社會身分觀과 身分制度〉,《韓國文化》12(서울대학교 한국문화연구소, 1991).

安在淳,〈朝鮮後期 實學派의 思想的 系譜―性理 派와 관련하여〉,《儒敎思想과 東西交涉》(道和柳茂相先生華甲紀念論文集刊行委員會, 1996).

元裕漢,〈燕巖 朴趾源의 社會經濟思想에 대한 考察〉,《홍익대논총》10(1979).

―――,〈實學 및 그 展開에 관한 諸說의 整理〉,《國史館論叢》81(국사편찬위원회, 1998).

유명종,〈北學派와 陽明學〉,《哲學硏究》20(1975).

李坰丘,〈英祖~純祖年間 湖洛論爭의 展開〉,《韓國學報》93(일지사, 1998).

이남영,〈湖洛論爭의 哲學史的 意義〉,《제2회 동양문화국제학술회의논문집》(성균관대학교 대동문화연구원, 1980).

李相坤,〈人間의 '本性'에 대한 槪念設定과 尊嚴性―南塘 韓元震의 本性論을 중심으로―〉, 震山韓基斗博士華甲紀念論文集刊行委員會,《韓國宗敎思想의 再照明》下(이리 : 圓光大出版局, 1993).

李相益, 〈洛學에서 北學으로의 思想的 發展〉, 《철학》46(한국철학회, 1996).

이용범, 〈李瀷의 地動說과 그 論據—附 : 洪大容의 宇宙觀—〉, 《震檀學報》34(진단학
회, 1972).

李乙浩, 〈韓國實學의 發展史的 研究〉, 《實學論叢》(1975).

李章熙, 〈朝鮮後期 實學者의 歷史認識과 文化理解의 近代的 性向〉, 《人文科學》28(성
균관대학교, 1998).

이태진, 〈조선시대의 정치적 갈등과 그 해결〉, 《조선시대 정치사의 재조명》(태학사,
2003).

이해영, 〈洪大容의 批判意識〉, 《大同文化研究》29(성균관대학교 대동문화연구소,
1995).

임지환, 〈유안의 재경개혁에 대한 연구〉, 《전북사학》15(전북사학회, 1992).

全海宗, 〈釋實學〉, 《震檀學報》20(震檀學會, 1959).

―――, 〈實學槪念의 歷史的 考察〉, 《學術院論文集》17(1978).

鄭昌烈, 〈實學의 歷史觀〉, 姜萬吉 · 鄭昌烈 外 9명, 《茶山의 政治經濟思想》(창작과비
평사, 1990).

趙珖, 〈洪大容의 政治思想研究〉, 《민족문화연구》14(고려대학교 민족문화연구소,
1979).

―――, 〈朝鮮後期의 歷史認識〉, 韓國史研究會 編, 《韓國史學史의 研究》(乙酉文化社,
1985).

趙誠乙, 〈朝鮮後期 華夷觀의 變化〉, 韓國史研究會 編, 《近代國民國家와 民族問題》(지
식산업사, 1995).

―――, 〈洪大容의 歷史認識 - 華夷觀을 中心으로 - 〉, 《震檀學報》79(震檀學會,
1995).

池斗煥, 〈朝鮮後期 實學研究의 問題點과 方向〉, 《泰東古典研究》3(翰林大學校 泰東
古典研究所, 1987).

——, 〈尤庵 宋時烈의 社會經濟思想〉,《韓國學論叢》21(國民大學校 韓國學研究所, 1998).

——, 〈조선후기 서연관 제도의 변천〉,《한국학논총》29(국민대학교 한국학연구소, 2007).

車長燮, 〈朝鮮後期 實學者의 閥閱論〉,《朝鮮史研究》7(1998).

千寬宇, 〈磻溪 柳馨遠 研究〉,《歷史學報》2(歷史學會, 1952).

——, 〈磻溪 柳馨遠 研究〉,《歷史學報》3(歷史學會, 1953).

——, 〈朝鮮後期 實學의 槪念再論〉,《韓國史의 再發見》(一潮閣, 1975).

최민홍, 〈洪大容의 哲學〉,《韓國哲學研究》8(1978).

河宇鳳, 〈實學派의 對外認識〉,《조선시대의 대외인식》(국사편찬위원회, 1996).

韓㳓劤, 〈李朝實學의 槪念에 대하여〉,《진단학보》19(진단학회, 1958).

허경진 · 천금매, 〈홍대용 집안에서 편집한 『燕坑詩牘』〉,《열상고전연구》27(열상고전연구회, 2008).

許南進, 〈洪大容1731~1783의 科學思想과 理氣論〉,《아시아문화》9(춘천 : 한림대학교 아시아문화연구소, 1993).

——, 〈朝鮮後期 氣哲學 研究〉(서울대학교 철학과 박사학위논문, 1994).

——, 〈洪大容의 哲學思想〉,《震檀學報》79(震檀學會, 1995).

허태용, 〈북학사상을 연구하는 시각의 전개와 재검토〉,《오늘의 동양사상》14(예문동양사상연구원, 2006).

——, 〈17세기말~18세기초 존주론의 강화와《삼국지연의》의 유행〉,《한국사학보》15(고려사학회, 2003).

정조와
홍대용,
생각을
겨루다

ㅣ 서연문답 書筵問答

펴낸날 ㅣ 초판 1쇄 2012년 3월 25일
      초판 9쇄 2019년 11월 20일

지은이 ㅣ 김도환
펴낸이 ㅣ 김현태
펴낸곳 ㅣ 책세상

주소 ㅣ 서울시 마포구 잔다리로 62-1, 3층 (우편번호 04031)
전화 ㅣ 02-704-1251 (영업부) 02-3273-1333 (편집부)
팩스 ㅣ 02-719-1258
이메일 ㅣ bkworld11@gmail.com
광고제휴 문의 ㅣ bkworldpub@naver.com

홈페이지 ㅣ chaeksesang.com   **페이스북** ㅣ /chaeksesang
트위터 ㅣ @chaeksesang   **인스타그램** ㅣ @chaeksesang   **네이버포스트** ㅣ bkworldpub

등록 ㅣ 1975. 5. 21 제1-517호
ISBN ㅣ 978-89-7013-809-1 03910